ABYA YALA!

ABYA YALA!

MARCELO GRONDIN & MOEMA VIEZZER

GENOCÍDIO, RESISTÊNCIA E SOBREVIVÊNCIA DOS POVOS ORIGINÁRIOS DAS AMÉRICAS

PREFÁCIO DE **AILTON KRENAK**

6ª EDIÇÃO

Copyright © 2018 Moema Viezzer e Marcelo Grondin

Editio Princeps (autores) 2018
1ª Edição – 2021 – Bambual Editora (impressa)

Coordenação Editorial
Isabel Valle

Copidesque e preparação de originais
Carla Branco

Capa
André Manoel e João Melhorance

Editoração Eletrônica
Leandro Collares | Selênia Serviços

DADOS INTERNACIONAIS DE CATALOGAÇÃO NA PUBLICAÇÃO (CIP)
(CÂMARA BRASILEIRA DO LIVRO, SP, BRASIL)

Viezzer, Moema
  Abya Yala, genocídio, resistência e sobrevivência dos povos originários das Américas / Moema Viezzer, Marcelo Grondin – 6. ed. – Rio de Janeiro: Bambual Editora, 2025.

  ISBN 978-65-89138-01-3

  1. América – Civilização 2. Genocídio – História 3. Índia – Civilização I. Grondin, Marcelo. II. Título.

20-52158   CDD 970

Índices para catálogo sistemático:

1. América : História 970
Aline Graziele Benitez - Bibliotecária - CRB-1/3129

www.bambualeditora.com.br
conexao@bambualeditora.com.br

DEDICATÓRIA

Aos Povos Originários deste imenso continente que nos revelaram assuntos de vital importância sobre sua resistência e resiliência frente ao impacto da civilização branca.

AGRADECIMENTOS

Ao Centro Indigenista Missionário — CIMI por seu apoio irrestrito a nossa iniciativa.

A Anderson Hilgert por seu esmero e dedicação para a produção deste livro.

A Maria Cecilia Ferreira pela leitura crítica do texto.

A nossa filha Simone Viezzer Grondin que esteve conosco como fiel escudeira ao longo dos trabalhos de preparação deste texto.

A Mara Vanessa Fonseca Dutra por seu primoroso trabalho de revisão e seu apoio de muitos insights que nos ajudaram nesta aventura.

A Mariângela e Celso Luckmann por sua contribuição à impressão da *editio princeps* desta publicação.

A Vasco de Matos Ferreira Mendes Neves, Ana Cristina Ferreira Neta e Cândida Rato pela intermediação junto à Bambual Editora.

A Ailton Krenak que muito nos honra por ter aceitado redigir o prefácio de nosso trabalho.

Nota de Atualização

A redação desse texto foi concluída por nós em 2015. De lá para cá, muita coisa mudou na história do mundo. Na dos povos originários também. Mas ainda há muito a ser feito em relação à mensagem que este livro apregoa.

Em pleno século XXI, no Brasil, a mentalidade de genocídio e as práticas de desrespeito e dominação colonialista ainda continuam vigentes. Apesar de alguns esforços do governo, empresas mineradoras e de garimpo continuam a invadir territórios indígenas e a atentar violentamente contra a vida e a cultura dos povos da Amazônia. Lideranças indígenas continuam sendo assassinadas; casas de reza, queimadas. Continua a cultura de assimilação cultural, utilizando, inclusive, os mais modernos meios de comunicação; o Marco Temporal, medida jurídica que legitima a expropriação de terras indígenas pela "elite do atraso", continua em pauta, sinal evidente de desrespeito ao direito dos povos originários aos seus territórios, direito reconhecido na Constituição Federal.

Por outro lado, nunca em nossa história ficou tão evidenciada a resistência que permite a sobrevivência dos povos originários em nosso país. A luta dos povos originários continua e se manifesta cotidianamente das mais diversas formas, tanto no âmbito nacional como nas diversas regiões onde florescem organizações indígenas. Podemos também citar, entre outros, a realização anual do Acampamento dos Territórios Indígenas (ATI) em Brasília; Marcha Nacional das Mulheres Indígenas; Fórum Nacional de Educação Escolar Indígena (FEENAI); escritoras e escritores, trazendo sua cultura para o mundo não-indígena, juntamente com artistas, poetas, cantores e cantoras, ampliando condições de cultivo da diversidade. Também é importante a presença de indígenas em espaços anteriormente fechados aos mesmos, como a Academia Brasileira de Letras e locais da área do Direito Constitucional. Multiplicam-se as iniciativas que nos dão boas esperanças. Elas estão em andamento, negociação e projeção por parte dos povos originários e também de entidades que os apoiam. Como parte das conquistas geradas pela resistência, há também progresso no âmbito das políticas públicas, entre as quais merece destaque, particularmente a criação do Ministério dos Povos Indígenas.

O que acabamos de lembrar brevemente dá continuidade ao que descrevemos neste livro como genocídio-resistência-sobrevivência dos povos originários. E no momento histórico de crise climática que atravessamos, com sinais muito evidentes de que não é mais possível continuar no modelo atual de civilização, temos muito a aprender com quem tem séculos de resiliência, para construirmos juntos "um outro jeito de ser" neste planeta. Este é o momento de entender o que significa respeito e cultivo da bio-socio-diversidade. Como já virou um slogan: "o futuro é ancestral".

Marcelo Grondin e Moema Vizzer
Março de 2025

O idioma é a alma de um povo. É através dele que o ser humano aprende a nomear tudo o que existe em seu mundo. Estima-se que a maioria dos 7.000 idiomas falados no mundo são de povos originários. Não se tem conhecimento de como esses povos foram construindo seus idiomas, alguns deles bastante complexos, vários deles verdadeiras obras artísticas como o quíchua, o aimará, o guarani, o nahuatl, por exemplo. Faz pouco tempo que alguns idiomas dos povos originários vêm sendo escritos. Durante milênios, a construção e transmissão da língua se deu e ainda se dá através da oralidade, como parte da vida da comunidade.

Registramos aqui alguns poemas e expressões honrando a sabedoria e o legado desses povos.

POEMA EM QUÍCHUA DA REGIÃO ANDINA

Ñanyki Kayta munayman
Purajtiyki kanwan kuska purinaypaj
Ñawisnyki kayta munayman
Wakajtiyki kanwam kuska wakanaypaj
Yawarniyki kayta munayman
Sonkhoykiman chayanaypaj
Munakuwaskaykita yachanaypaj

Quisera ser teu caminho — para que quando andes
eu possa andar junto contigo.
Quisera ser teus olhos/para que quando chores
eu possa chorar contigo.
Quisera ser teu sangue/ para chegar ao teu coração
e ali, gozar do amor que tens por mim.[1]

---

1 Recitado e traduzido por Marcelo Grondin.

TEXTO EM AIMARÁ DA MITOLOGIA ANDINA

Mä urunxa Tata Wiraqucha Titiqaqa qutat mistuwa uka jagi
yanapt'irinakampi ukatax jaqinakax jani wali sarnaqipxi ukatax
uspa sawiyasi ukata qalaru tukuyasix. Ukatax tata wiraquchax
pacha luratapa askichasiñ muni ukat kimsaru pachax jalanuqi:
Akaxpacha (Patanakan uthasirinaka);
Akapacha (Akan uthasirinaka);
Manqhapacha (Aynachan uthsirinaka).

> Um dia, Wiraqucha emergiu do Lago Titicaca com alguns ajudantes...
> E castigou os primeiros homens por certos desvarios, convertendo-os
> em pedras. Mais tarde, decidiu melhorar sua obra
> e dividiu o cosmos em três partes: Akaxpacha (o mundo de cima);
> Akapácha (o mundo daqui); Manqhapacha (o mundo de baixo).[2]

MENSAGEM DE AMOR EM NAHUATL NIMITZLAZOHTLA

Ome Tlamantli,
Nictlazohtla ome tlamanti noyollo,
In xochimeh cemilhuitica
Lhuan telhuatzin momoztla.

> DUAS COISAS.
> Tenho duas coisas em meu coração:
> As flores e você.
> As flores, por um dia
> Você, todos os dias.[3]

---

2 Extraído do "Manual de Alfabetização em aimará". UNICEF, Santiago do Chile, 2010.
3 Extraído de: Neomexicanismos. Tonayohan. Oztopolco mexicayotl. Facebook.com/
tonayoncan (contribuição de Marta Benavides, El Salvador).

TEXTO MÍTICO DOS M'BYA-GUARANI

Mba'e a'ã
Aipo jevy ma. Ñe'eng Ru Ete i,
Roporandu i jevy ma mbaraete, py'aguachu reko rã i re.
A'e va re, tove ta ore mbopy'a guachu i jevy jevy.

Opa marangua mbytépy jepe,
mby'aguachu reko rã i ereuka ño eteve
va'erã nde py'aguachu reno'ã va'e rupi.
Nde y vy rupáre oopa mba'e te i ore bopy'aguachu
ãgã rami raga ey rojekuaá va gui jepe, tove i ta ore
mbopy' aguachu jevy jevy.

> Prece
> Estamos novamente aqui, Pai verdadeiro das almas.
> Estamos novamente a perguntar-te sobre a força.
> Sobre como fazer para que a coragem sobreviva.
> Por isso, dá-nos teu valor, tua coragem, uma e outra e outra vez
> Mesmo no meio de tantas coisas malignas,
> Tu te pronunciarás através de teus filhos valorosos de quem cuidas tanto.
> Através de tua coragem e de tuas retumbantes palavras
> que nos enchem de valor.[4]

---

4 Extraído do livro: "AYVU RAPYTA" textos míticos de los mbya-guarani del Guairá compilados por León Cadogan na primeira metade do século XX. Publicados pela primeira vez em Asunción, 1959 (contribuição de Oscar Rivas, Assunção, Paraguai).

SUMÁRIO

PREFÁCIO: A invasão do "Novo Mundo"   17
por Ailton Krenak

INTRODUÇÃO   21
Mas, para início de conversa: o que é genocídio?   22
Abrangência desta publicação   23

ANTECEDENTES   27

A EUROPA INICIA SUAS CONQUISTAS DE ULTRAMAR   27
No período medieval   28
A grande virada   28
Portugal e Espanha à margem do Oceano Atlântico   29
Um novo ator entra em cena   30

PRIMEIRA PARTE
NAS ILHAS DO MAR CARIBE: COMEÇA O GENOCÍDIO
DOS POVOS ORIGINÁRIOS   31
Introdução   33
1. Ao encontro do "Paraíso"   33
2. Segunda viagem de Colombo ao Novo Mundo   39
3. Começa o genocídio: o paraíso vira inferno   40
4. A exploração de outras Ilhas do Caribe   53
5. Resistência dos taínos   58
6. Sobrevivência Zero   63

SEGUNDA PARTE

MÉXICO: O GENOCÍDIO INVADE O CONTINENTE 65

Introdução 67

1. Civilizações Pré-Colombianas 67

2. Genocídio no México 71

3. Resistência Indígena 77

4. Sobrevivência 79

5. Organização 81

TERCEIRA PARTE

ANDES CENTRAIS: DO IMPÉRIO DO SOL A "UM NOVO LUGAR AO SOL" 85

1. Civilizações pré-incaicas 88

2. O Império dos incas: apogeu e decadência 89

3. O novo alvo do domínio espanhol 94

4. O colapso demográfico dos povos originários 106

5. Sobrevivência 109

6. Uma iniciativa ímpar: o estado plurinacional da Bolívia 112

QUARTA PARTE

BRASIL: O GENOCÍDIO QUE AINDA NÃO ACABOU 117

1. O Brasil entra no mapa do Novo Mundo 119

2. O extermínio começa e se expande 123

3. Declínio da População Indígena 130

4. Resistência dos povos originários 133

5. Sobrevivência (demográfica, territorial, cultural) 150

QUINTA PARTE

ESTADOS UNIDOS DA AMÉRICA DO NORTE: "LIMPEZA ÉTNICA"

COMO POLÍTICA DE ESTADO 163

1. O que aconteceu? 166

2. Expansão branca e declínio populacional indígena 175

Resistência dos povos originários 191

4. Sobrevivência 196

UM NOVO COMEÇO

ABYA YALA!: UMA ARTICULAÇÃO CONTINENTAL
DOS POVOS ORIGINÁRIOS DAS AMÉRICAS   201

Resistir e sobreviver é reinventar   203

A Profecia da Águia e do Condor   204

As Cúpulas Continentais de Abya Yala   206

Encontros de Líderes Espirituais de Abya Yala   206

Maratonas continentais: as Jornadas de Paz e Dignidade   207

A participação de Abya Yala em iniciativas globais   209

Finalizando para... recomeçar   218

O MAPA NÃO É O TERRITÓRIO   220

REFERÊNCIAS BIBLIOGRÁFICAS   224

Leituras Complementares   228

SOBRE OS AUTORES   230

PREFÁCIO

A INVASÃO DO "NOVO MUNDO"

O ciclo das "descobertas", ou da expansão do nascente capitalismo ainda não foi decifrado pela historiografia. Tal momento abriu as portas para a velha Europa tomar o resto do mundo ainda incógnito para ela, com todas as consequências desse fantástico movimento de transmigração de povos pelo planeta. Tentamos reconstituir o caminho de destruição que aquelas jornadas de conquista e dominação deixaram atrás de si, mas sabemos que uma das táticas de dominação é justamente apagar o rastro e desaparecer com as marcas violentas deixadas no processo.

Eduardo Galeano, em *As Veias Abertas da América Latina*, conseguiu o mais completo registro da passagem das bandeiras de Espanha e Portugal, como autênticos "cavaleiros do apocalipse" pelas Américas. O clássico livro de Galeano ainda é o material mais fiel sobre o genocídio dos nativos americanos, iniciado nas ilhas do Caribe com Cristóvão Colombo, seguido por Cortez na atual região da América Central e depois pela invasão da grande região do Tawantinsuyo por Pizzarro, espalhando-se por nosso continente ameríndio.

Seguindo a mesma rota da fome de riquezas, os portugueses chegaram à América do Sul, tratando com ferro e fogo os povos Guarani e

Tupinambá, em toda a costa brasileira, destruindo milhares de aldeamentos e cobrindo as praias de cadáveres em represália às lutas de resistência nativa nas chamadas guerras indígenas... Um eufemismo para ocultar os massacres deliberados que governadores da colônia lançavam sobre as nações indígenas, que desconheciam o poderio da Coroa portuguesa.

Cobiça e vingança foram o motor daquelas guerras de destruição movidas contra as nações indígenas, principalmente no Rio de Janeiro, Espírito Santo e Bahia, durante o primeiro século da invasão, até final do século XVI, quando já tinham implantado o governo colonial. Aldeias inteiras destruídas, milhares de mortos e terras conquistadas para o rei: este foi o saldo da celebrada "descoberta" do Brasil, que até hoje vemos ilustrando material didático nas escolas e bibliotecas pelo país afora.

Uma tarefa urgente é a produção de literatura que venha contar a história na visão dos vencidos, como vêm fazendo novos historiadores e historiadoras, como também escritores e escritoras indígenas. Temos o direito à memória. E novas narrativas virão para iluminar o tempo de escuridão que o colonialismo provocou em nossas terras.

A matança de nações originárias significou o apagamento de memórias, a negação da história profunda de milhões de seres humanos, ainda à margem do que viria a se constituir nos séculos vindouros como a civilização ocidental — uma monstruosa configuração de povos abalados pelas guerras de conquista e dominação de novos continentes, e não somente o americano, haja vista a imensa destruição das nações africanas, removendo um continente inteiro.

Habitamos um mundo revolto pela busca de novas riquezas sem limite, mundo plástico que pode se estender das Américas até as ilhas do Pacífico. Fomos todos engolfados nessa tragédia civilizatória que, principalmente a partir do século XIX fabrica guerras de conquista e dominação sobre uma parte do mundo para seguir garantindo a posse do planeta Terra para as nações centrais.

As corporações fazem agora o serviço que, no passado, foi dos reis católicos no século XV, com a benção de Roma, dando posse das terras invadidas e nações subjugadas ao capital nascente, este monstro indomável, que nem mesmo as centenas de milhões de vidas humanas puderam aplacar até agora.

As veias seguem abertas e este grande inventário das matanças que é esta obra, *Abya Yala!*, de Moema Viezzer e Marcelo Grondin, resultado da colaboração de pesquisadores de diferentes épocas e regiões do mundo,

PREFÁCIO — A INVASÃO DO "NOVO MUNDO"

toma a história de tal genocídio como a dura lição que temos de passar aos nossos filhos e netos, para que passem a seus descendentes como um legado da civilização para o mundo globalizado. É imprescindível evitar o esquecimento, pois a repetição desta tragédia inominável paira sobre as nossas cabeças como a iminente *Queda do Céu*, anunciada por um sábio da nação Ianomâmi, o pajé Davi Kopenawa Yanomami, que relata as visões dos xamãs de seu povo acerca da desabalada corrida que a humanidade vem fazendo em direção a seu fim.

Uma cartografia da morte com seu rastro de destruição não chega a ser um convite à leitura, mesmo para quem ama ler e tem interesse por história. Assim, eu convoco aqueles de estômago forte e coração aberto para conhecerem e entenderem as lutas de resistência das nações originárias deste continente, e para mergulharem nesta obra que nos revela de que matéria é feita a "civilização" a que imaginamos pertencer: uma humanidade feita de exclusão.

Desde sua primeira expansão, quando apelava para a busca de "novos mundos", a "civilização europeia" já afiava as espadas para a dominação e o assalto. Assim, com uma mão faziam o sinal da cruz e com a outra baixavam o ferro sobre as cabeças das nações que viviam o sonho de um mundo em que todos caberiam: os humanos em comunhão com todos os seres não-humanos. Reverenciando a Mãe Terra como fonte de todo o bem-viver: água, florestas e montanhas e todos os invisíveis seres da teia da vida constituíam nações de gentes e seres — humanos e não-humanos, antes da ideia do antropocentrismo doentio introduzido pelo pensamento racionalista que passou a dominar as mentalidades.

Atualmente, a ideia de superioridade humana em relação à Mãe Terra está nos nivelando a todos — tanto povos dominados quanto dominadores — como sócios do continuado genocídio, agora transformado em uma verdadeira era do Antropoceno. Neste planeta ameaçado pela presença ruidosa de uma humanidade que assola a vida em todos os termos, para além do genocídio, estamos vivendo um ecocídio, quando fazemos desparecer ecossistemas inteiros, pondo em risco a sobrevivência de todos que nos acostumamos a pensar só como humanidade. Que este grandioso livro, reunindo as narrativas das guerras de destruição do mundo ameríndio, possa despertar em todos nós a coragem necessária para gritar: BASTA!

Quero lembrar que, ainda no embate das conquistas destas terras ameríndias, um guerreiro da paz chamado Seattle, do povo nativo Suquamish no norte de nosso continente, no ano de 1853 deixou suas palavras de amor e devoção à Mãe Terra quando respondeu ao emissário do governo dos Estados Unidos, o governador Isaac Stevens:

> O grande chefe de Washington diz que quer comprar a nossa terra. Essa ideia é estranha para nós. Como é possível comprar ou vender o céu e o calor da terra? Se o ar fresco e o brilho das águas não nos pertencem, como podemos vendê-los? (...) Cada parte desta Terra é sagrada para meu povo. O ramo do pinheiro, os grãos de areia à beira-mar, na névoa na floresta escura, o vagalume e o beija flor, todos pertencem à história e às tradições de meu povo. (...) O homem branco não compreende nosso modo de viver. Uma porção de terra, para ele, é como outra qualquer. A terra não é sua irmã, nem sua amiga. Depois de exauri-la, ele a abandona, deixando para trás o túmulo de seus antepassados e os sonhos de seus filhos....

Citei apenas uma pequena parte de um dos textos mais contundentes sobre a desigual visão que o homem ocidental tem desta terra, nas palavras de um nativo americano: a Carta do Grande Chefe Seattle, inspiradora do primeiro movimento ecológico do mundo contemporâneo...

Com a esperança de que siga operando o milagre de atingir o coração das novas e futuras gerações e contribua para fazer florescer um tempo de paz e respeito pela vida em todos os sentidos.

AILTON KRENAK
Indígena, ambientalista,
professor e escritor.

INTRODUÇÃO

Alguns anos atrás, por pura coincidência, chegou a nossas mãos um documento no qual se afirmava que a invasão do continente das Américas pelos europeus desde 1492 tinha dado início a um genocídio que teria eliminado 90 a 95% dos povos originários das Américas.

Tal como ocorria com praticamente 100% das pessoas conhecidas por nós, também estávamos completamente desinformados sobre o tamanho de tal tragédia, embora tivéssemos morado e trabalhado em vários países do continente americano.

Ao constatar nossa ignorância frente a uma notícia tão chocante, e movidos por nossas histórias de vida a serviço das populações mais necessitadas em lugares diversos, decidimos iniciar uma pesquisa com a intenção de divulgar esse fato.

Em nossas buscas, tivemos a oportunidade de encontrar muitas publicações de antropólogos(as) e historiadores(as) de várias partes do continente, que tinham estudado e comprovado cientificamente o acontecimento e a dimensão do genocídio. Não resistimos ao impulso de unir nossos esforços aos de tantos pesquisadores e pesquisadoras.

Assim, iniciamos este nosso trabalho, que ora é publicado com a finalidade principal de informar um público amplo pois, efetivamente, quantas pessoas até os dias de hoje sabem que o maior genocídio da história humana ocorreu com os povos originários das Américas? O que aconteceu com eles?

As páginas que seguem traçam um breve panorama dos fatos e da luta dos povos nativos por sua sobrevivência. Vale lembrar que não se trata só de um acontecimento pretérito. Hoje ainda, muitos povos indígenas têm seus direitos humanos ignorados e sofrem de discriminação tão aberta que poderíamos chamá-la de algo semelhante ao apartheid instalado na África. Os indígenas, brasileiros principalmente, vêm sendo despojados de seus territórios e bens, num genocídio que infelizmente ainda não acabou, obrigando esses povos a lutarem fortemente por sua sobrevivência.

Esperamos que nossa iniciativa possa contribuir

para conhecer...

para não repetir...

para respeitar...

para conviver.

MAS, PARA INÍCIO DE CONVERSA: O QUE É GENOCÍDIO?

A Assembleia das Nações Unidas de 9 de dezembro de 1948 aprovou a Convenção para a Prevenção e Repressão do Crime de Genocídio, que foi assim especificado:

> Genocídio é qualquer dos seguintes atos cometidos com a intenção de destruir, no todo ou em parte, um grupo nacional, étnico ou religioso através de: matança de membros do grupo; lesão grave à integridade da saúde física ou mental do grupo; sujeição intencional do grupo a condições de vida tendo de arcar com sua destruição física, total ou em parte; imposição de medidas destinadas a impedir nascimentos no seio do grupo; transferência forçada de crianças do grupo para outro grupo (ONU, 1948).

Durante o século XX, grandes genocídios ocorreram no mundo. Entre eles, os seguintes números aproximados:

- armênios (1915): 1,5 milhão de mortos;
- ucranianos (1932-1933): 2 milhões de mortos;
- judeus na Alemanha (1939-1945): 6 milhões de mortos;
- minorias no Camboja (1975-1979): 2 milhões de mortos;
- tutsis em Ruanda (1994): 800 mil mortos;
- minorias em Kosovo (1997-1999): 100 mil mortos.

No entanto, nenhum deles atingiu a proporção do que ocorreu aos povos originários das Américas, a partir de 1493 nas ilhas do Caribe. O assunto já foi estudado e analisado por muitos historiadores, antropólogos e cientistas políticos que o classificaram como o maior holocausto em número de vítimas de todos os tempos.

John Collier, pesquisador indigenista norte-americano, lembra que "os índios das Américas somavam não menos do que 70 milhões, ou talvez mais, quando os conquistadores estrangeiros apareceram no horizonte" (apud GALEANO, 2010, p. 62). Naquela mesma época, a população de toda a Europa era de 57 a 70 milhões de habitantes e Espanha e Portugal juntos não ultrapassavam 10 milhões de pessoas.

David Stannard (1992) afirma que "a destruição dos índios das Américas foi, de longe, o maior ato massivo de genocídio na história do mundo". O mesmo autor diz que, a partir dos estudos de demógrafos e historiadores considerados "moderados", "90% das populações originárias desapareceram" nos processos de colonização europeia nas Américas (STANNARD, 1992, p. 10-11).

O espanhol Bartolomé de Las Casas (1474-1566), testemunha ocular do início da colonização realizada por seu país, listou os horrores do genocídio ocasionado por matanças em massa das populações nativas e pelo trabalho escravo imposto às mesmas (DE LAS CASAS, 1951).

Infelizmente, nos dias atuais, "a principal pergunta que fica não é: isto pode acontecer novamente? Mas: este processo pode ser detido?" (STANNARD, 1992, p. 13).

Em outras palavras: muito além de uma reflexão sobre o passado, o conhecimento de tais fatos e a reflexão sobre os mesmos nos remetem a situações inadmissíveis que, de formas diferentes, ainda se repetem hoje em dia, em toda a América.

ABRANGÊNCIA DESTA PUBLICAÇÃO

O genocídio massivo das populações indígenas nas Américas teve sua origem no início das navegações ultramarinas empreendidas pelos europeus no século XVI. Este fato histórico de grande importância para a humanidade foi, ao mesmo tempo, um acontecimento de efeito devastador sobre as populações nativas que povoavam este continente, devido à ambição dos conquistadores na busca desenfreada por riquezas e poder territorial.

A divisão do espaço territorial escolhida para este trabalho não é a dos povos originários; é a que fez parte dos "acertos" dos conquistadores, a partir de tratados e guerras entre os países colonizadores. O povo guarani, por exemplo, desconhecendo as novas fronteiras, transitava — e ainda transita, como parte de sua resistência e sobrevivência — do litoral do Atlântico no Brasil até a região pré-andina na Bolívia, passando pela Argentina e o Paraguai, como demonstra o Mapa Guarani Continental (ISA, 2016). O mesmo poderia ser dito de outros povos como os ianomâmis que vivem em territórios amazônicos, hoje pertencentes ao Brasil e à Venezuela. Como eles, vários outros poderiam ser citados entre os habitantes do atual continente das Américas.

A presente publicação centra-se em cinco regiões específicas:

- Caribe, México, Andes Centrais — colonizados pela Espanha;
- Brasil — colonizado por Portugal;
- Estados Unidos da América do Norte — colonizado pela Inglaterra.

Número de mortos pelos conquistadores

Territórios estudados nesta obra	Ano de chegada dos colonizadores	Número de habitantes na chegada dos colonizadores	Número de vítimas do genocídio
Caribe	1492	4 milhões	4 milhões
México	1500	25 milhões	23 milhões
Andes	1532	15 milhões	14 milhões
Brasil	1500	5 milhões	4 milhões
Estados Unidos	1607	18 milhões	16 milhões
Total		67 milhões	61 milhões

Todos os países que hoje compõem as Américas, incluindo as ilhas do Mar Caribe (onde o extermínio foi quase total), tornaram-se palco do genocídio que dizimou os povos originários que aqui habitavam numa organização territorial muito diferente da que hoje conhecemos.

O Canadá tinha, em 1492, mais de dois milhões de habitantes indígenas; em 1913 só eram 120 mil (THORNTON, 1990, p. 42). A América Central (Guatemala, Honduras, Belize, Nicarágua, El Salvador, Costa Rica, Panamá) tinha, na mesma época, entre 5,650 milhões e 13 milhões de

INTRODUÇÃO

indígenas, sendo que 90% dessa população foi exterminada (STANNARD, 1992, p. 39). Mais de um milhão de nativos foram mortos em cada um dos países que hoje correspondem a Argentina, Chile, Colômbia, Paraguai. O mesmo fenômeno aconteceu nas Antilhas menores (Bahamas, Barbados, Bermudas, Curaçao, Granada, Guadalupe, Monserrat, Santa Lucia, São Vicente, Martinica, Saint Pierre et Miquelon, Trinidad-Tobago, Ilhas Virgens). Todos esses países, sem exceção, conheceram o genocídio provocado principalmente pela expulsão dos nativos de suas terras, o trabalho forçado, a mestiçagem induzida, guerras e, principalmente, as enfermidades epidêmicas.

Fundamentado nas fontes utilizadas para elaboração deste livro, é possível acrescentar às estatísticas das cinco regiões aqui estudadas (Caribe, México, Andes Centrais, Brasil, Estados Unidos), um mínimo de 10 a 12 milhões de vítimas a mais.

> *Chegamos assim à constatação do maior genocídio da história humana com mais de 70 milhões de vítimas no atual território das Américas.*

Esta publicação não é uma pesquisa arqueológica ou demográfica sobre o tema aqui abordado. É uma modesta contribuição à causa indígena, preparada pensando em divulgação ampla para o público em geral mas, particularmente, para lideranças sociais e políticas, educadores e educadoras e instituições de apoio à resistência e sobrevivência dos povos originários do continente das Américas.

Cada capítulo do livro segue sempre o mesmo esquema:

- Introdução;
- Dados sobre os povos originários antes da conquista europeia;
- Genocídio em suas formas e consequências;
- Resistência indígena;
- Sua sobrevivência na atualidade.

Romper com o passado de dominação/opressão para aprender a conviver entre seres humanos, respeitando e cultivando a diversidade... Esta é a questão, mas, para atuar, primeiro é preciso conhecer, como mostram os dois depoimentos a seguir.

O primeiro é da americana Natalie Portman, judia, atriz de cinema conhecida internacionalmente:

> Não há dúvidas sobre a importância de lembrarmos e respeitarmos o Holocausto Judaico. Mas nós, judeus, não podemos nos colocar como as únicas vítimas de holocausto. Nós precisamos sentir empatia pelas outras comunidades que também sofreram do mesmo mal. Eu percebi minha ignorância sobre as tragédias de outros povos quando viajei para Ruanda, na África. Ao visitar um museu local, fiquei chocada com a história daquele país, principalmente com o genocídio de 1984. E me pergunto: por que não aprendemos isto na escola? (ISTO É, 03/05/2015).

O segundo é do chefe indígena brasileiro Nailton Pataxó, ao relatar sua visita a um campo de concentração nazista na Alemanha em 2000, fez a seguinte reflexão:

> Quando vocês falam que foram mortos aproximadamente seis milhões de pessoas nos campos de concentração, dos quais se sabe, em grande parte, o nome e dia da morte, nós indígenas (do Brasil) lembramos os milhões de irmãos e parentes nossos que foram exterminados sem que se tenha, na maioria dos casos, qualquer informação sobre esses massacres. Foi um extermínio silencioso e que continua até hoje (SURVIVAL INTERNATIONAL, 2000).

ANTECEDENTES

A EUROPA INICIA SUAS CONQUISTAS DE ULTRAMAR

Até o século XVI, mais precisamente, até a data em que Colombo chegou à América, em 1492, a Europa nunca tinha sido o centro do mundo. Naquele momento, como lembra Enrique Dussel (1993), ela era "a periferia" do mundo muçulmano e do Oriente. Não era sem motivo que a Europa investia tanto para buscar no Oriente o que considerava então como bens materiais mais preciosos e beneficiar-se de conhecimentos milenares de que o Oriente já tinha fama.

Constantinopla, hoje Istambul, na Idade Média era uma cidade de importância inigualável. Capital do Império Romano desde 330, com o passar do tempo cresceu e se tornou capital do Império Bizantino, quando aconteceu a divisão entre a igreja latina e a bizantina. Mas, além de ser capital da cristandade, tornou-se também a maior e mais rica cidade da Europa durante quase dois séculos. O Estreito de Bósforo, que pertencia a Constantinopla, era o lugar de passagem marítima e a maior praça de mercado entre os dois continentes — Europa e Ásia — fazendo da cidade uma espécie de "Portal do Oriente", quando se tratava de chegar aos portos do Mar Negro.

NO PERÍODO MEDIEVAL

Os mercadores italianos eram os que mantinham intenso intercâmbio comercial com a Ásia, mais precisamente com as "Índias", então o centro das atenções do mundo europeu.

Índias era uma denominação comum para China, Indonésia, Índia, Malásia e outros países orientais. Índias era também o grande alvo do mercado externo europeu no período medieval, envolvendo mercadores cristãos europeus e mercadores do Oriente.

Das Índias, era levado o que era considerado sofisticado e exótico para a Europa. Ouro e prata tinham prioridade, por serem metais preciosos, além de pedras preciosas, como rubis, esmeraldas e outras. Sobretudo, carregavam as "especiarias" usadas pela nobreza, como tintas, perfumes, incensos, cosméticos, unguentos, drogas e condimentos.

Da Europa para as Índias, os negócios incluíam: transações de alimentos (cereais, sal, pescado, azeite, vinho, queijo); matérias-primas (cobre, estanho, chumbo) e produtos manufaturados (têxteis, armas e armaduras).

Os mercadores viajavam por terra e por mar. Marco Polo, navegador de Veneza (1254-1324), ao descrever a própria experiência no livro que narra as maravilhas de suas viagens, ilustrou bem as andanças, peripécias e negócios dos mercadores. Ele narra, por exemplo, como as mercadorias que chegavam às Índias passavam quase exclusivamente para as mãos de mercadores árabes (POLO, 2015). Estes, por sua vez, cruzavam o Oceano Índico levando suas cargas do Oriente até os portos da Pérsia, e, ao chegarem aos portos do Mediterrâneo, atracavam em Constantinopla e nos portos do Mar Negro, de onde os produtos eram distribuídos para toda a Europa.

A GRANDE VIRADA

No dia 18 de agosto de 1453, as tropas do Império Otomano (dos muçulmanos) tomaram Constantinopla. Foi um acontecimento que causou grande comoção no Ocidente. O comércio entre a Europa cristã e a Ásia declinou de forma abrupta por conta disso.

O impacto na economia e na vida cotidiana dos habitantes da Europa foi considerável. Os otomanos elevaram de forma exorbitante os impostos sobre as mercadorias, tanto para as que eram levadas pelos europeus para as Índias, quanto para as que eram levadas do Oriente para a Europa, principalmente as especiarias. Os mercadores cristãos dificilmente conseguiam passagem — por terra ou por mar — para os portos e as rotas terrestres que levavam aos locais-chave do Oriente. Como conseguir as especiarias e os artigos de luxo e levar os artigos do Ocidente que interessavam às Índias?

PORTUGAL E ESPANHA À MARGEM DO OCEANO ATLÂNTICO

Foi com esse cenário que Portugal e Espanha entraram em cena. Eram duas potências europeias interessadas em manter o comércio com o Oriente e precisavam encontrar um caminho alternativo. O fato de os dois países estarem situados à beira-mar foi decisivo.

PORTUGAL E ESPANHA À MARGEM DO OCEANO ATLÂNTICO

A única solução era abrir outra rota marítima para as Índias. Duas alternativas se apresentavam: pelo Leste, contornando a África, ou pelo Oeste, cruzando o oceano Atlântico.

Pelo Leste, via África, Portugal era favorecido. Desde o século XII, mantinha comércio com o litoral oeste do continente africano. Como um feito grandioso, em 1434 os portugueses tinham dobrado o Cabo Bojador e, logo a seguir, tinham atingido o Golfo da Guiné. Além disso, um tratado intitulado Aeterni Regis, assinado entre a Coroa de Portugal e os reis católicos da Espanha em 1479, reconhecia a rota marítima do oeste da África como monopólio exclusivo português, por tempo indefinido.

Porém, em 1488, a Espanha estremeceu com a notícia de que Portugal já tinha aberto uma rota marítima para as Índias, quando o navegador português Bartolomeu Dias dobrou, no sul da África, o chamado Cabo das Tormentas, renomeado como Cabo da Boa Esperança. Faltava pouco para chegar a Calcutá, na Índia. Caso Portugal lá chegasse pelo leste africano, a Espanha perderia definitivamente a possibilidade de abrir um mercado na mesma rota. Foi o que efetivamente aconteceu, alguns anos depois, com a chegada de Vasco da Gama a Calcutá, em 1498.

Pelo Oeste, via oceano Atlântico, estava fora de cogitação para a Espanha imaginar uma rota. Para começar, nenhum marinheiro havia feito antes este trajeto. O Atlântico era conhecido somente até as Ilhas Canárias e dos Açores, que ficavam a uma distância aproximada de apenas mil quilômetros do continente europeu. Além disso, a crença geral que reinava na época era que a terra era plana e circulava uma lenda de que o oceano Atlântico acabava em uma enorme catarata, capaz de engolir as naves. Quem se arriscaria?

Os reis da Espanha sentiam profundo desgosto por terem sido escanteados por Portugal. Além disso, em 1491 a Espanha acabara com uma guerra de séculos contra os otomanos ao apropriar-se de Granada, reconquistando, assim, todo seu território. No entanto, o preço dessa conquista tinha sido alto: o tesouro da Coroa se esvaziou. O mercado com as Índias fazia muita falta. A Espanha precisava encontrar sua solução.

No mercantilismo europeu daquele momento, vigorava a teoria e a prática do "metalismo": o montante de ouro e prata era o que definia se uma nação era rica e poderosa. Os governantes faziam de tudo para acumular esses metais através do comércio externo, que gerava recursos para a economia interna do país. Para a Espanha, era então prioritário e urgente conseguir ouro e prata como condição de garantir sua própria administração e comercializar com os demais países europeus.

UM NOVO ATOR ENTRA EM CENA

Nesse contexto, Cristóvão Colombo, marinheiro italiano natural de Gênova, navegador experiente e com muito estudo, dirigiu-se aos reis da Espanha e lhes ofereceu a possibilidade de abrir uma nova rota pelo Oeste, atravessando o mar Atlântico, que ele tinha conhecido em várias viagens com marinheiros portugueses enquanto morava em Lisboa (1476-1485). Essas viagens o levaram a conhecer as ilhas Canárias, Açores e o oeste da África. Nelas, o navegador tinha notado, no lixo marítimo, troncos de árvores e cadáveres de animais desconhecidos na Europa que tinham sido arrastados pelo mar. Para ele, era o suficiente para supor a existência de outro continente.

Colombo era seguidor de Toscanelli, médico, geógrafo e matemático italiano que fundamentava seus estudos nas teorias de que a Terra era esférica, não plana, como ainda se acreditava na época. Como consequência, era possível chegar às Índias atravessando o oceano pelo Oeste.

Com o projeto de Colombo naquela direção, os reis da Espanha, naturalmente, tiveram dificuldade de dar-lhe crédito, mas, após várias idas e vindas, finalmente se conseguiu a aprovação com o apoio da rainha Isabel de Castela. Em troca dessa façanha, Cristóvão Colombo recebeu os títulos de Almirante da frota e de Vice-Rei das terras que fossem conquistadas, mais 10% de todas as riquezas resultantes do empreendimento.

Foi assim que a Espanha começou a explorar, para seu próprio enriquecimento, toneladas de ouro arrancadas das sociedades originárias das Américas. Mais: a partir de uma competição mercantil, abriu-se um novo capítulo da história que marcaria os séculos seguintes, levando a Europa a sentir-se o "centro do mundo" e a tratar os territórios e povos que viria a encontrar como "sua periferia".

Enquanto isso, no território que hoje conhecemos como Américas — que a Europa batizaria de "Novo Mundo" — milhões de habitantes viviam fazia milênios, repartidos em inúmeros povos com realidades sociais diversificadas, indo de populações nômades e agrícolas a grandes reinados, que nunca tinham estabelecido contato com o Oriente nem com a Europa. E vice-versa.

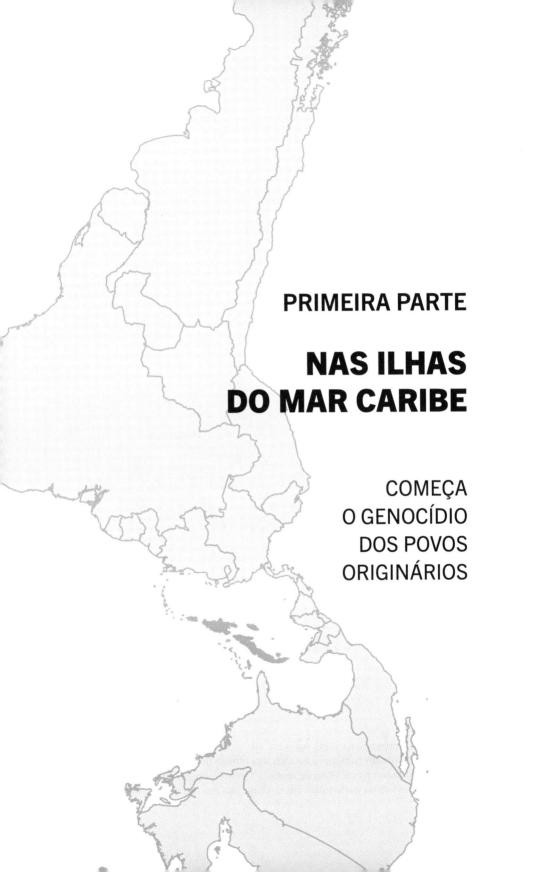

PRIMEIRA PARTE

NAS ILHAS DO MAR CARIBE

COMEÇA
O GENOCÍDIO
DOS POVOS
ORIGINÁRIOS

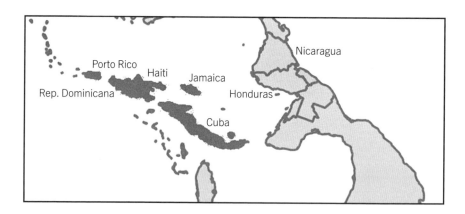

Os mapas apresentados desta maneira, "de ponta cabeça", refletem totalmente a intenção dos autores para que a história seja olhada de um outro ângulo. É um convite para ampliarmos nossa visão de mundo. Desenvolvemos uma explicação mais detalhada sobre isto na página 220, em O Mapa Não É o Território. (Nota da Editora)

INTRODUÇÃO

O projeto de Cristóvão Colombo era, antes de mais nada, a proposta de uma grande aventura "por mares nunca dantes navegados".

Feliz com o despacho dos reis e com os favores recebidos, Colombo partiu de Granada e foi diretamente ao porto de Palos de la Frontera, onde tinha amigos. Entre eles, os três irmãos Pinzón: Martin Alonso, Vicente Yañez e Francisco Martin que, além de pertencerem a uma família rica, eram marinheiros de prestígio. Com o apoio deles, Colombo conseguiu fretar três caravelas para navegar pelo período de um ano e as batizou de Santa Maria, Pinta e Nina.

Conseguiu também 87 tripulantes, entre os quais os irmãos Pinzón, um embarcado em cada caravela. Isso era muito importante para o Almirante, principalmente caso ocorressem problemas, uma vez que ele era italiano e a frota era espanhola.

1. AO ENCONTRO DO "PARAÍSO"

Primeira viagem de Colombo

No dia 3 de agosto de 1492, Colombo saiu do porto de Palos de la Frontera. Sua meta? Chegar às Índias por um novo caminho, ainda não experimentado, arriscado e cheio de temores, devido às lendas que corriam a respeito.

O Almirante iniciou sua viagem dirigindo-se às Canárias, então propriedade espanhola, onde aportou para reabastecer e fazer a revisão dos barcos, mas logo no início teve um primeiro susto: ali soube que já havia ordem do rei de Portugal para prendê-lo juntamente com as naus espanholas, caso passassem pelas ilhas portuguesas da Madeira, Porto Santo e Açores, que constavam de seu itinerário.

Então Colombo teve que navegar longe dessas ilhas, modificando sua rota inicial, dirigindo-se logo ao alto-mar. As noites e os dias revezavam-se, sem nenhum sinal de vida terrestre por perto. Como isso se prolongava por semanas, o medo começou a alterar os ânimos dos tripulantes, que passaram a duvidar de Colombo e de sua capacidade de encontrar terra. Conforme relata Bartolomé de las Casas, os marinheiros

> ao constatar uma viagem tão longa sem ver terra nenhuma, murmuravam e gritavam maldições a Cristóvão Colombo, injuriando-o e ameaçando-o. Colombo tentava consolá-los com boas palavras, com grande modéstia e paciência. (...) Ventos contrários e vendavais faziam a tripulação temer não poder retornar à Espanha e morrer tragados pelo oceano. Quanto mais apareciam ervas e aves perto das caravelas, mais crescia a impaciência e inconstância dos tripulantes e mais se indignavam contra Colombo. Diziam que era loucura ser homicidas de si mesmos aventurando suas vidas para seguir a loucura de um homem estrangeiro. (...) Alguns chegaram a dizer que o melhor a ser feito era jogar Colombo ao mar e divulgar que ele tinha caído, que, por ser estrangeiro, ninguém pediria explicações; ao contrário, muitos afirmariam que Deus lhe havia dado o castigo merecido por seu atrevimento. (DE LAS CASAS, 1951, I, p. 188-189).

Cansaço, fome e dúvidas dos marinheiros iam se somando, resultando em vários inícios de motins. Este estado de ânimo continuou mesmo quando começaram a ver algumas ervas e depois algumas aves próximas às três caravelas. Na verdade, os tripulantes temiam não chegar vivos a algum lugar em que fosse possível aportar. O medo causado pela lenda das tais "cataratas" do fim do mundo voltava sem parar. Retornar à Espanha? Tampouco parecia a solução, pois achavam que não haveria tempo para chegarem sem sucumbir às dificuldades. Três meses durou essa travessia nada fácil.

Entretanto, quando todos os cálculos e previsões de Colombo pareciam esgotados, ouviu-se da Caravela Pinta o famoso grito: "Terra à vista!". Era a madrugada do dia 12 de outubro de 1492.

Teriam chegado às Índias? Era o que pensava Cristóvão Colombo. Na realidade, estavam nas águas do Mar Caribe. O lugar avistado era a ilha de Guanahani, situada no atual território pertencente às Bahamas.

Ao desembarcar das caravelas, os espanhóis se depararam com um grupo de nativos que se aproximavam. No momento em que colocou os pés na terra, Colombo tomou posse dela em nome do rei da Espanha, ajoelhou-se e agradeceu efusivamente a Deus pela travessia. O mesmo fizeram todos os de seu séquito, agora em paz e muito felizes.

Quisqueya

Logo após, Colombo continuou sua viagem exploratória com as três caravelas, chegando à ilha de Quisqueya, Mãe Terra no idioma taíno. Em seu diário, chega a comparar a ilha ao "paraíso", quando descreve sua admiração pela beleza do local e a pujança de sua natureza. Também ressalta a recepção calorosa que os habitantes da ilha ofereceram aos brancos europeus que chegaram sem que ninguém os esperasse. Bartolomé de las Casas relata o espanto e o encanto inicial de ambos os lados:

> Os índios que estavam presentes em grande número, estavam atônitos olhando para os cristãos, espantados com sua barba, brancura da pele e suas vestimentas. Chegavam perto dos homens barbudos, particularmente do Almirante devido à eminência e autoridade de sua pessoa e tocavam com suas mãos as barbas maravilhando-se delas, porque nenhum deles tem; e também tocavam as mãos e os rostos parecendo comentar sua brancura. Tanto o Almirante como os demais ficaram maravilhados pela simplicidade e confiança de gente que nunca tinham conhecido. (DE LAS CASAS, 1951, I, p. 202).

Sobre os nativos, Colombo deixou anotadas estas primeiras observações:

> Andam todos nus como suas mães os pariram... bem formados, de corpos formosos e boas faces, cabelos grossos (...). Alguns pintam de branco, outros de cor, outros de preto...os rostos, o corpo, os olhos, o nariz (...). Acredito que eles podem muito facilmente ser cristãos, porque eles parecem não ter nenhuma religião. (DE LAS CASAS, 1951, I, p. 202).

Quisqueya era um território bem maior do que a primeira ilha encontrada e corresponde aos atuais territórios do Haiti e República Dominicana. De acordo com historiadores, entre eles Bethell (1992, p. 130), Quisqueya tinha uma população de aproximadamente um milhão de habitantes. Era uma sociedade agrária que produzia milho, feijão, abóbora, mandioca, algodão, amendoim, batata, abacaxi, tabaco, pimenta, cacau, inhame e algodão, conforme relata Colombo em seu diário (COLOMBO, 1999).

Para fins de administração, a ilha era dividida em cinco territórios independentes chamados *cacicazgos*: Higuey, Jaragua, Maguá, Maguana e Marién. Cada território era governado por um cacique-rei que tinha autonomia sobre seu reino. Na chegada de Colombo, os cinco territórios eram governados por: Cayacoa em Higuey, Bohechio em Jaragua, Guarionex em

Maguá, Caonabo em Maguana e Guacanagari em Marién. O cacique-rei era ajudado por vários outros caciques e cada reinado tinha aproximadamente 200 mil habitantes, sendo que as vilas, organizadas com casas comunitárias, tinham até três mil habitantes.

> O rei Guacanagari, um dos cinco grandes de Quisqueya, do reinado de Marién onde Colombo desembarcara, enviou um embaixador para rogar ao Almirante que fosse à sua casa para vê-lo. (...) O Almirante respondeu que aceitava com prazer (DE LAS CASAS, 1951, I, p. 271).

No dia seguinte, foi visitar Guacanagari.

> O rei saiu para recebê-lo. Chegando ao povoado, Colombo viu que era a maior e mais organizada das ruas e casas que até então tinha visto. Reunidos na praça, que tinham varrido muito bem, estavam mais de 2.000 homens e infinitas mulheres e crianças. O Rei prestou muitas honras ao Almirante e aos outros espanhóis... (DE LAS CASAS, 1951, I, p. 273-274).

E entregou-lhes vários presentes em ouro.

> No outro dia, andando por terra, o Almirante encontrou os cinco reis de Quisqueya, vassalos de Guacanagari, cada um com sua coroa de ouro na cabeça, mostrando grande autoridade. Abraçando o Almirante, o rei levou-o ao seu aposento e, tirando sua coroa de ouro da cabeça, colocou-a na cabeça do Almirante. Perguntando aos índios sobre as minas de ouro, "Colombo entendeu que a quatro jornadas dali se encontravam algumas províncias onde havia muito ouro" (DE LAS CASAS, 1951, I, p. 286-287).

La Navidad: marco inicial da colonização

Na noite de natal de 1492, o marinheiro que dirigia a caravela Santa Maria se descuidou e a nave encalhou num banco de areia. O Almirante, firme em sua determinação de ficar na ilha, decidiu construir uma fortaleza com o material da nave que não poderia mais ser reutilizada para navegação. E ordenou que seu pessoal resolvesse isso rapidamente.

Prontamente, o rei Guacanagari mandou seus vassalos para ajudarem na empreitada e numerosos indígenas juntaram-se aos espanhóis. Fizeram-no com tanta boa vontade e tanta diligência que, em dez dias, a fortaleza ficou pronta e muito bem-acabada. Por estarem próximos das festas de natal, Colombo deu à fortaleza o nome de La Navidad.

Esse foi o marco inicial da colonização espanhola no Novo Mundo.

Grandes mudanças

Para as populações originárias, a primeira chegada dos espanhóis a este velho mundo habitado há milhares de anos, mas batizado por eles de Novo Mundo, trouxe mudanças que viriam com muitas consequências:

- as terras dos habitantes da ilha foram tomadas como posse em nome dos reis da Espanha, como aconteceria depois em todas as invasões dos europeus;
- "índios" foi o vocábulo adotado para denominar todos os habitantes já que Colombo acreditava ter chegado às Índias. A partir de então, não só os taínos da ilha, mas todas as populações e nações encontradas e a serem encontradas posteriormente, seriam reduzidas a este denominador comum: índios;
- o nome da ilha foi modificado. Ao invés de continuar com seu nome original, Quisqueya ("Mãe Terra"), passou a ser denominada *Hispaniola*, por ser já considerada propriedade da Espanha;
- as ilhas do Caribe, tanto as maiores (Jamaica, Cuba, Porto Rico) quanto as menores, pelo mesmo motivo, foram identificadas com o denominador comum de "Índias Ocidentais" (até hoje, *West Indies*).

As consequências básicas dessa invasão foram duas:

- a Espanha iniciou a criação de seu Império nas Américas. Ao decretar que todas as terras dos habitantes originários índios eram propriedade exclusiva da Coroa, a Espanha deu a si mesma poderes para explorar essas terras à vontade e distribuí-las a quem bem entendesse;
- a Coroa espanhola decretou que, daquele momento em diante, todos os habitantes daquelas terras seriam seus "súditos". Assim, as populações que habitavam os territórios em questão passaram a não ter mais direitos, fossem eles pessoais ou coletivos.

Retorno à Espanha

Colombo estava ansioso para voltar à Espanha e informar aos reis que havia descoberto "o caminho para as Índias". Contudo, antes de deixar a ilha, designou 39 de seus homens para guardar o Forte La Navidad até sua volta. Entre eles, nomeou um responsável por assegurar a ordem interna e a conduta dos conquistadores.

O Almirante ofereceu um jantar de despedida em seu barco reunindo os cinco reis de Quisqueya (agora Hispaniola), que lhe entregaram presentes pessoais, inclusive alguns colares de ouro, para os reis da Espanha. Foi uma despedida emocionada, tanto para os nativos da ilha quanto para os cristãos espanhóis.

No dia 15 de março de 1493, Colombo zarpou de volta à Espanha. Além dos presentes recebidos, levava consigo dez taínos para "servirem" na Coroa espanhola e serem "testemunhas" da conquista. Após uma viagem de muitas turbulências, o Almirante aportou em Palos de la Frontera, na Espanha, sendo ali recebido calorosamente. Sem perder tempo, dirigiu-se logo a Sevilha para encontrar-se com o rei e a rainha, levando consigo os dez índios que tinha levado como prova de sua "descoberta".

Colombo ofereceu aos reis os presentes enviados pelos índios e outros produtos, como tecidos de algodão. Informou que não havia especiarias nas terras encontradas, mas que havia muito ouro e que as terras eram muito produtivas e aptas para a agricultura. Também informou que havia edificado uma fortaleza para marcar a posse dessas terras em nome dos reis da Espanha e dar início à colonização.

O rei e a rainha da Espanha ficaram encantadíssimos com a descoberta. Embora a falta de especiarias pudesse ter-lhes causado alguma desilusão, ficaram muito esperançosos com a possível futura obtenção de ouro em grande quantidade e de terras para seus súditos. Os reis renovaram, então, a Colombo, todos os seus títulos e privilégios. Também se comprometeram a financiar sua próxima viagem, dando-lhe o poder de conseguir os navios necessários e prometendo pagar o salário do pessoal que iria na expedição.

Em poucos dias, Colombo e seus assistentes conseguiram 17 navios bem providos de armas e artilharia, de mantimentos (azeite, farinha, sementes, biscoitos, vinho, trigo...) e de animais (galinhas, porcos, bezerros, cabras, ovelhas e outros). Também levavam uma quantidade de materiais e mercadorias para entregar aos índios como presentes da parte dos reis, ou para trocar por ouro e outras riquezas que por ventura encontrassem. Nessa segunda viagem, também retornaram os dez índios que tinham ido com ele à Espanha.

2. SEGUNDA VIAGEM DE COLOMBO AO NOVO MUNDO

No dia 25 de setembro de 1493, Colombo saiu do Porto de Cádis na Espanha em direção à Hispaniola (Quisqueya), com 17 embarcações, tripuladas por 1.500 homens com salários pagos pelos reis. Todos, sem exceção, embarcavam desejosos de enriquecer o mais rápido possível. Alguns deles, inclusive, eram nobres e levavam seu próprio cavalo, na época o meio de locomoção pessoal mais prestigiado. A grande maioria eram peões, trabalhadores do campo, artesãos. Também havia oficiais que levavam suas armas, caso fosse necessário utilizá-las. Entretanto, era uma expedição composta somente de homens, o que explica como rapidamente começaram a acontecer roubos de mulheres nativas.

Diferentemente da primeira, nessa nova viagem embarcaram também alguns religiosos para atender a tripulação e responsabilizar-se pela evangelização das populações encontradas, porque essa expedição tinha sido preparada para uma presença espanhola de longa duração. Os reis insistiram que os índios fossem evangelizados, bem tratados e que o Almirante lhes desse algumas prendas. E se alguma pessoa tratasse mal os índios, o Almirante deveria castigá-la duramente em sua qualidade de vice--rei e governador de Suas Altezas (DE LAS CASAS, 1951, I, p. 244).

Os 1.500 tripulantes embarcaram confiantes. Afinal, imaginavam encontrar uma base de colonização já estabelecida pelos 39 espanhóis que lá tinham ficado. Viajavam alimentando a certeza de conseguir muito ouro, com a participação de uma população amistosa, tal como tinha sido descrita por Colombo. A ansiedade para desembarcar e encontrar-se com os responsáveis pelo Forte La Navidad era muito grande.

Colombo, por sua vez, estava ansioso por rever a fortaleza e os 39 homens que tinham ficado na Ilha de Quisqueya, assim como o rei Guacanagari e sua gente, além dos demais reis. Afinal, tudo o que acontecera na primeira viagem lhe dava confiança de ter construído uma base para a colonização, com a presença de uma população simpática e respeitosa.

A grande decepção

Mas... não foi o que aconteceu. Ao se aproximar da terra, no dia 28 de novembro de 1493, a tripulação se deparou com a ausência da fortaleza La Navidad, totalmente queimada e sem sequer sinal dos 39 espanhóis que ali haviam ficado. Onde estariam os homens que Colombo havia deixado em um clima de tanta alegria? No dia seguinte, o Almirante saiu pela manhã com grande tristeza e angústia por ver queimada a fortaleza e nenhum dos que havia deixado (...) Parecia que tinham sido mortos há um mês, aproximadamente. (...) Não vendo ninguém a quem perguntar sobre o ocorrido, o Almirante entrou com algumas barcas, rio acima, buscando alguma informação sobre o que tinha acontecido. Veio um irmão do rei Guacanagari com alguns índios que já sabiam falar e entender algo de nossa língua e nomearam a todos os que tinham ficado na fortaleza (...) e deram-lhe notícias de tudo o que tinha acontecido e o relatório de todo o desastre (DE LAS CASAS, 1951, I, p. 357).

O que tinha acontecido? Logo que Colombo se ausentou, ao retornar à Espanha, começaram as primeiras disputas entre os espanhóis que haviam permanecido na fortaleza La Navidad. A seguir, começaram também as disputas e brigas entre espanhóis e nativos. Além de exigir ouro dos índios, os espanhóis ocupavam suas terras, roubavam suas mulheres e se apossavam de suas filhas para satisfazerem seus desejos sexuais.

Irritado com esse comportamento tão diferente daquele inicial, com a presença de Colombo, o rei Caonabo, do *cacicazgo* de Maguana, reagiu com força: reuniu seu exército, matou os 39 espanhóis ali residentes e destruiu a fortaleza que era o símbolo da superioridade dos conquistadores sobre os taínos.

Colombo, com imensa frustração e pesar, viu os destroços da fortaleza totalmente queimada e os restos mortais dos 39 espanhóis que havia deixado encarregados de cuidá-la. O Almirante ficou chocado com o que ouviu e viu. Era tudo o que ele não podia esperar!... O que fazer?

3. COMEÇA O GENOCÍDIO: O PARAÍSO VIRA INFERNO

Violência — marca das conquistas

Em seu diário, escrevendo sobre o primeiro encontro com a população da ilha, Colombo tinha percebido nos nativos uma vulnerabilidade tática, pela falta de armas à altura das dos espanhóis, como se pode deduzir deste trecho:

Não trazem armas nem as conhecem, porque lhes mostrei espadas e eles as pegavam pelo fio e se cortavam por ignorância. Não têm nenhum ferro: suas armas são umas varas sem ferro e algumas delas têm, no final, um dente de peixe ou de outras coisas (...). Eu poderia conquistar a totalidade deles com 50 de nossos homens armados e governá-los como quisesse (DE LAS CASAS, 1951, I, p. 204 e 209).

PRIMEIRA PARTE — NAS ILHAS DO MAR CARIBE

Foi o que começou a colocar em prática. Decepcionado com o que acontecera durante sua ausência e sem uma base onde se estabelecer, Colombo dirigiu-se a outra região de Quisqueya (Hispaniola), onde encontrou um porto propício para abrigar sua frota. Já em terra firme, ordenou a edificação de uma vila a que chamou de Vila Isabela em homenagem à rainha Isabel da Espanha, sua protetora. Era o primeiro povoado europeu no Novo Mundo.

Inconformado e irritadíssimo com a destruição da fortaleza La Navidad e decidido a mudar por completo sua relação com a população e suas autoridades, Colombo saiu a visitar outros lugares do interior da ilha, mas, agora, em clima de guerra. Andando pelos povoados, o Almirante e seu séquito entravam e saíam "com bandeiras espanholas desfraldadas, trombetas tocando, espingardas disparando tiros..." só para mostrar seu poder e incutir medo nos habitantes (DE LAS CASAS, 1951, I, p. 368).

Logo a seguir, quando considerou que a edificação do novo povoado estava assegurada, o Almirante começou a visitar outros lugares da região. E assim passou pelas ilhas chamadas mais tarde de Jamaica, Porto Rico e Cuba. Em todas, foi bem recebido por seus habitantes nativos, mas não deu início imediato ao processo de colonização.

Ao retornar à Hispaniola (Quisqueya), parou com a frota perto da foz do Rio Ozama, em cuja margem direita seu irmão Bartolomé Colón fundaria, em 1501, a Vila de Santo Domingo, hoje capital da República Dominicana. Era um lugar que apresentava mais vantagens para a frota e para a administração da ilha.

Atendendo ao pedido dos reis da Espanha, ao chegar à Vila Isabella o Almirante criou o Conselho de Administração da Colonização formado por cinco "notáveis" e nomeou seu irmão Bartolomé Colón como seu presidente.

A partir da segunda viagem de Colombo, a relação entre conquistadores e nativos mudou radicalmente. Por serem cristãos e por ordens dos reis, os espanhóis consideravam-se na obrigação de tornar cristãos todos os seres humanos que encontrassem em suas viagens. A religião dos reis deveria ser a religião dos súditos.

Entretanto, os índios eram tão diferentes dos europeus que, na Europa, os teólogos discutiam, inclusive, se eles "tinham ou não alma". O pano de fundo do debate era, na verdade, se os índios deviam ou não ser tratados como seres humanos. A discussão, que começou voltada para as populações do Caribe, estendeu-se depois pelo continente.

Como se podia prever num reinado de cristandade, o assunto chegou à Sua Santidade o Papa Paulo III, então pontífice de Roma, que, em 1537, deu em resposta a publicação da Bula *Sublimis Deus*, na qual declarava que os índios eram "seres humanos" e reforçava a obrigação dos europeus de evangelizá-los.

Resolvido o problema? De forma alguma!... O interesse dos que chegavam ao Novo Mundo para conquistá-lo era estabelecer-se e enriquecer rapidamente, a qualquer preço, mesmo à custa da vida dos habitantes da região e da exploração indevida de suas terras e de suas minas. Então, apesar da Bula do Papa, e, principalmente, apesar do mandamento de Cristo: "amai-vos uns aos outros como eu vos amei" (João, 13,34), cristãos católicos e protestantes, que iriam chegar a estas terras como conquistadores, também iriam cometer aqui o maior genocídio da história da humanidade.

A administração colombiana durou até 1499 e foi marcada por dois mecanismos principais destinados a "ajustar" os índios aos interesses da Coroa e dos colonizadores: impostos e *repartimientos*.

Impostos exorbitantes

Inicialmente, o almirante Cristóvão Colombo impôs a todos os índios de mais de 14 anos que viviam perto das minas que, de três em três meses, lhe trouxessem um "cascavel" (pote) cheio de ouro. Quem não era vizinho das minas tinha que contribuir com uma arroba de algodão por pessoa.

Os índios não tinham indústria nem qualquer outro artifício que os auxiliasse a recolher o ouro que havia na região. Só tinham em seu poder o que eles mesmos recolhiam entre a terra e o cascalho dos rios, com suas mãos abertas. Era pouco; eram como grãos pequenos, de vez em quando alguns maiores. Como diz Bartolomé de las Casas (1951, I, p. 417), "... obrigá-los a dar, a cada três ou quatro meses, um cascavel (pote) cheio de ouro, era totalmente impossível, porque nem em seis ou oito meses ou até mesmo em um ano conseguiam recolher o que estava previsto como imposto".

Os cinco reis, ajudados pelos caciques de cada povoado, eram os responsáveis pela coleta dos impostos. Para os taínos, dedicados ao cultivo das terras para subsistência e não acostumados ao trabalho intensivo da mineração, o imposto se tornava uma carga irracional, dificílima, intolerável, ou mesmo, impossível. Por isso, muitos índios, assim como os reis responsáveis pela coleta, negavam-se a contribuir.

Como resposta, Cristóvão Colombo optou pela violência para submeter a população. Diz Bartolomé de las Casas (1951, I, p. 416):

> O Almirante andou por uma grande parte da ilha, durante nove a dez meses, fazendo guerra cruel contra os reis e os povos que não lhe obedeciam, como ele mesmo escreveu aos reis. (...) Nesses meses fizeram grandíssimos estragos e procederam a matanças de populações, destruindo muitos povoados. Os índios reagiram com todas suas forças para ver se podiam tirar de suas terras gente tão nociva e cruel que, sem motivo algum e sem que ninguém os tivesse ofendido, despojavam-nos de seus reinados e suas terras, de sua liberdade, de suas mulheres e filhos, de suas vidas e de sua forma natural de ser, sendo cortados ao meio por espadas, desgarrados por cachorros, muitos queimados vivos ou esmagados sob as patas de seus cavalos.

Os taínos resistiram aos conquistadores o quanto puderam, mas o desequilíbrio de forças era tão grande, que em determinado momento se entregaram:

> ... em algumas províncias, especialmente as que estavam nos principais reinos desta ilha onde Caonabo e Guarionex eram senhores (...) de tanto sofrer entregaram-se nas mãos de seus inimigos para que fizessem deles o que quisessem, contanto que não os extirpassem totalmente. Em muitos lugares da ilha, muita gente fugiu para as montanhas. Como o próprio Almirante escreveu aos reis, tinha conseguido a obediência de todos os povos em nome de suas Altezas e dele como seu vice-rei (...) E cada rei ou cacique era obrigado a pagar tributo na terra que possuía. E assim se recolheu dito tributo até o ano de 1496 (DE LAS CASAS, 1951, I, p. 416).

Repartimientos

Para continuar a arrecadar os impostos e afirmar melhor seu poder e controle sobre as terras conquistadas e as populações submetidas, além de satisfazer a sede de enriquecimento rápido dos colonos através da exploração das minas de ouro, Colombo instituiu o *repartimiento*.

O sistema consistia em alocar um certo número — que podia chegar a centenas — de nativos a um colono espanhol, denominado repartidor, incumbido também de exigir dos reis locais e caciques a coleta de impostos. Os espanhóis tinham direito de utilizar os serviços dos índios que lhes correspondiam, seja no trabalho das minas, no cultivo das terras destinadas ao repartidor, na construção de casas ou em qualquer outro serviço que achassem por bem, sem ter que dar satisfação às autoridades espanholas. Assim, ficava ao bel-prazer dos colonizadores a utilização da mão de obra e até da vida dos indígenas.

Os repartidores utilizavam os índios de preferência na exploração das minas de ouro, fazendo-os trabalhar de 10 a 12 horas por dia, todos os dias da semana, sem retornarem a suas casas durante meses e sem dar-lhes alimentação condizente com o esforço exigido por um trabalho tão duro. Rapidamente, os índios começaram a morrer devido a essa exploração desmedida. Da mesma forma, começaram a morrer crianças, idosos e mulheres por falta de alimentação, causada pela ausência dos homens, principais responsáveis pelo cultivo das terras. Bartolomé de Las Casas (1951, III, p. 457) refere-se aos *repartimientos* como

> aquela peste devastadora que consistia em repartir os índios da ilha aos cristãos, como se fossem vacas ou cabras. (...) Cada espanhol repartidor recebia um certo número deles incluindo uma "cédula do repartimiento" que rezava desta maneira: — a Vós, fulano de tal, são encomendados tantos índios para que possais servir-vos deles em vossas plantações e minas e ensinar-lhes as coisas de nossa santa fé católica a todos quantos estejam no povoado. Assim, todos: pequenos e grandes, crianças, velhos, homens e mulheres grávidas ou paridas eram condenados à absoluta servidão que, ao fim e ao cabo, os levava à morte.

Em 1495, a Colônia começou a dar sinais evidentes de rebelião: os taínos não aguentavam os trabalhos a que eram submetidos e os espanhóis não aceitavam o estilo de governo de Colombo. Sentindo isso, o Almirante

> saiu com seu séquito preparado para a guerra, levando consigo Bartolomeu Colombo, seu irmão, e entrou em La Vega, onde havia muita gente reunida, dizem alguns que eram 100 mil homens. Ali avançaram com suas espadas e lanças, seus cães bravíssimos e o impetuoso poder dos cavalos cortando os índios como se fossem revoadas de aves, nos que não se fez menos do que se faz a rebanhos de ovelhas encurraladas, deixando uma grande multidão de gente feita pedaços por cães, patas de cavalos e espadas. Aos que ainda se mantiveram em vida, que foi ainda uma multidão, condenaram como escravos (DE LAS CASAS, 1951, I, p. 414).

Transição e novos governos

Os índios das ilhas do Caribe não tiveram mais sossego desde a segunda viagem de Colombo, mas o Almirante também não. Caiu na desgraça da maioria dos colonos, por problemas de inveja e cobiça dos principais colonizadores, que entraram em franca colisão com ele. Além disso, o Almirante também teve problemas com a Coroa da Espanha devido à sua incapacidade de manter a ordem.

Francisco Bobadilla, militar e inquisidor real espanhol, foi então nomeado pelos reis para substituir Cristóvão Colombo.

Logo ao chegar, como um dos primeiros atos, Bobadilla prendeu Colombo e o enviou à Espanha como prisioneiro. A Rainha libertou-o alguns meses depois. Colombo fez mais duas viagens ao Caribe, mas não como vice-rei, chegando a ver as costas dos países que hoje correspondem à América Central. Em 1506, faleceu em Valladolid, na Espanha, aos 55 anos.

Francisco Bobadilla governou a Hispaniola nos anos de 1500 e 1501, mas não conseguiu administrar a Colônia de forma a satisfazer a Coroa. Então, os reis nomearam Nicolás Ovando, cavaleiro da Ordem de Alcântara, conhecido também por suas qualidades de administrador, para assumir os cargos de governador e de juiz supremo da Hispaniola e demais ilhas do Caribe.

Em 1502, Nicolás Ovando desembarcou em Santo Domingo com uma frota de 30 naus e 2.500 tripulantes, com uma composição bastante diferente das primeiras expedições de Colombo. Além dos militares, vinham artesãos com suas esposas e filhos, 12 religiosos franciscanos, entre os quais quatro sacerdotes, mais quatro especialistas: médico, cirurgião, farmacêutico e botânico.

Ovando começou a reestruturar a colônia a partir dos funcionários espanhóis, eliminando todos os revoltosos. Para tanto, embarcou-os na mesma frota que havia chegado à ilha, devolvendo-os à Espanha, porém morreram todos afogados, devido a um violento furacão que se levantou no oceano.

Matanças

A população nativa estava em estado de rebelião devido às injúrias e maus tratos recebidos, às péssimas condições de trabalho nas minas e às exigências dos repartidores.

Ovando não teve dúvida: sufocou a rebelião com uma série de campanhas sangrentas, similares às que tinham sido executadas por Colombo. O governador e os homens que o acompanhavam a pé e a cavalo carregando lanças e espadas e acompanhados de cachorros de caça entravam nas vilas, burgos e aldeias, sem poupar crianças, velhos ou mulheres grávidas e parturientes. Abriam-lhes o ventre e faziam pedaços deles. Matavam, incendiavam, queimavam os índios, lançavam-nos aos cães.

O suplício e assassinato da rainha Anacaona com seus oficiais e grande parte de seu povo, tornou-se o símbolo extremo desta brutalidade injustificada promovida pelo governador Ovando em 1503.

Anacaona, "Flor de ouro", no idioma dos nativos, era o nome da última sobrevivente entre os reis dos cinco reinados de Quisqueya. Natural de Léogane, hoje território pertencente ao Haiti, era uma mulher notável por sua beleza e inteligência, muito prudente e graciosa, "palaciana em suas falas e em suas artes", diz Bartolomé de Las Casas (1951, I, p. 442). Quando os espanhóis chegaram pela primeira vez, em 1492, distinguiu-se por sua curiosidade e certa admiração por ver naqueles homens conhecimentos diferentes aos de suas comunidades.

Irmã do cacique Bohechio de Jaragua, Anacaona tinha sido esposa do rei Caonabo, morto ainda no tempo da administração da ilha por Colombo. Viúva, Anacaona foi morar com seu irmão Bohechio. Quando ele faleceu, Anacaona substituiu-o como rainha e se tornou um bastião da resistência pacífica. Era querida por seu povo e também respeitada pelos espanhóis, a quem pagava regularmente os impostos a partir do que existia em suas terras: poucas minas, mas muito algodão.

Em 1503, quando Nicolás Ovando chegou à ilha e começou a fazer as mudanças que achava convenientes, foi-lhe dada uma noticia falsa: a rainha Anacaona estaria tramando um plano contra os espanhóis. Ovando então decidiu enfrentá-la armando uma traição: mandou-lhe dizer que iria visitá-la em missão de paz. O que aconteceu depois, sendo que a rainha não duvidou das intenções dele, é assim narrado por Bartolomé de Las Casas (1951, II, p. 237):

> Quando soube que o comendador maior iria visitá-la, Anacaona, que era mulher muito prudente e comedida, mandou convocar todos os senhores e nobres de seu reinado para que viessem à sua cidade de Jaragua para receber, reverenciar e festejar Guaquimina, assim chamado por eles o "grande senhor dos cristãos". Era uma corte maravilhosa de homens e mulheres, de gestos formosos. Quando o comendador maior chegou na companhia de 300 homens a pé e 70 a cavalo, Anacaona saiu com seu numeroso séquito para recebê-lo com grande festa e alegria, cantando e dançando, como era o costume. O

comendador foi hospedado na casa grande e principal, de madeira e coberta de palha. (...) Anacaona e seus senhores prestavam-lhes muitos serviços, trazendo-lhes caça da terra e peixes do mar para comerem com o pão de caçave. (...)

Um domingo, após o almoço, Anacaona convidou o comendador para assistir a um jogo e ele aceitou. Entretanto, pediu a Anacaona que primeiro viesse à sua pousada com todos os seus senhores. (...) Mas, ele tinha acertado com seus sequazes que os que estavam a cavalo cercassem a pousada e que os que estivessem dentro ficassem atentos: quando ele colocasse sua mão no colar de ouro que ele tinha pendurado em seu peito, começassem a prender todos e depois fizessem o que ele mandasse (...)

Entra a senhora e rainha Anacaona que tinha prestado muitos grandes serviços aos cristãos e deles tinha sofrido muitos insultos, agravios e escândalos; com ela entram 80 senhores que por ali se achavam e todos, em sua simplicidade e descuido, esperavam a fala do comendador. Mas, em silêncio, Ovando coloca a mão no colar que leva em seu peito. Então, seus satélites sacam as espadas.

Anacaona e todos começam a gritar e a chorar, perguntando por que tanta maldade; os espanhóis se apressam a amarrar Anacaona e retirá-la do recinto; gente armada coloca-se à porta da casa grande para que ninguém pudesse sair; tacam fogo, a casa arde e os senhores são queimados vivos em suas terras, feitos brasa junto com a palha e a madeira da casa.

A seguir, os cavaleiros espanhóis começaram a jogar lanças sobre quantos encontravam; os espanhóis que estavam a pé matavam, inclusive, mulheres, velhos e crianças inocentes. (...) Aconteceu também que alguns espanhóis, seja por piedade ou cobiça, tomavam algumas crianças e jovens para escapar com eles, colocando-os sobre os cavalos; mas vinha outro por trás e os atravessava com uma lança (...).

"Em sinal de respeito à sua dignidade de rainha", por ordem do governador Nicolás Ovando, Anacaona foi enforcada ao invés de queimada (DE LAS CASAS, II, p. 237-238), tornando-se um dos últimos símbolos da existência e resistência dos taínos na Hispaniola. Os poucos sobreviventes, de acordo com a situação em que se encontravam, foram levados presos. Poucos conseguiram fugir.

Nova organização social

Junto com a apropriação indevida das terras indígenas, Ovando procedeu a uma nova organização para facilitar o controle da população nativa e a aplicação do sistema de *encomienda* que ele instaurou e que, de fato, significou um sistema escravocrata que acabou com o povo taíno e sua cultura.

> Ovando obrigou os índios a repartir-se em povoados onde viveriam conjuntamente, sem ficar dispersos e separados uns dos outros pelas montanhas. Cada família índia tinha que ter sua própria casa e estar sob a tutela e jurisdição de um espanhol. E deveria começar a adotar os costumes dos espanhóis. Seus dirigentes deviam esforçar-se para que os nativos andassem como "homens razoáveis". Também deviam procurar que alguns cristãos se casassem com mulheres índias... para comunicar-se e serem doutrinados nas coisas da Santa Fé e os índios e índias se tornem homens e mulheres de razão (MÖRNER, 1974).

A *Encomienda*

Ovando tinha chegado à Hispaniola com mais de dois mil colonos sedentos de ouro. Eles tinham sido informados sobre o descobrimento de mais minas nos arredores do Rio Haina ao sul da ilha (PONS, 1978, p. 23) e queriam dispor de índios para sua exploração.

No intuito de satisfazer a essa demanda, Nicolás Ovando propiciou uma rápida resposta, dando-lhes índios e terras nas regiões da ilha que ainda não tinham sido conquistadas. Havia ordens da Coroa, ainda do tempo da administração de Colombo, para tratar bem os índios. Porém, estes foram caricaturados como vagabundos e rebeldes e Ovando escreveu à Rainha que era indispensável obrigá-los a trabalhar para os espanhóis nas minas, caso contrário, os colonos iriam embora, a ilha ficaria despovoada e todo o negócio da Espanha se perderia (PONS, 1978, p. 25).

Acreditando nisso e pelo interesse da Coroa em obter ouro para enfrentar seus gastos na Europa, os reis cederam. Então Ovando, com anuência real, substituiu o sistema de *repartimiento* pela *encomienda* que, ao mesmo tempo que repartia terras para os colonos, colocava a sua inteira disposição as populações nativas que nelas habitavam.

Os *encomenderos* assumiam o compromisso de pagar regularmente seus tributos à Coroa, fazendo os índios trabalharem alguns dias por semana como seus súditos; ao mesmo tempo, assumiam o compromisso de velar pelo bem-estar físico dos nativos e instruí-los no cristianismo.

Na realidade, os colonizadores tinham completa liberdade para operar como bem quisessem e poder total sobre os índios que lhes eram atribuídos, contanto que garantissem os tributos acertados com a Coroa.

Aproveitando-se dessa nova situação, enriqueciam rapidamente, fazendo os taínos trabalharem muito mais do que o permitido pelos regulamentos — inclusive a guarda do domingo, a fim de produzir o que eles esperavam. Entregavam à Coroa o que tinha sido combinado e ficavam com o excedente, sempre muito maior do que o previsto. Da mesma forma, geralmente não cumpriam suas obrigações de *encomenderos* de cristianizar seus súditos e alimentá-los de forma suficiente. Como diz Frank Moya Pons:

> Apesar da Coroa ter declarado em 1501 que os índios eram seus vassalos livres e não deviam ser maltratados, ninguém jamais obedeceu a estas ordens. Os índios eram caçados (...) colocados para trabalhar nas minas e tratados como se fossem um recurso natural inesgotável (1978, p. 25).

A distância do reinado de Castela na Espanha não permitia aos reis ter uma visão exata do que estava acontecendo e controlar a execução de suas ordens. Como os *repartimientos* e *encomiendas* tinham sido instituídos oficialmente, a rainha Isabel resolveu escrever uma carta ao governador e aos *encomenderos* para acertar questões que, em sua visão, eram essenciais para o bom andamento da colônia.

A carta continha oito pontos de recomendações que podem ser assim resumidos:

a) compromisso de evangelizar os índios;
b) possibilidade de empregar certo número de índios (à exceção de idosos, crianças e mulheres) nas fazendas dos espanhóis, para assegurar sua alimentação;
c) respeitar as necessidades das famílias dos índios e de suas casas e terras;
d) pagar o dia de trabalho correspondente ao esforço demandado;
e) exigir trabalhos moderados e nunca nos dias de domingo e festas;
f) tratar os índios como seres livres e não como escravos em cativeiro (DE LAS CASAS, 1951, I, p. 247-249).

Entretanto, a rainha Isabel morreu no final de 1503, poucos meses depois do despacho dessa carta e não houve nenhum controle sobre suas orientações. Os reis que sucederam a ela não tiveram, nem de longe, as mesmas inquietações. Por isso, o que aconteceu na Hispaniola e também nas demais ilhas do Caribe foi exatamente o contrário do que fora decretado e, posteriormente, reorientado. Assim, os nativos, para sua infelicidade, ficaram totalmente desamparados.

Trabalhos forçados nas minas

Logo que chegou à ilha, Nicolás Ovando começou a organizar os índios para a exploração das minas de ouro, sob o controle de um grande número de colonos que tinham vindo com ele. O trabalho nas minas era duríssimo, devido à precariedade de condições; os índios tinham que cavar e quebrar rochas e separar as pedras que levavam nas costas até onde estavam outros índios chamados de lavadores, os quais ficavam continuamente na água dedicando-se à lavagem do mineral. A seguir, retornavam à mina e recomeçavam o mesmo processo durante todas as horas decididas pelos *encomenderos*, que não poupavam ninguém e açoitavam sem piedade aqueles que chegavam a sucumbir sob o peso dos trabalhos forçados, tratando-os como se fossem vagabundos preguiçosos. A condição desumana do trabalho nas minas foi assim descrita por Bartolomé de las Casas:

> O governador consentiu que os espanhóis levassem os homens a buscar ouro em distâncias de 10, 20, 40 ou até 80 léguas. As mulheres que ficavam nas estâncias ou granjas também eram obrigadas a trabalhar na terra, não com picotas nem arando com bois, mas cavando, quebrando a terra com paus, fazendo quaisquer trabalhos que os espanhóis decidiam ser mais proveitosos para arrancar dinheiro. (1951, I, p. 250).
>
> (...)
>
> A cada dia que passava, índios pereciam nas minas e em outros trabalhos, sem nenhum cuidado para suas vidas. (...) Enviavam os índios a cada três dias pelos montes para que comessem das frutas que achassem e com o que traziam na barriga os obrigavam a trabalhar mais outros dois ou três dias, sem dar-lhes de comer coisa alguma. (...) Aos domingos e festas, muitos colonos não tinham escrúpulo algum de fazer os índios trabalharem em outras coisas, já que não entravam na mina. (1951, II, p. 564).

No início, o tempo de trabalho nas minas foi previsto para seis meses; depois, ficou definido que seria de oito meses, até trazer todo o ouro recolhido para fundição. Enquanto se fundia o ouro, os índios tinham licença de ir para casa.

Desta forma, marido e mulher não conseguiam ver-se durante oito a dez meses, às vezes nem em um ano. Alguns morriam na mina. Os que voltavam... que descanso encontrariam em suas casas, tendo ficado oito meses fora delas, deixando suas mulheres e filhos desamparados? Quando, ao final deste tempo vinham juntar-se, estavam tão cansados e desfeitos, tão moídos e sem forças que pouco podiam comunicar-se como casais; e desta maneira acabou neles a geração de novos filhos. Algumas mulheres, desesperadas, afogavam os pequeninos; outras, sentindo-se grávidas, tomavam ervas para abortar. E assim morriam homens nas minas e mulheres nas granjas e criancinhas muito pequenas. E assim foi acabando esta população tão grande, poderosa e fértil. (DE LAS CASAS, 1951, II, p. 250-251).

Quando Diego Colón substituiu Ovando no governo da colônia, em 1509, a atenção dos colonizadores espanhóis ainda estava concentrada em conseguir índios para fazê-los trabalhar nas minas e em manter-se em boa relação com o Governador, para impedir que este lhes retirasse os índios e os entregasse a outros colonos (PONS, 1978, p. 26). O processo instaurado a partir do governo de Ovando foi assim resumido pelo escritor J. H. Elliott (in: BETHELL, org. 1998, p. 153): "O estabelecimento formal do trabalho forçado para a população nativa apenas precipitou um processo que já estava se tornando catastrófico: a sua total extinção".

As várias faces do genocídio

Na Hispaniola e, posteriormente, nas demais ilhas do Caribe, o genocídio teve várias faces; além da exaustão e morte de indígenas provocadas pelos trabalhos forçados nas minas e outros trabalhos nas fazendas e granjas dos colonizadores, Bartolomé de Las Casas (1951) lembra: a fome, as doenças e epidemias, a mortalidade infantil, a exportação de escravos, as guerras e matanças, entre outros.

A Fome. Longe de prover às necessidades dos nativos, conforme constava nos compromissos assumidos, os colonizadores faziam com que passassem fome, chegando a deixá-los dias sem comer. Além disso,

levavam os homens e mulheres sãos para o trabalho nas minas e outros, ficando nos povoados somente os velhos e enfermos, sem ninguém que os socorresse ou lhes desse remédio. Esses pereciam todos de angústia e enfermidade principalmente por causa da fome. (...) Eu os vi, ao andar por aquela ilha (Cuba) nos povoados. Entrando em suas casas, ao perguntar o que tinham, respondiam: fome... fome. (...) E porque não poupavam homens nem mulheres, inclusive algumas recém-paridas, muitas crianças pereciam. Isto foi escrito ao rei católico (DE LAS CASAS, 1951, III, p. 91).

Doenças e epidemias. A pouca resistência que os nativos tinham para enfrentar os trabalhos forçados, a fome e os maus tratos dos colonizadores faziam com que os taínos sucumbissem a várias doenças. Além disso, as populações originárias foram alvo de epidemias, entre as quais, ao que parece, a mais fatal foi a de varíola transmitida por alguns colonizadores, que assolou as ilhas colonizadas do Caribe entre 1516 e 1519, devastando grande parte da população nativa: "Quase todos os índios pereceram. Pouquíssimos permaneceram com vida. Não creio que escaparam vivas desta miséria mais do que 1.000 almas da imensidão de gente que existia nessa ilha." (DE LAS CASAS, 1951, I, p. 270).

Mortalidade infantil. Os sofrimentos de mulheres e homens taínos repercutiram fatalmente nas crianças, que nasciam raquíticas, muitas com dificuldade para sobreviver. "As poucas crianças que nasciam, morriam ainda pequenas, porque suas mães, por causa do trabalho forçado e da fome a que eram submetidas, não tinham leite para amamentar" (DE LAS CASAS, 1951, II, p. 250).

Exportação de escravos. De acordo com os regulamentos da Coroa, os nativos não podiam ser escravizados, exceção feita aos que se rebelassem. Esses, uma vez presos, de acordo com a lei espanhola, podiam ser vendidos e remetidos como escravos para a Espanha. No entanto, a interpretação desse regulamento foi muito além do que era proposto, como se pode ver pelo exemplo a seguir:

> (...) o Almirante mandou fazer guerra ao rei Gatiguari porque esse havia mandado matar dez espanhóis. Prenderam muitos, dos quais mandou por navio mais de quinhentos índios para serem vendidos em Castela como escravos... Em outra ocasião, despachou cinco navios com quatro mil índios que podiam ser vendidos como escravos. (DE LAS CASAS, 1951, II, p. 105).

Guerras e matanças. Desde a segunda viagem de Colombo, tanto na Hispaniola quanto nas demais ilhas conquistadas, o que sobrava para os taínos, caso se rebelassem contra os maus tratos dos *encomenderos*, eram as matanças em massa já descritas anteriormente. Bartolomé de las Casas (1951, I, p. 405) também lembra que "entre os espanhóis houve uma determinação que se tornou para eles uma lei inviolável: para cada um dos espanhóis que os índios matassem, os cristãos tinham que matar cem índios... e tomara que não fossem mil por um!"

Quadro do declínio demográfico

Em 1492, havia na Hispaniola um milhão de habitantes, de acordo com Leslie Bethell (2012, p. 130). Nos anos posteriores, censos realizados por Miguel de Passamonte, contador-geral da Coroa espanhola (DE LAS CASAS, 1951, III, p. 558), evidenciou o declínio da população da Hispaniola:

Ano	Habitantes
1508	60.000
1509	40.000
1514	14.000

Os censos posteriores não mencionam mais a presença de índios entre os habitantes da Hispaniola. Leslie Bethel escreve em seu livro sobre a América Latina Colonial:

Em 20 anos, desde o desembarque de Colombo, a população dessa ilha densamente habitada havia sido varrida pela guerra, pelas doenças, pelos maus tratos e pelo trauma resultante dos esforços dos invasores para obrigá-los a aceitar modos de vida e comportamento totalmente desvinculados de sua experiência anterior (BETHEL, 2012, p. 153).

4. A EXPLORAÇÃO DE OUTRAS ILHAS DO CARIBE

A partir de 1508, os colonos da Hispaniola começaram a espalhar-se pelas ilhas vizinhas. A partir daquele ano, a população das grandes ilhas do Caribe de hoje, Porto Rico (1508), Jamaica (1509) e Cuba (1511), conheceu a mesma história de exploração vivida anteriormente por seus irmãos da Quisqueya/Hispaniola.

Porto Rico

Borinquen era o nome dado pelos taínos à ilha, administrada por reis e caciques, tal como ocorria em Quisqueya (Hispaniola) e que já tinha sido visitada por Colombo em 1494, mas sem início de colonização.

No ano de 1508, enviado por Nicolás Ovando, Juan Ponce de Léon viajou numa expedição da Hispaniola a Borinquen para começar um assentamento. O cacique-rei Agueybaná, cujo nome significa "o Grande Sol", recebeu-o com amabilidade e, inclusive, o acompanhou em suas primeiras explorações.

Porém, apesar da conduta pacífica dos nativos, a ambição dos colonizadores logo tornou a aliança insustentável, principalmente quando os espanhóis começaram a explorá-los duramente na extração de ouro nas minas.

Assim que morreu Agueybaná, vários da população se rebelaram contra a exploração instalada. Entre eles, o cacique Caguax que foi preso e enviado à Espanha. Em 1511, os nativos incendiaram a Vila Sotomayor, o segundo povoado espanhol criado na ilha. E cada vez que os espanhóis reerguiam a vila, os taínos voltavam a incendiá-la, esperando que os colonizadores desistissem e se retirassem dali.

Pouco a pouco, no entanto, além de ceder, frente à superioridade do armamento dos colonos, os taínos começaram a sofrer das enfermidades transmitidas por eles, especialmente a varíola, sendo quase exterminados. Agueybaná II, herdeiro de Agueybaná, também foi morto na resistência. Diz Bartolomé de las Casas:

> (...) que depois da grande matança, os que sobreviveram foram subjugados e repartidos, finalizando assim mais uma de suas guerras que eles chamam de conquistas... jogaram os sobreviventes nas minas e ocupando-os nas fazendas e granjas e acabando com eles, da mesma maneira que o fizeram na Hispaniola (DE LAS CASAS, 1951, II, p. 388).

Em 1521, o nome da ilha foi mudado de Boriquen para San Juan e depois para Porto Rico, devido à sua importância mercantil na travessia do Atlântico. Hoje San Juan é o nome da capital da ilha.

Jamaica

Em 1509, Diego Colón, filho de Cristóvão Colombo, que substituiu Nicolás Ovando, confiou a Juan Esquivel a missão de conquistar e "povoar" a ilha da Jamaica, habitada, fazia vários séculos, pelos Arawaks. Jamaica é um vocábulo derivado de "Xamayca", que quer dizer "terra de madeira e água".

O conquistador deu início à colonização seguindo o modelo anterior da conquista da Hispaniola: explorando a população da ilha. Como ali não encontraram ouro, dedicaram-se principalmente ao cultivo de mandioca, milho e algodão. A ilha produzia algodão melhor do que em qualquer outra parte e ali mesmo ele era transformado, principalmente pelas mulheres, em grandes tecidos, camisas, redes utilizadas como camas e que eram exportadas para as outras ilhas do Caribe e para a Espanha. As condições de trabalho eram duríssimas e exaustivas:

> (...) não lhes davam de comer senão raízes de caçave (mandioca) e eles morriam de fraqueza por causa dos trabalhos forçados. Foi regra geral serem os índios dos *repartimientos* cruelmente afligidos e maltratados por seus *encomenderos* oficiais e por isso pereciam em todas as partes destas Índias. (DE LAS CASAS, 1951, II, p. 391).

A ausência de ouro também fez com que os espanhóis dedicassem menos atenção à Jamaica do que às outras ilhas e a utilizassem sobretudo como base de abastecimento em víveres e tecidos para colonos de outras áreas.

A forma desumana de fazer os nativos trabalharem, além da propagação de enfermidades e de epidemias como a varíola, fez com que a Jamaica rapidamente conhecesse o total declínio de sua população. Bartolomé de las Casas, lembrando que a missão dos espanhóis era cristianizar os índios e tratá-los como súditos, e não como escravos, escreve a respeito dos nativos daquela ilha:

> Não tiveram doutrina nenhuma, nem cuidado algum. Morreram todos. (...) De toda a população que ali existia, que era como uma pinha de muitos pinhões de gente, não sei se restam 100 deles. Este é o fruto do que Oviedo chama de pacificação e do que se vangloriam os conquistadores que se dizem cavalheiros, gente nobre. (DE LAS CASAS, 1951, II, p. 390)

E acrescenta: "Assim foi destruída e despovoada a ilha da Jamaica por aqueles que, junto com Juan de Esquivel, foram povoá-la; na verdade, é mais certo dizer que foram a despovoá— la..." (1951, II, p. 390-391).

Porém, apesar do esgotamento da mão de obra indígena, os espanhóis não desistiram da ilha. Para não perderem o proveito de sua conquista e continuar a exploração, iniciaram a importação de Lucayos, como eram chamados os nativos das ilhas menores vizinhas. Posteriormente, tal como tinham feito na Hispaniola, começaram a importar negros da África.

Cuba

A maior de todas as ilhas do Caribe também já tinha sido objeto de visitas anteriores de Colombo em 1492, mas sem desembarque colonizador. O Almirante pensou até sua morte que Cuba já era o início do continente, das sonhadas "Índias" e que lá encontraria súditos do Grande Khan, o rei da Ásia, descendente de Gêngis Khan. Mas as dúvidas foram dissipadas quando Sebastián Ocampo, em uma viagem secreta, conseguiu mapear toda a ilha em 1509, descartando a possibilidade de ser terra continental.

Em 1511, Diego Colón confiou a Diego Velásquez, um dos colonos mais ricos da Hispaniola, a missão de colonizar a ilha de Cuba. Velásquez ali chegou com seu séquito, levando consigo colonizadores com fome e sede de ouro e começou suas atividades construindo uma vila em Baracoa, ao norte da ilha.

A seguir, enviou uma missão para submeter os índios e os nativos daquela terra "por bem ou por guerra". Isso era importante para atingir sua finalidade maior de colonizar a ilha explorando os indígenas. Enquanto não os tivessem submetidos não podiam reparti-los nem servir-se deles para os diferentes trabalhos forçados e outros tipos de exploração de homens e mulheres, afetando também crianças e velhos, como já tinha se tornado costume estabelecido na colônia.

A entrada em Cuba não foi tão fácil como as demais. A população nativa já havia sido avisada por taínos liderados pelo cacique Hatuey que tinham vindo da Hispaniola em canoas, para ajudá-los a resistir. Talvez, por isso mesmo, a colonização de Cuba foi uma das mais cruéis que aconteceram no Caribe:

> Um oficial do rei que recebeu 300 índios os obrigou a trabalhar tão apressadamente nas minas e em seus outros serviços que em três meses não lhe restaram mais do que dez vivos. (...) sem levar em consideração que se tratava de gente de carne e osso, os espanhóis colocavam os índios a trabalhar tão sem misericórdia que em poucos dias a morte de muitos deles manifestou a grande desumanidade com que eram tratados. (...) A cobiça cegava os espanhóis que não cuidavam de semear para ter pão, só pensavam em arrancar o ouro que não poderiam semear (DE LAS CASAS, 1951, III, p. 91).
>
> (...)
>
> Vendo-se infelizes embora inocentes, que de nenhuma maneira conseguiam remediar sua situação, muitos índios decidiram enforcar-se. E aconteceu que se enforcaram juntos famílias inteiras, pais e filhos, velhos e jovens,

pequenos e grandes. Alguns povoados convidavam outros a enforcar-se para sair deste tormento e calamidade diários. Achavam que assim viriam viver em outro lugar onde teriam todo o descanso, abundância e felicidade. (...) Os espanhóis viam que todos iam acabando, mas não remediaram a situação afrouxando suas cobiças e moderando os trabalhos. Foram às ilhas dos Lucayos e outras próximas de terra firme, para trazer barcos cheios de outros índios que pudessem seguir explorando (DE LAS CASAS, 1951, III, p. 104).

Ao final do século XVI, devido ao esgotamento nas minas, aos maus tratos e às enfermidades trazidas pelos europeus, especialmente o sarampo e a varíola, para as quais os nativos não tinham defesas naturais, como também à falta de alimentação, a população nativa já tinha sido praticamente exterminada.

O espírito mercantilista dos colonizadores "resolveu" a situação importando escravos negros da África. Além disso, desde 1513, por sua situação geográfica, Cuba começou a ser utilizada como base para a conquista e colonização do continente.

Nas ilhas menores do Caribe

Apesar de numerosas, não houve colonização propriamente dita dessas ilhas, ou seja, os espanhóis não instalaram ali *encomiendas* ao estilo das ilhas maiores. Entretanto, os colonizadores não pouparam os lucayos, como eram chamados os nativos das ilhas pequenas.

... Ao ver que cada dia era menor o número de índios para tirar o ouro das minas e realizar outros trabalhos nas fazendas, porque morriam mais e mais, e não levando em consideração mais do que seu próprio prejuízo temporal e o que perdiam, os conquistadores decidiram suprir a falta dos naturais desta ilha (Hispaniola) que pereciam, trazendo para ela gente de outras ilhas para que seus negócios não parassem (DE LAS CASAS, 1951, II, p. 346).

E foi o que aconteceu. Os espanhóis recorreram à importação de lucayos das ilhas pequenas para as quatro grandes ilhas já colonizadas.

Entre 1508 e 1513 aproximadamente 40.000 foram incorporados à Hispaniola. E a diminuição continuou porque a tradição do tratamento inumano a criaturas que os espanhóis consideravam como animais sem alma foi tão forte como a insaciável sede de ouro do Rei Fernando (PONS, 1978, p. 26).

Por sua vez, Bartolomé de las Casas relata que o historiador Pedro Martyr, membro do Conselho das Índias desde 1518, afirmou "...ter sido informado de que os espanhóis tinham trazido das ilhas dos lucayos e colocado em cativeiro para jogar nas minas 40.000 almas; e dessas e demais, chegaram a 200.000" (DE LAS CASAS, 1951, III, p. 351-352).

5. RESISTÊNCIA DOS TAÍNOS

Após o desenlace do Forte La Navidad, mas principalmente a partir de 1493, quando Colombo chegou em sua segunda viagem a Quisqueya, os nativos ficaram muito aborrecidos com a presença e o comportamento dos espanhóis, não só na Hispaniola, mas também nas demais ilhas conquistadas. De maneira especial, não podiam aceitar o roubo de suas terras, que os deixava sem alimentação; o roubo de suas mulheres e filhas, que os deixava sem família; a imposição do trabalho escravo em busca obsessiva de ouro; as matanças selvagens sem motivo com espadas, cães e cavalos. O que se poderia esperar em tais circunstâncias?

Os taínos, como qualquer povo do planeta, não tinham vocação para serem explorados. E não queriam ser maltratados, nem como "inquilinos" da Coroa real, nem como vassalos dos *encomenderos*. Então, frente a situações de maus-tratos, defendiam-se como podiam. No desequilíbrio de forças que havia, quando a situação apertava, quem conseguia fugir adentrava no mato e se escondia nas montanhas, mas:

> Ai dos que fugiam, ou na linguagem dos espanhóis, se alçavam; logo iam buscá-los, agarrá-los e matá-los, guerreando; os que ainda conseguiam agarrar em vida, eram vendidos como escravos e mandados para a Espanha nos navios cargueiros (DE LAS CASAS, 1951, I, p. 105).

Os que eram enviados para as minas saíam de lá tão acabados que muitos deles, em desespero e depressão profunda, preferiam morrer, porque não viam mais nenhum sentido em suas vidas.

Os reis de Quisqueya queriam e precisavam defender suas populações, então começaram a organizar seus súditos para expulsar os conquistadores de suas terras. Entre eles se destacaram e até hoje são homenageados como heróis da resistência os caciques Caonabo, Enriquillo, Hatuey, Agueybaná, além da rainha Anacaona, assassinada por Ovando.

Inicialmente, os que mais se sobressaíram e contavam com a lealdade de seus povos foram Caonabo e Guaironex. Bartolomé de las Casas conta um fato expressivo ocorrido num confronto no povoado de Mayobanex, quando os índios resistiram aos espanhóis com arcos e flechas, com baixas dos dois lados:

> O chefe da expedição enviou então um dos índios presos para dizer a Mayobanex que não vinha para guerrear nem com ele nem com os seus; ao contrário, queria ter sua amizade (...), mas buscava Guarionex que ali estava escondido. Então lhe pedia que lhe entregasse a Guarionex e seria sempre seu bom amigo e o favoreceria sempre. (...) A resposta de Mayobanex foi: "Diga aos cristãos que Guarionex é um homem bom e virtuoso, nunca fez mal a ninguém como é público e notório e por isto é digníssimo de ser ajudado, socorrido e defendido. Que eles (os cristãos), são homens maus, tiranos que usurpam terras alheias e derramam o sangue de quem nunca os ofendeu. Por isso, diga-lhes que nem quero sua bondade, nem vê-los nem ouvi-los; ao contrário, enquanto eu puder, com minha gente, favorecendo a Guarionex, tenho que trabalhar para destruí-los e enviá-los para fora desta terra" (DE LAS CASAS, 1951, I, p. 460).

Caonabo (da Hispaniola)

Pode-se dizer que Caonabo representa o início da resistência dos taínos na Hispaniola (Quisqueya), sendo ele quem destruiu o Forte La Navidad logo depois que Colombo retornou à Espanha, após sua primeira viagem. A destruição do Forte foi motivada, como já mencionado, pelas atitudes dos espanhóis, de começarem a roubar terras, exigir ouro, matar índios e violar as mulheres. Por não aceitar esse novo comportamento dos invasores, o cacique achou-se no direito de se dirigir ao Forte e justiçar os invasores que ali estavam, destruindo então a Fortaleza, símbolo da superioridade branca.

Posteriormente, Caonabo também se rebelou contra os tributos impostos em seu reinado. Sem possibilidade de diálogo com os colonos, organizou uma guerra. De Las Casas (1951, I, p. 414) relata que Caonabo enfrentou Colombo com 100 mil índios. Os espanhóis não conseguiram vencê-lo pelas armas, mas ele acabou preso devido a uma traição, sendo levado a Santo Domingo e mandado à Espanha como escravo. Entretanto, morreu afogado no Atlântico quando o barco que o transportava afundou durante uma tempestade no mar.

Enriquillo (da Hispaniola)

Na história colonial das ilhas do Caribe, Enriquillo foi quem se perpetuou como o último símbolo da resistência dos taínos na Hispaniola. Originalmente chamado de Guarocuya, era membro da família dos reis de Jaragua, sobrinho da rainha Anacaona. Por influência de Bartolomé de las Casas, a partir dos 13 anos foi educado num convento de franciscanos, onde recebeu o nome de Enrique, transformado em Enriquillo. No convento aprendeu a ler e escrever em espanhol.

Ainda jovem, foi confiado ao *encomendero* Dom Francisco Pérez de Valenzuela, recebendo dele o trato de um nobre espanhol para com um nobre nativo. Vestia-se como os espanhóis e recebeu, inclusive, um cavalo que somente os nobres possuíam. Depois, casou-se com Mencia, da linhagem de Anacaona, que tinha sido salva da queima de Jaragua. Conhecedor das leis que regiam a colônia, Enriquillo era reconhecido como cacique-rei pelos outros indígenas e, inclusive, aceitou servir como capataz para o senhor Valenzuela. No entanto, quando o velho *encomendero* morreu, a vida de Enriquillo mudou totalmente. O filho de Valenzuela começou a tratá-lo como mera propriedade, amedrontando-o, ironizando-o, tratando mal sua esposa Mencia e chegando a violentá-la. Também lhe tirou o corcel que era reconhecimento de sua nobreza Taína.

Enriquillo tentou recorrer aos tribunais locais, mas não foi tratado com justiça. Ao contrário, foi açoitado em frente a outros taínos para que ficasse claro quem era o amo e quem era o escravo. Recorreu depois ao tribunal de mais alto nível, mas teve suas solicitações negadas e foi até ameaçado de morte. Então, juntamente com sua esposa Mencia e outros taínos, Enriquillo fugiu para os montes, na serra de Bahoruco. Ali começou sua rebelião, acompanhado de 50 homens que ele mesmo armou, mais aproximadamente 300 taínos que lhe eram próximos; milhares de indígenas da ilha se somaram a ele e o apoiaram.

Foi a primeira guerrilha organizada pela libertação dos indígenas no Novo Mundo. Sendo conhecedores da região, durante 13 anos, os taínos comandados por Enriquillo conseguiram incomodar a administração espanhola e derrotar todas as expedições dos espanhóis que queriam subjugá-los através do uso de armas ou de meios persuasivos mentirosos. Até que, finalmente, os taínos fizeram aliança com os escravos negros — os *cimarrones* — também exaustos pela crueldade com a qual eram tratados. Depois, os espanhóis propuseram assinar um tratado com os índios concedendo-lhes, entre outros, o direito à propriedade e à liberdade. Infelizmente, esse desfecho teve consequências limitadas. Enriquillo sucumbiu alguns anos depois, vítima de tuberculose e a população taína já tinha diminuído drasticamente, devido aos maus-tratos, às doenças e às matanças (DE LAS CASAS, 1951, III, p. 265).

Agueybaná (Porto Rico)

Da mesma forma como havia ocorrido anteriormente em Hispaniola, quando da chegada dos colonizadores, em Borinquen (Porto Rico) também os nativos ficaram impressionados com os espanhóis recém-chegados, tão diferentes deles, assim como com seus cavalos e pertences. Porém, devido aos maus-tratos, decidiram levantar-se contra os conquistadores e o cacique Agueybaná II emprendeu uma rebelião, tendo sido morto logo no início da batalha de Yaguecas, na contra-ofensiva organizada por Ponce de León.

A morte do cacique Agueybaná II precipitou a derrota dos nativos, que, apesar do fracasso em Borinquen, persistiram em sua atitude beligerante. Além dos caciques Agueybaná II e Urayoan, foram notáveis por sua resistência os caciques Madbodamaca, Ayamamón e Guarionex. Na história de Porto Rico, esses levantes são conhecidos como a Rebelião Indígena de 1511.

No entanto, tal como ocorrera na Hispaniola, o desequilíbrio de forças entre espanhóis e indígenas, os maus-tratos e trabalhos forçados, fizeram com que a população rapidamente diminuísse e fosse praticamente exterminada.

Hatuey (Cuba)

Este cacique entrou para a história como símbolo de solidariedade com os irmãos taínos de outras ilhas do Caribe. Em Quisqueya, Hatuey tinha sido expulso de suas terras por resistir aos espanhóis e se refugiou em outra região da ilha. Em 1511, quando soube que Diego Velásquez ia partir da Hispaniola para conquistar e colonizar Cuba, Hatuey fugiu da ilha. Com mais de 300 índios, entre homens, mulheres e crianças, atravessaram em canoas, por mar, a distância entre a Hispaniola e Cuba, para onde se dirigiram com o propósito de ajudar a organizar a luta de seus irmãos.

Estando em Cuba, Hatuey reuniu os taínos e explicou a necessidade de unir-se contra os homens brancos que já tinham afligido muito seu povo:

> Eles nos falam de uma alma imortal e de suas recompensas e castigos eternos. Mas roubam nossos pertences, seduzem nossas mulheres, violam

nossas filhas. Incapazes de igualar-nos em valor, estes covardes se cobrem com ferro que nossas armas não podem quebrar (DE LAS CASAS, 1951, II, p. 523).

Um dia, Hatuey fez uma espécie de sermão, lembrando tudo o que os espanhóis tinham feito contra eles na Hispaniola. Ao final, pegou nas mãos uma cesta de palha contendo ouro e, segurando-a, falou:

> Eu vou lhes dizer porque fazem tudo isto. É porque têm um grande senhor a quem querem e amam. E este é o que lhes vou mostrar (indicando o ouro que estava na cesta): Este é o senhor que os espanhóis adoram. É por este que lutam e matam; por ele que nos perseguem; por causa dele morrem nossos pais e irmãos e por sua causa nos privam de nossos bens e por este nos buscam e nos maltratam. Como vocês já ouviram antes, eles querem passar para cá e não pretendem outra coisa senão buscar este senhor; para buscá-lo e arrancá-lo vão nos perseguir e cansar como já fizeram em nossa terra. Por isso, vamos agora dançar e festejar de estarmos aqui. E assim fizeram durante várias horas. Depois de dançarem e cantarem um bom tempo diante da cesta de ouro, Hatuey voltou a falar dizendo: — Com tudo isto que lhes disse, não guardemos este senhor dos cristãos em nenhuma parte, porque, mesmo que o engolíssemos e o tivéssemos dentro de nossas tripas, eles vão vir arrancar de nós. Por isto, vamos jogá-lo neste rio, debaixo da água...e eles não saberão onde está (DE LAS CASAS, 1951, III, p. 505-508).

Os taínos de Cuba não conseguiam acreditar nas mensagens terríveis que Hatuey lhes trazia e só alguns poucos se uniram a ele. Sua estratégia foi atacar os espanhóis em forma de guerrilha e depois dispersar-se nos montes, onde se reagrupavam para o ataque seguinte. Assim, durante alguns meses conseguiram manter os colonizadores na defensiva, assustados demais para deixar sua fortaleza situada em Baracoa.

Entretanto, graças a uma traição, Velásquez conseguiu capturar Hatuey em fevereiro de 1512. Então condenou-o ao castigo reservado aos piores criminosos: morrer numa fogueira. No momento de atear o fogo, o padre Olmedo lhe perguntou se queria converter-se cristão para poder ir ao céu. Hatuey lhe perguntou: "— Os espanhóis também vão ao céu? Ao receber uma resposta afirmativa do frei, sem mais pensar, Hatuey respondeu: — Então não quero ir para o céu para me encontrar com gente tão horrível e tão cruel" (DE LAS CASAS, 1951, II, p. 523).

6. SOBREVIVÊNCIA ZERO

Em 1492, quando da chegada de Colombo, a população do conjunto das ilhas do Caribe era de quatro milhões de habitantes, assim distribuída: um milhão na Hispaniola, mais de um milhão em Cuba e mais dois milhões nas outras ilhas, incluindo as menores (BETHELL, 2012, p. 130). Seu extermínio, iniciado em 1493, foi praticamente completo. Ao final do século XVI, os arawaks-taínos tinham sido quase totalmente aniquilados nas Antilhas maiores (Cuba, Porto Rico, Jamaica e Hispaniola) e também nas ilhas menores; só alguns poucos Caribes sobreviveriam na pequena Antilha Dominica.

Os caciques das diferentes ilhas resistiram com seus súditos de diversas formas, mas um a um foram derrotados juntamente com suas populações, sendo literalmente exterminados, como demonstraram os exemplos aqui citados dos reis Caonabo e Enriquillo e da rainha Anacaona, na Hispaniola, Hatuey em Cuba e Agueybaná em Porto Rico.

O desencontro total das culturas europeia-taína e o desequilíbrio de forças entre os espanhóis e as populações nativas não permitiram a essas últimas manterem sua existência nas ilhas do mar Caribe. Ficou visível, em poucos anos, o processo de extinção das populações taínas, mas que importância isso tinha para os colonizadores? O que lhes importava era saciar sua sede de riqueza e de poder. Como forma de "resolver" os problemas de mão de obra para os espanhóis colonizadores do Caribe, a partir da administração de Nicolás Ovando, a Espanha começou a comprar escravos da África, iniciando outro capítulo vergonhoso na história colonial das Américas, além de continuarem com a exploração dos povos originários nas conquistas que se seguiram depois, em terras do continente. Como é bem salientado no seguinte trecho:

> A causa pela qual os espanhóis destruíram tal infinidade de almas foi unicamente não terem outra finalidade última senão o ouro para enriquecer em pouco tempo, subindo de um salto a posições que absolutamente não convinham a suas pessoas. Enfim, não foi senão sua avareza que causou a perda desses povos (DE LAS CASAS, 1951, I, p. 32).

SEGUNDA PARTE

MÉXICO

O GENOCÍDIO INVADE
O CONTINENTE

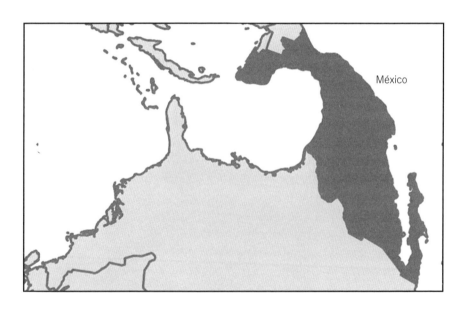

INTRODUÇÃO

Em 1519, a capital da colônia espanhola tinha sido transferida de Santo Domingo para La Habana, em Cuba. O novo governador, Diego Velásquez, sentia necessidade de satisfazer a sede dos espanhóis por um enriquecimento grande e rápido. A mão de obra indígena tinha acabado, com o extermínio dos taínos do Caribe, e as minas de ouro e prata ali estavam se esgotando.

Decidiu-se então começar uma nova colonização, rumando para o continente, cuja existência já era sabida. Velázquez mandou assim seu secretário Hernán Cortés com uma frota de onze navios, 500 homens, 134 cavalos e alguns canhões para conquistar e colonizar o atual território do México.

1. CIVILIZAÇÕES PRÉ-COLOMBIANAS

O que Velásquez não sabia é que os conquistadores espanhóis iriam encontrar-se com populações muito diferentes das dos habitantes das ilhas do Caribe. Eram descendentes de grandes civilizações pré-colombianas que haviam existido ali, entre elas a Olmeca, a Teotihuacán, a Totonaca, a Tolteca, a Maia e a Mexica/Asteca.

A essas civilizações são atribuídas várias criações, invenções e avanços em campos como a arquitetura (templos — pirâmides), matemática (invenção da cifra zero, conhecida na Europa apenas no século XII, através dos árabes), astronomia, medicina, agricultura intensiva, teologia, belas artes. Com o tempo, algumas dessas civilizações se organizaram em cidades-estado, reinados e impérios que, inclusive, competiam uns com os outros por poder e prestígio.

Olmeca (1500 a.C. a 300 d.C.)

Considerada a primeira do atual território do México e América Central, essa civilização estabeleceu as fundações culturais que seriam seguidas por todas as que ali se estabeleceram. Começou com a produção da cerâmica em grande escala, cerca de 2300 a.C. Entre 1800 e 1500 a.C., os Olmecas estabeleceram sua capital perto da costa do atual estado de Vera Cruz, no Golfo do México.

A essa civilização são relacionadas várias invenções: a epigrafia, a escritura, a bússola, a invenção do número zero e do calendário mesoamericano. Sua organização política era baseada em reinos e cidades-estado e foi fortemente imitada por praticamente todas as civilizações mexicanas e centro-americanas que se seguiram.

Totonaca (100 d.C. a 1200 d.C.)

Foi uma civilização que se desenvolveu principalmente no atual estado de Vera Cruz do México e foi notável pela cerâmica variada, escultura em pedra e arquitetura monumental. Os Totonacas construíram monumentos famosos até o dia de hoje como El Tajin, Cempoala e Papantla, construções cuja data aproximada é calculada como sendo o século IV d.C..

Tolteca (100 d.C. a 1100 d.C.)

Foi o grupo dominante de um Estado cuja influência se estendia até o atual estado de Yucatán (Sul). Sua capital foi a cidade de Tula, que surgiu aproximadamente no ano de 950 e tornou-se um dos principais centros arquitetônicos do México. Os Toltecas conquistaram a cidade de Teotihuacán no ano 750 d.C. e tiveram grande influência comercial e política entre os maias. Sua cultura se reflete na arquitetura, particularmente as estátuas de pedras denominadas Atlantes.

Teotihuacán (400 a.C. a 800 d.C.)

O declínio dos Olmecas resultou num vazio de poder no atual território do México. Desse vazio emergiu Teotihuacán, situada a poucos quilômetros ao nordeste da atual cidade do México. Inicialmente colonizada em 300 a.C., tornou-se, em poucos anos, a primeira verdadeira metrópole do que agora se designa por América do Norte. Teotihuacán era uma cidade-estado de aproximadamente 100 mil habitantes, depositária das maiores estruturas piramidais construídas na América pré-colombiana.

Os estudos arqueológicos não permitem ainda definir exatamente a formação social e a estrutura política da cidade de Tehotihuacán. Sabe-se, no entanto, que estabeleceu uma nova ordem política e econômica, nunca antes vista naqueles lugares e que estendeu sua influência até as regiões da

América Central, onde os Teotihuacanos fundaram novas dinastias, exercendo sua influência também sobre a civilização maia.

Na cidade de Teotihuacán propriamente dita, vivia uma população cosmopolita. A maioria das etnias regionais, mesmo totonacas e zapotecas provenientes da região do atual estado de Oaxaca, estava representada em Teotihuacán, cuja influência se fazia sentir até a região central do México.

Os habitantes do império viviam em comunidades onde as famílias desenvolviam suas atividades e contribuíam para o poder econômico e cultural da cidade. Era uma cidade cuja arquitetura monumental refletia uma nova era na civilização pré-colombiana.

Por volta de 650 d.C., Teotihuacán entrou em declínio político, mas manteve uma influência cultural que durou aproximadamente um milênio, até perto do ano de 950.

Maias (1000 a.C. a 900 d.C.)

A grandeza da civilização maia foi contemporânea à grandeza do império de Teotihuacán. Esse grupo foi notável por seu sistema de língua escrita, que podia representar perfeitamente o idioma falado, além de sua arte, arquitetura, matemática e sistemas astronômicos, como demonstra seu conhecidíssimo calendário. Os monumentos mais notáveis construídos pelos maias são as pirâmides de seus centros religiosos e palácios de seus governantes, situadas em cidades como Palenque (México), Chichen Itza (Yucatán, México), Copan (Honduras), Tikal (Guatemala), Tazumal (El Salvador), entre outros.

Tal como aconteceu com os gregos que, sem império, exerceram uma grande influência na sua região e depois em toda a Europa, os maias deixaram um tremendo legado intelectual e artístico para todos os grupos humanos do México e da Mesoamérica.

Os povos maias nunca desapareceram: nem na época do período clássico, nem com a chegada dos conquistadores espanhóis e a subsequente colonização espanhola das Américas. Hoje, os maias e seus descendentes formam populações consideráveis em todo o antigo território maia e mantêm um conjunto de tradições e crenças que são o resultado da fusão das ideologias pré-colombianas e das relações pós-conquista. Até hoje, línguas maias são faladas como línguas maternas, ou primeiras línguas, ao lado do idioma oficial, que é o espanhol.

Estima-se que, no início do século XXI, a região que compreende México e Guatemala seja habitada por mais de 6 milhões de maias, alguns mais integrados às culturas modernas dos países em que residem, outros seguindo seu modo de vida mais tradicional.

Mexicas/Astecas

Com o declínio dos impérios de Teotihuacán e Tolteca, o Vale do México foi tomado por uma fragmentação política. Foi então que apareceram os mexicas, um povo guerreiro de origem Nahuatl, que havia imigrado para o Vale do México no princípio do século XIII d.C., vindo da região norte de Aztlan, de onde vem o nome astecas.

Uma "Tríplice Aliança"

Conquistando cidades-estado do México Central, especialmente três delas — Tenochtitlán, Texcoco e Tlacopan, os mexicas formaram a chamada Tríplice Aliança, que governava 38 cidades-estado, cada qual comandada por um rei chamado Tlaotani. O rei dos mexicas era o imperador da Aliança.

A base econômica do império asteca era o sistema tributário e uma vasta rede de comércio. As cidades-estado estavam sujeitas a pagamentos de impostos, base da economia do império. A quitação dos impostos era obrigatória para que essas cidades pudessem ter autonomia em sua própria administração.

A Tríplice Aliança travou muitas guerras de conquistas com seus vizinhos e expandiu-se rapidamente. No auge, através das cidades-estado, controlava a maior parte dos povos da região central do atual México e territórios mais distantes da Mesoamérica até o sul da Guatemala. O idioma oficial era o nahuatl.

A Tríplice Aliança ficou conhecida como Império Asteca, efetivamente governado a partir da cidade de Tenochtitlán. Os demais parceiros dessa Aliança tinham papéis secundários. O nome do grupo dominante da Tríplice Aliança Asteca — os mexicas — deu origem à denominação moderna do México.

Na chegada dos espanhóis, quem governava o Império Asteca a partir da cidade de Tenochtitlán era um mexica: o imperador Moctezuma.

Os mexicas deixaram uma marca profunda e duradoura. Até hoje, muito do que é considerado como cultura mexicana deriva da civilização mexica: gastronomia, arte, vestuário, simbologia, toponímia e até a identidade mexicana.

Desde a criação da Tríplice Aliança, a população do império asteca (mexica) teve um modo de vida urbano: cidades, vilas, aldeias. A maioria das pessoas vivia em povoamentos permanentes, baseados na agricultura e identificados com uma cultura urbana. Apenas uma pequena fração da população era tribal e nômade.

A educação entre os mexicas era obrigatória para os homens, independentemente de sua classe social e era dada em dois tipos de escolas: as *telpochcalli* (estudos práticos e militares) e as *calmecac* (estudos avançados de escrita, astronomia, estadismo, teologia, etc.).

Em 1400, os mexicas governavam grande parte do México central — enquanto os yaquis, coras e apaches controlavam áreas consideráveis dos desertos do norte. No auge dessa civilização, por volta de 1470, uns 100 mil mexicas, concentrados principalmente em Tenochtitlán, presidiam um rico império que contava com cerca de 10 milhões de pessoas, quase metade dos 24 milhões que então habitavam o México.

2. GENOCÍDIO NO MÉXICO

A Espanha invade o continente

No dia 27 de fevereiro de 1519, Cortés chega à ilha de Cozumel, pertencente ao atual território de Vera Cruz no México, então habitado por maias e totonacas, opostos ao império asteca.

Logo na chegada, Cortés se depara com uma civilização muito complexa, pluriétnica, na qual se falavam 86 idiomas e com economia diversificada. Nas estepes do norte, prevaleciam grupos nômades, dedicados à coleta, caça e pesca. O restante do território era habitado por uma população mais densa, cuja ocupação principal era a agricultura.

Chegando a Cozumel, Cortés tomou posse das terras em nome do rei da Espanha, Carlos V. Ali teve seus primeiros contatos com as populações originárias. A partir de então, todas as terras do continente, incluindo as que ainda estavam por ser conquistadas, automaticamente foram consideradas "propriedade do rei". E os milhares de integrantes de centenas de povos originários ali residentes automaticamente já eram considerados seus "súditos".

Continuando sua viagem, próximo à cidade de Pontoclan, Cortés encontrou resistência, mas venceu a batalha em Centla, na qual, de acordo com Bartolomé de las Casas (1951, II, p. 241), morreram 30 mil indígenas. As autoridades então oferecem presentes a ele: joias, tecidos, iguarias e mulheres indígenas.

Entre as mulheres, estava a famosa Malinche, batizada como *doña* Marina. Juntamente com o frade franciscano Gerônimo de Aguilar, sobrevivente de um naufrágio, tornou-se intérprete de Cortés para os idiomas maia e nahuatl. Posteriormente, Malinche tornou-se amante de Cortés e teve um filho com ele, Martin Cortés, passando para a história como uma figura de caráter conflitivo: para alguns, heroína; para outros, traidora.

Gerônimo de Aguilar e Malinche informaram a Cortés que o primeiro território por ele conquistado era parte do império mexica chamado asteca, cuja capital era Tenochtitlán e seu imperador, Moctezuma. Cortés logo percebeu que o império asteca tinha atritos com outros povos da região. Então começou a elaborar estratégias e fazer alianças com os povos rivais, como os totonacas, para dar início à conquista de Tenochtitlán.

A entrada em Tenochtitlán

Em outubro de 1519, Cortés chega a Cholula, cidade com 50 mil habitantes, então a maior do México Central depois de Tenochtitlán e aliada do império asteca. Alertado sobre uma possível cilada, mandou reunir os notáveis e o povo na praça. Para "impor medo e respeito nos índios", inicia o que ficou conhecido como o Massacre de Cholula, que deixou mais de seis mil mortos.

Finalmente, em 8 de novembro de 1519, Cortés chega a Tenochtitlán, capital do Império, repleta de pirâmides e monumentos, contando com 100 mil moradores e mercadores. O cronista da época, Bernal Diaz de Castillo, relata o fato como um espetáculo que provocou admiração entre os conquistadores:

> (...) voltamos a ver a grande praça e a multidão de gente que nela havia, uns comprando e outros vendendo, que somente o rumor e zumbido das vozes e palavras que ali havia soavam a mais de uma légua. E entre nós houve soldados que tinham estado em muitas partes do mundo, e em Constantinopla e em toda a Itália e Roma. E disseram que praça tão bem organizada e com tanto concerto e tamanha e tão cheia de gente nunca tinham visto (CASTILLO, 1519, p. 294 e 295).

O imperador Moctezuma, acreditando que Cortés seria o enviado do deus asteca Quetzalcóatl, tratou-o bem, ofereceu-lhe presentes de ouro e prata e aceitou seu domínio, declarando fidelidade ao Rei Carlos V, então rei da Espanha.

O fim dos imperadores Moctesuma e Cuatemoc

Cortés, informado que uma revolta em Vera Cruz ameaçava suas tropas que ali haviam permanecido, deixou o palácio para defender seus homens. Durante sua ausência, uma rebelião contra os espanhóis provocou um massacre perto do templo principal da capital, desencadeando uma revolta geral da população. Rapidamente, Cortés retornou a Tenochtitlán para apaziguar o povo com o apoio do Rei Moctezuma, que já se tinha declarado súdito do rei da Espanha, mas, que durante o ato, morreu instantaneamente com uma pedra que lhe caiu na cabeça.

Uma nova revolta se iniciou sob o comando do imperador Cuautémoc, sucessor de Moctezuma, ocasionando baixas consideráveis no exército espanhol. Desesperado, Cortés escolheu retirar-se de Tenochtitlán com seu séquito e se refugiou em Tlaxcala, onde a população, inimiga dos astecas, tornou-se sua aliada. Após alguns meses, com reforço de tropas chegadas de Cuba e com o apoio de indígenas aliados aos espanhóis, Cortés voltou a Tenochtitlán para sitiar a cidade, em um cerco que durou 75 dias.

Finalmente, graças a sua tecnologia militar superior, que incluía armas de fogo e aço, cavalos com lanças e cães caçadores, os espanhóis conquistaram a metrópole e mataram o imperador Cuautémoc. A seguir, saquearam a cidade, bairro por bairro, destruindo, inclusive, vários monumentos. O saldo desse cerco foi de 40 mil mortos — homens, mulheres e crianças.

Mas a eliminação dos indígenas não termina ali

Relata a testemunha Bartolomé de Las Casas (1951, III, p. 221) que

> Desde a entrada na Nova Espanha (México) em 18 de abril de 1518 até o ano de 1530, ou seja, 12 anos inteiros, duraram as matanças e estragos que as cruéis mãos sangrentas e as espadas dos espanhóis fizeram, sem parar, em 450 léguas da cidade do México e nos seus arredores, onde haviam quatro a cinco grandes reinados. muito grandes e até mais felizes do que o reino da Espanha.

De acordo com os historiadores Cook e Borah (apud BETHELL, 2012, p. 200-201), nos 30 primeiros anos da conquista espanhola (1519-1548), a população indígena da região diminuiu em 20 milhões, ou seja, quase meio milhão por ano.

O império asteca, dos mexicas, chega ao fim

Cortés instalou seu Conselho de Administração em Tenochtitlán. Com a ajuda de "contadores" da Coroa espanhola, deu inicio às diligências necessárias para a colonização. Tal como havia sido feito anteriormente no Caribe, instaurou o sistema de *repartimientos* e *encomiendas* e definiu os impostos a serem pagos pela população.

O *encomendero* tinha a obrigação de assegurar a submissão dos povos originários e convertê-los ao cristianismo. Utilizando o trabalho dos indígenas, era obrigado a recolher e entregar o tributo ao rei. Isso permitiu um verdadeiro sistema de escravidão. Apesar de decretos ocasionais da corte que procuravam amainar as formas de exploração, e que não eram respeitados, a encomenda facilitava muito lucro para os *encomenderos*.

Segundo Collier (1947, apud GALEANO, 2010, p. 61-62), em 1581, o rei Felipe II da Espanha visitou o México e, em uma audiência realizada em Guadalajara, pôde confirmar pessoalmente que "um terço dos indígenas da América tinha sido aniquilado". E que "aqueles que ainda viviam eram obrigados a pagar tributos pelos mortos". Também afirmou o monarca, na mesma audiência, que "os índios eram comprados e vendidos. Que dormiam na intempérie. Que as mães matavam os filhos para salvá-los do tormento das minas" (COLLIER, 1947, apud GALEANO, 2010, p. 61-62).

Nos séculos XVI e XVII

A grande maioria das populações indígenas estava sujeita às leis da *encomienda* e do *repartimiento* que, por trás de suas formas legais, na realidade ocultava uma escravidão latente e generalizada. O próprio Cortés ficou com mais de dois mil servidores nessas condições deploráveis.

> Os *encomenderos* usavam os índios em todo tipo de trabalhos manuais, na construção, na agricultura, na mineração, no abastecimento de tudo o que o país produzia. Eles os encarceravam, matavam, soltavam cachorros atrás deles. Usavam-nos como mulas de carga. Apoderavam-se de seus bens, destruíam sua agricultura e roubavam suas mulheres (DE LAS CASAS, 1951, III, p. 457-458).

Aliás, a opressão e exploração sexual das mulheres pelos conquistadores foi uma constante no sistema de *encomiendas* e *repartimientos* durante todo o período da invasão e colonização, tanto nas ilhas do mar Caribe quanto no Continente. Nada tinha valor a não ser a riqueza que alimentava sua ganância.

Mineração mortífera, enriquecimento rápido

Em 1532, foi localizada a primeira mina importante, e, com imensa rapidez, entre os anos de 1543 e 1553, encontraram-se outras:

SEGUNDA PARTE — MÉXICO

Compostela, Zacatecas, Temascaltepec, Durango, São Luis Potosi e, principalmente, Guanajuato, cidade com cerca de 55 mil habitantes, onde mais ou menos metade da população trabalhadora estava empregada nas minas (BETHELL, 2012, p. 438). Os *encomenderos*, de imediato, colocaram seus súditos no trabalho — de sol a sol — em busca de ouro e prata.

A exploração dos depósitos de minério era feita em meio a socavões insalubres e sem arejamento, perfurados em diferentes níveis e conectados entre si por condutos chamados *labores de chiflón*. Em geral, era de um diâmetro tão reduzido que mal permitia a passagem de um trabalhador, por vezes, somente se arrastando.

Para a manutenção dos socavões, utilizavam-se diferentes tipos de reforços. O mais comum consistia em colocar tábuas para sustentar as paredes das galerias em seus "pontos fracos, utilizando implementos simples para a extração como martelos, picotas e marretas.

Esse trabalho nos socavões foi a origem de inúmeras enfermidades dos mineiros, a maioria delas mortais, ao mesmo tempo que, do outro lado da balança, alguns poucos enriqueciam rapidamente, ao custo de milhões de vidas de índios.

Alexandre von Humboldt calculou que, graças a essa forma de trabalho forçado, oficialmente foi de "cinco bilhões de dólares atuais a magnitude do excedente econômico evadido do México entre 1760 e 1809, apenas meio século, através das exportações de prata e ouro" (CARMONA, 1968, apud GALEANO, 2010, pg. 59).

Declínio das populações nativas

De acordo com os historiadores Cook S. F., Borah W. e Halperin T., da Universidade de Berkeley nos EUA, nos 30 anos que se seguiram à invasão espanhola, a mortandade dos indígenas foi vertiginosa. Contando os primeiros 100 anos da dominação espanhola, os mesmos pesquisadores concluíram, após décadas de pesquisas, que a população do México diminuiu de 25 milhões para 750 mil pessoas em 1600. Leslie Bethell (2012) diz que "de 1519 até o ano de 1600, menos de 3% da população original sobreviveu" (p. 201). Cinco reinados desapareceram. Enrique Semo (1975, p. 29) traz informação que fornece o seguinte quadro:

Ano	Habitantes Indígenas
1519	25.000.000
1532	16.800.000
1548	6.300.000
1568	2.650.000
1580	1.900.000
1595	1.300.000
1605	700.000

Causas do declínio demográfico

A despopulação radical dos indígenas teve diversas causas: doenças e epidemias, matanças e guerras, trabalho forçado nas minas, escravidão e fome.

Doenças e epidemias. Homens e mulheres esgotados pelos trabalhos forçados e as péssimas condições de vida e sem capacidade biológica de resistir, tornaram-se vítimas indefesas de doenças transmitidas pelos conquistadores, como a varíola e o sarampo, epidemias que se prolongaram durante os dois séculos seguintes, tornando-se, na prática, uma das grandes causas, provavelmente a principal do declínio vertiginoso da população.

Matanças e guerras. Além das doenças que atingiram a maioria das populações no México, nos primeiros 12 anos da conquista, foram as guerras que se sucederam nos primeiros 100 anos da Colônia que levaram à morte grande parte da população, principalmente homens. E centenas de milhares de mulheres e crianças, mesmo não estando no campo de batalha, foram mortas quando da passagem dos espanhóis pelas localidades onde habitavam os nativos.

Trabalho forçado nas minas. Milhões de nativos tiveram sua morte decretada ao entrar nas minas, devido à exaustão ocasionada pela forma como se extraíam os minerais. Os que não morriam carregavam sequelas para o resto de suas minguadas existências. De acordo com Sergio de La Peña (1975, p. 55), é possível estimar que a mão de obra ocupada nas minas tenha se multiplicado por dez entre 1570 e 1750 (quase 200 anos) e novamente por dez entre 1750 e final do século XVII (50 anos).

Escravidão. Os índios acusados de fomentar rebeliões ou presos nos enfrentamentos militares eram considerados legalmente escravos e, como tal, eram utilizados pelos espanhóis no México ou vendidos, assim como centenas de milhares de indígenas escravizados pelos colonizadores no México ou enviados à Espanha.

Fome. Os indígenas que não trabalhavam nas minas eram ocupados em outros trabalhos: nas terras dos *encomenderos*, na construção de caminhos ou quaisquer outros trabalhos por eles decididos, inclusive a construção da cidade do México com sua imensa catedral e o palácio do vice-rei, situados na praça central. Enquanto isso, o indígena, sem tempo para cultivar o pedaço de terra que eventualmente lhe tinha sobrado, não tinha possibilidade de alimentar adequadamente sua família nem a si mesmo. E assim, as epidemias de fome se sucederam levando à morte homens, mulheres e crianças.

3. RESISTÊNCIA INDÍGENA

As populações originárias não se submeteram facilmente à conquista militar dos espanhóis que, desde a tomada de Tenochtitlán por Cortés em 1521, foi sistematicamente acompanhada pela chamada "cristianização" de seus povos e durou mais dois séculos.

As populações nativas do México procuraram reaver, de diferentes maneiras, o território que lhes correspondia, procurando também defender sua cultura. Entretanto, dada a exploração sem limites dos colonos espanhóis, muitas vezes o que lhes restava era a rebelião ou a guerra propriamente dita. A título de exemplo, recordamos algumas destas guerras ou rebeliões responsáveis por centenas de milhares de mortos:

1541: Guerra dos mixtons, no norte do México

1604: Sublevação dos acaxés da Serra de San Andrés

1624: Levante geral dos guachichiles em Nueva León

1632: Rebelião dos guazaparis em Chihahua, norte do México

1636: Rebelião dos maias de Quitana Roo

1643: Rebelião da Confederação das "Sete Nações" em Chihuahua

1646-1650-1652: Guerra dos tarahumaras de Chihahua, Sinaloa

1684-1690: idem

1680: Sublevação dos índios pueblo, no entorno da cidade de Santa Fé

1690-1698: Rarámuris

1694-1696: Revolta de keres, jemes, apaches e teguas em Santa Fé

1712-1761: Rebelião de tzeltales em Chiapas

1734-1735: Levante na Baixa Califórnia
1740-1767: Levante de yaquis na região de Sonora
1660-1770: Rebelião dos zapotecas
1825-1826: Rebelião de yaquis na região de Sonora
1842-1846: Rebelião de nahuas no estado de Guerrero
1843-1845: Sublevação dos triquis no estado de Oaxaca
1868-1887: Rebelião dos yaquis na região de Sonora
1849: diversas populações no estado de Guerrero
1855-1881: Huicholes na região de Nayarit
1868-1870: Ataque de chamulas em San Cristóbal
1847-1901: "Guerra de castas" na região de Yucatán.

Na guerra da Independência do México, em 1810, as populações originárias também participaram ativamente, na esperança de dias melhores, perdendo centenas de milhares de homens e mulheres. No entanto, o país ficou nas mãos dos *criollos* (descendentes de espanhóis), que substituíram os europeus no poder. De acordo com sua concepção de "igualdade", o caminho para alcançar o poder econômico ou político era a assimilação dos índios à cultura criolla.

Assim sendo, quando o cargo máximo de presidente da nação foi assumido por um indígena, na pessoa de Benito Juarez, zapoteca casado com a criolla Margarita Maza, não ocorreram mudanças significativas para a população indígena, apesar das Leis de Reforma que trouxeram muitas mudanças na relação igreja-estado. O mestiço Porfirio Diaz, que chegou ao poder em 1876, decepcionou ainda mais os indígenas com sua política repressora de *criollización* (branqueamento) da população.

Em 1910, Emiliano Zapata, que defendia uma reforma agrária radical, liderou um grupo armado na revolução que derrubou o ditador Porfirio Diaz, levantando a bandeira "Tierra y Libertad", mas o novo governo não honrou a proposta e Zapata começou uma reforma agrária por conta própria. Foi assassinado em 1919, em emboscada preparada por inimigos políticos. Sua luta inspirou o Movimento Zapatista concretizado no EZLN — Exército Zapatista de Liberação Nacional.

As populações nativas e sua história recente.

O Comandante Davi do Exército Zapatista, na abertura do Evento "La Otra Campaña" (México — DF, 16 de setembro de 2005), assim resumiu o processo vivido pelas populações indígenas de sua região:

Como indígenas de nosso país e de todo o nosso continente, somos aqueles a quem foi negado tudo, até nossa existência. Desde a conquista até nossos dias nos têm dominado, nos têm despojado de toda nossa riqueza, de nossa ciência e de nossa cultura milenar. No caso do México, nosso querido país, desde o início da conquista foi manchado e regado com o sangue de milhões de indígenas. Nos primeiros anos da conquista, caíram muitos milhares de indígenas e centenas de milhares foram submetidos à escravidão.

No tempo da guerra da independência de 1810 encabeçada pelo Padre Hidalgo, fomos nós, os indígenas que demos mais sangue pela independência e liberdade de nossa pátria, mas, depois dessa guerra de independência e de liberdade, os indígenas continuamos a ocupar o lugar de escravos, de pobres, de humilhados e esquecidos. Ignoraram o sangue dos nossos que caíram e a existência dos que sobreviveram. Então, não houve liberdade nem independência dos indígenas; só mudaram de donos e senhores. Nas leis que se elaboraram não fomos incluídos nem reconhecidos. A revolução de 1910 também fomos nós, os indígenas e camponeses que mais sangue e vida demos por "Terra e liberdade"; pois foram nossos irmãos e irmãs indígenas e camponeses os que lutaram com valentia e heroísmo, sem temor de perder até a própria vida. Porém, depois dessa revolução, não houve terra nem liberdade para os indígenas e camponeses.

Os que assumiram o poder em nome da revolução depois do assassinato de nosso general Emiliano Zapata também se esqueceram dos indígenas e elaboraram leis como a constituição de 1917, na qual tampouco fomos incluídos nem reconhecidos. Assim, como indígenas e camponeses continuamos igual ou pior, porque não temos direito à terra, à saúde, à educação, à alimentação, à vida digna, ao respeito. Por isso, seja como for, conquistaremos o lugar que nos corresponde e que merecemos os indígenas, camponeses e todos os explorados. A luta é nossa, a pátria é nossa e a história é nossa.

4. SOBREVIVÊNCIA

Cinco séculos após a conquista e dois séculos após a independência do México, as populações indígenas continuam buscando seu lugar ao sol, como demonstram rebeliões mais recentes, como a dos yaquis (1927) e a do Exército Zapatista de Libertação Nacional (EZLN — 1994).

De acordo com o Censo Mexicano de População e Moradia (CEPAL, 2010), a população que se autoidentifica como indígena soma mais de 15 milhões, ou seja, aproximadamente 15% da população do país. Por outro lado, o Relatório da CEPAL estimou em 17 milhões o número de indígenas no México, sendo ele, então, o país das Américas com o maior número de indígenas.

Embora constituam parte importante da população do México, em geral, vivem em condições muito abaixo das da população branca e mestiça mexicana. Alguns setores, particularmente as mulheres indígenas, continuam sendo marginalizados, do ponto de vista econômico, social e cultural.

Os indígenas conquistaram representação política, mas ela continua sendo minoritária, apesar da insistência das populações nativas. Entre os 300 distritos eleitorais mexicanos, existem 26 distritos indígenas, porém a maioria deles é governada por mestiços. Entre os 500 deputados nacionais, 2,6% são de origem indígena. As mulheres estão infimamente representadas.

O grande desafio indígena na sociedade mexicana é conseguir elevar seu nível de vida e sua participação cidadã sem perder sua cultura, objetivo amplamente propagandeado pelos políticos e pela mídia nacionais, mas com poucos efeitos práticos.

Povos originários no México atual

Oficialmente, são 64 os povos indígenas que vivem no território do México, espalhados por várias regiões, de acordo com levantamento do Instituto Nacional Indigenista (INI) do México, realizado em 1995.

Os povos mais numerosos, de acordo com este censo, são:

- nahuatls (2.445.996) situados mais ao centro do México;
- maias (1.475.575) na península de Yucatã e em Chiapas;
- zapotecas (777.253) nos vales, serra e istmo;
- mixtecas (726.601) da região mixteca e
- otomis (646.875) no centro do México.

Populações entre 100 e 500 mil indígenas: totonacos, tzotzil, tzeltal, masahuas, mazatecas, huaztecas, chol, chinanteco, purépechas, chinantecos, mixes, tlapasnek, tarahumaras.

Abaixo de 100 mil habitantes: mayos, zoques, chontales, populucas, chatinos, amuzgos, tojolabal, huicholes, tepehuanos, triquis, cora, popolocas, mames, yaquis, cuicatecas, huaves, tepehuas, kanjobales, cholaes de Oaxaca, pames, chichimeca, matlatzincas, guarijíos, chuj, chochos, tacuates, ocuiltecas, pima, jacaltecas, kekchis, lacandones, ixcatecas, seris, motocintlecas, quichés, kakchiqueles, paipais, pápagos, cucapás, kumiai, kikapúes, chochimies, ixiles, kiliwas, aguacatecas, oltecas, opatas papabucos.

5. ORGANIZAÇÃO

Ao longo do território do México existem coletivos, comitês, cooperativas, conselhos, coordenações, movimentos e outras organizações de caráter local e regional, com assembleias e coalisões.

As organizações de caráter nacional são várias. Entre elas:

- Comitê Nacional Indígena (CNI);
- Conselho Nacional Otomi;
- Coordenação Nacional de Mulheres Indígenas;
- Coordenação Nacional de Organizações Cafeicultoras (CNOC);
- Coordenação Nacional Plano de Ayala (CNPA);
- Coordenação Nacional de Povos Índios;
- União Nacional de Organizações Regionais Camponesas Indígenas (UNORCA);
- Exército Zapatista de Liberação Nacional (EZNL).

Também existem algumas organizações de caráter temático. A Agência Internacional de Imprensa Indígena (AIPIN) é uma delas, ao lado de outras de interesses afins como a União de Escritores em Línguas Indígenas ou de grupos com interesses similares, como a Assembleia de Migrantes Indígenas da Cidade do México.

A União Nacional de Organizações Regionais Camponesas Indígenas (UNORCA), constituída em 1985, agrupa indígenas e camponeses, pequenos produtores, diaristas, colonos, jovens, mulheres, pescadores, de vários estados do México. Os objetivos e propostas desta organização foram firmados como reação à devastação do campo mexicano produzida pelas políticas de ajuste estrutural e de livre comércio. Em comunidades e *ejidos* (propriedades rurais de uso coletivo) desenvolvem ações de reflorestamento, combate a incêndios, turismo alternativo, produção de hortaliças, frutas, plantas medicinais, flores, conservas, móveis, artesanato, buscando comercialização direta dos produtos, sem intermediários.

Além disso, mobilizam as comunidades em prol de seus interesses, formando promotores comunitários em direitos indígenas. A UNORCA contempla, entre suas prioridades: a busca de condições de vida digna para as famílias do campo; a recuperação da soberania alimentar do país;

a preservação e melhoria dos recursos naturais; os direitos dos povos indígenas e suas culturas.

A Coordenação Nacional de Mulheres Indígenas é mais uma grande conquista dentro do movimento indígena mexicano, de acordo com o testemunho das próprias mulheres.

> Também lutamos pela mesma situação como mulheres, porque sofremos a tríplice exploração: por ser mulher, por ser indígena e por ser pobre. Como mulheres, somos desconsideradas, humilhadas e desprezadas; por sermos indígenas, somos discriminadas por nossa vestimenta, cor, idioma e culturas; por sermos pobres, não temos direito à educação, à saúde e somos mantidas no esquecimento.
>
> Por isso decidimos organizar-nos e lutarmos juntas para sair dessa situação; não importa se teremos que passar por perseguição, encarceramento, sequestro, e até a morte, se for necessário. Apesar de tudo, aqui estamos e continuaremos. E não vamos nos render nem nos vendermos por algumas esmolas que o mau governo dá e muito menos vamos ocupar algum posto governamental.
>
> Graças à luta através da qual conseguimos este espaço de participação, precisamos unir nossas forças e lutar juntos, homens e mulheres, porque sem os homens ou sem as mulheres não se avança. Por isso, é muito importante a participação de todas e todos, e sem distinção de raça ou cor. Para alcançar a democracia, a liberdade, a justiça (COMANDANTA ESTHER, no evento de inauguração de "La Otra Campaña", México, 16 de setembro de 2005).

Para esta Articulação Nacional foi muito importante a Lei Revolucionária das Mulheres redigida por um grupo que detalhou os direitos das mulheres indígenas, independentemente de sua raça, seu credo ou filiação política: o direito a trabalhar e receber um salário justo; a decidir o número de filhos que podem ter e cuidar; a participar nos assuntos da comunidade; o direito à saúde, à alimentação e à educação; o direito a escolher seu companheiro; direito a não ser mais violentada; o direito a participar das organizações e ocupar cargos de direção em todos os âmbitos: político, social, administrativo, militar... o que milhões de mulheres ainda não alcançaram (Jornal La Jornada, México, 13 de janeiro de 2006).

O Congresso Nacional Indígena (CNI) foi fundado em 1996 e é também chamado de "a Casa dos Povos Indígenas do México". Dele participam a maioria das organizações indígenas mexicanas, juntamente com o

Exército Zapatista de Libertação Nacional. O evento que marcou o início do CNI coincidiu com os Acordos de Paz assinados entre o governo e os povos indígenas do México, conhecidos como Acordos de San Andrés. A reunião histórica realizada em 2006 que marcou este novo começo contou com mais de 100 mil indígenas vindos de todo o país, reunidos no Zócalo, a praça central onde está sediado o governo do México. O CNI tem como propósito central a "reconstituição integral dos povos indígenas", o que implica construir uma nova relação com o Estado Nacional, assumindo integralmente o respeito aos povos indígenas, a seus direitos humanos e suas culturas, de acordo com a Convenção 169 da Organização Internacional do Trabalho (OIT, 2011), que ressalta, entre os principais direitos indígenas: a autonomia territorial; o acesso coletivo aos recursos naturais; o reconhecimento da cultura política indígena com os sistemas normativos de cada povo.

Esses direitos vão contra os interesses das grandes empresas e indústrias relacionadas com a biotecnologia, a exploração abusiva de bosques e florestas, a agroindústria, o turismo, as zonas francas e outras. Grandes projetos de desenvolvimento são planejados no sul e sudoeste do México, envolvendo também todos os países da América Central, em um plano que promove a integração econômica e o livre comércio de Puebla até o Panamá (PPP), no marco do acordo de livre Comércio das Américas (ALCA).

A luta do CNI representa uma resistência de significado incomparável, não só para o México, mas para todas as Américas, o que justifica o apoio significativo que essa organização recebe, em âmbito internacional.

> As populações nativas sabem disso. Não é por acaso que se expressam como fez a indígena Totzil, Comandanta Ramona do EZLN, perante as mais de 100 mil pessoas reunidas no Zócalo, a grande praça central da cidade do México, em 1996: "Queremos um México que nos considere como seres humanos e respeitem nossa dignidade. (...) Estamos aqui para dizer, em voz alta, junto com todos: Nunca mais um México sem nós".

TERCEIRA PARTE

ANDES CENTRAIS

DO IMPÉRIO DO SOL
A "UM NOVO
LUGAR AO SOL"

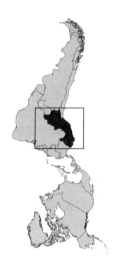

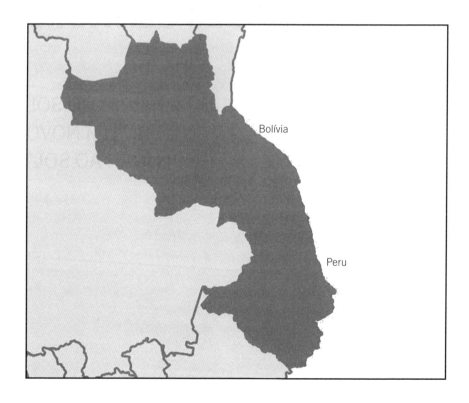
Bolívia

Peru

INTRODUÇÃO

Tal como ocorre com as várias civilizações pré-colombianas do México e Mesoamérica, muitas vezes limitadas aos maias e astecas, na região dos Andes geralmente se lembra somente do império inca, como se fosse a única civilização anterior à chegada dos europeus na região. A verdade é que o território dos Andes foi um celeiro de civilizações e de impérios anteriores aos incas e à invasão das Américas. Entre eles, se destacaram Tiawanaku (na atual Bolívia), Mochica, Huari, Nazca e Chimu (no atual Peru).

Existem evidências arqueológicas dessas civilizações bem mais antigas que a dos incas na região dos Andes. Os habitantes dessas regiões dedicavam-se principalmente à agricultura, com cultivos que remontam, comprovadamente, a milênios, como: amendoim — 8,5 mil anos; mandioca — 8 mil anos; pimenta, chili — 6 mil anos; feijão de qualidades diversas — 5 mil anos. De milhares de anos atrás, também vem o cultivo do grão produzido principalmente no altiplano boliviano e hoje altamente valorizado, a quinoa.

Descobertas também mostram que a domesticação de llamas e alpacas remonta a pelo menos 2,5 mil anos, servindo para alimento e lã. O milho e o algodão também eram cultivados antes da dominação inca e da posterior conquista dos europeus espanhóis.

O Museu Larco Herrera, em Lima, Peru, oferece um grande testemunho dessas civilizações andinas, com um acervo de mais de 45 mil objetos distribuídos em galerias, com exposições permanentes e de acordo com a cronologia das diferentes civilizações. Muitos itens têm mais de 10 mil anos e impressionam pelos produtos fabricados em ouro, prata, cerâmica, tecidos, ornamentos e outros, remetendo-nos às civilizações dos povos pré-incaicos e também dos incas.

1. CIVILIZAÇÕES PRÉ-INCAICAS

Tiawanaku — Foi um império pré-incaico que existiu entre os séculos III e XI d.C. Tinha uma economia baseada na agricultura, na arquitetura e na criação de gado. São famosos seus terraços irrigados, hoje comparados aos mais férteis dos kibutz de Israel. Tiawanaku situava-se no planalto do Collao, tendo em seu centro o sagrado Lago Titicaca, situado a mais de quatro mil metros acima do nível do mar, entre os atuais países do Peru, Bolívia, Argentina e Chile. Desta região, Tiawanaku irradiou sua influência tecnológica caracterizada especialmente por sua arquitetura, grandes pirâmides e esculturas. As construções citadas entre as mais importantes são: Kalassaya, Templo semi-subterrâneo, Pirâmide de Akapana, Porta do Sol e o Puma Punku.

Wari ou Huari — Foi uma civilização andina que floresceu no centro do Peru aproximadamente entre os séculos VII e XIII d.C. Chegou a expandir-se até os atuais departamentos peruanos de Lambayeque ao norte, Arequipa ao sul e a selva do Departamento do Cuzco, ao leste. Sua principal atividade era militar. Os huaris construíram importantes centros arquitetônicos e grandes centros religiosos, como o de Pachacá.

Nazca — A civilização nazca foi uma cultura pré-incaica que se desenvolveu no sul do Peru entre 300 a.C. e 800 d.C.. Ruínas notáveis dessa civilização são seus aquedutos subterrâneos presentes em pleno deserto. Da mesma forma, destaca-se a magnífica cerâmica policromada, normalmente enfeitada com motivos de animais.

O que até hoje desafia estudiosos das civilizações antigas, particularmente arqueólogos e historiadores, e impressiona visitantes, são os gigantescos geóglifos, produzidos no deserto próximo à atual cidade de Nazca.

Mochicas — Os mochicas, estabelecidos no norte do atual Peru entre 500 e 600 d.C., criaram a primeira sociedade estatal pré-colombiana do continente, 14 séculos antes do império incaico. A economia dos mochicas se baseava na agricultura de irrigação, transformando largas faixas de deserto em terras cultiváveis através da construção de canais de irrigação e aquedutos, utilizados até os dias de hoje. No artesanato, trabalhavam a cerâmica, a madeira, a pedra, o metal e a tecelagem. Foram pioneiros no uso de moldes para vasos de barro e também construíram templos religiosos. Os motivos do desaparecimento desse império ainda não foram desvendados, apesar das ruínas e estudos arqueológicos demonstrarem que foi uma nação extremamente guerreira.

Chimus — Última grande civilização pré-incaica, conseguiu sobreviver até 1456, quando foram vencidos pelos incas. No museu Larco Herrera, em Lima, pelo menos 30.000 peças preciosas pertenceram às civilizações mochica e chimu.

2. O IMPÉRIO DOS INCAS: APOGEU E DECADÊNCIA

Este Estado, criado pela família inca, dominou e se apropriou de uma série de civilizações andinas anteriores ao período de 1350, tornando-se o maior da América pré-colombiana na região dos Andes.

Os incas descendiam de um grupo étnico das montanhas do Peru que, após dominar seus vizinhos, teriam descido ao vale de Cuzco, onde conquistaram e dominaram povos da região. Ali fundaram uma primeira cidade-estado, posteriormente chamada Cuzco, que atingiu o seu ápice em 1430, marcando o início da estruturação do império.

Dirigidos pelo inca Manco Kapaj e dando continuidade a conquistas anteriores, os incas iniciaram a dominação dos povos vizinhos dos Andes, muitos deles descendentes de reinos pré-existentes como os waris, os chancas e os huancas nos vales do Peru e os lupacas e kollas de Tiawanaku, na atual Bolívia. Coube ao Inca Pachacuti, sucessor de Manco Kapaj, a organização final do reino de Cuzco como um império que foi chamado Tahuantinsuyo. A ele também se atribui a construção de Machu Pichu, como espaço de retiro de verão para sua família.

Tawantinsuyo

Esse era o nome do território dos Andes dominado pelo grande império dos incas, de idioma quíchua, quando os espanhóis chegaram ao Peru em 1532. Era um Estado que remontava ao ano de 1350, posterior às diversas civilizações mencionadas anteriormente.

Na etimologia da palavra, *tawa* significa quatro (n° 4); *ntin* significa grupo; *suyo* significa região. Tawantinsuyo significava, então, um reinado formado por quatro regiões ou territórios, denominados Suyos: Chinchasuyo (Norte), Antiusuyo (Leste), Contisuyo (Oeste) e Kollasuyo (Sul).

Cuzco, a capital do império, era considerada pelos incas como sendo o "coração" (segundo outros, o "umbigo") do mundo. Por essa cidade, passavam duas linhas imaginárias em diagonal: uma que ia de noroeste para sudeste e outra que ia de nordeste para sudoeste, em direção aos quatro Suyos.

Extensão e apogeu do império incaico

Em seu auge, que ocorreu no século XV, a região de Tawantinsuyo era habitada por cerca de 15 milhões de habitantes. Sua extensão era de 4,2 mil quilômetros de comprimento por 450 quilômetros de largura, o que dava uma superfície de 1,8 milhão de quilômetros quadrados. O território do império inca incluía a maior parte do Equador, do Peru e da Bolívia, o norte da Argentina e uma grande parte do Chile atual, até Santiago. O avanço para o Sul foi interrompido por causa da forte resistência das tribos Mapuches e Araucanos no Chile e dos Chiriguanos no oeste da Bolívia. Era também um mosaico de idiomas; calcula-se um total aproximado de 700, mas o idioma oficial era o quíchua e, depois dele, o aimará, dos kollas (em Tiawanaku).

Os incas não tinham escrita, mas um complexo sistema de informações que consistia em cordões coloridos, nos quais se faziam vários nós — os quipus. Através da cor e da quantidade de nós, eram registradas informações as mais diversas: produção de alimentos, número de habitantes do império, valor dos tributos e outros números importantes para a administração pública.

Organização do Império

O governo central era do Inca, imperador com poderes sagrados hereditários, localizado em Cuzco. Ele nomeava os quatro *Apus*, que eram os governadores dos quatro *Suyos*.

Cada *Suyo* era dividido em províncias, administradas por governadores chamados *Tukriq* e divididas em diversas regiões. O governo de cada região cabia a um *Curaca*, geralmente um antigo chefe da etnia conquistada. O *Curaca* era o responsável por manter a ordem local e organizar a *mita* (trabalho compulsório para o império como forma de imposto). Nas aldeias, chamadas *ayllus*, viviam os camponeses ou *llactaruna*, que, em troca do direito de trabalhar em sua terra, eram obrigados a cultivar as terras do Inca e a servir na *mita*. Com essa organização, que exigia uma complexa administração, o Inca era capaz de controlar rigidamente tudo o que acontecia na vasta extensão de seu território.

As mulheres jamais podiam aceder ao trono do Inca. Sabe-se, entretanto, que muitas delas tiveram bastante influência na condução do reinado. Ao assumir o trono, o *Sapa Inca* (o "único" Inca) tinha que se casar com uma de suas irmãs, que recebia o título de *Coya* (rainha), como mais uma forma de manter o governo dentro da família incaica. Assim, o Estado Inca era um império de uma família, não era uma nação.

```
INCA PACHACUTI (1438-1472)
            |
INCA TUPAJ YUPANQUI (1472-1493)
            |
INCA WAYNA KAPAJ (1493-1525)
        /              \
INCA HUASCAR (*)    INCA ATAHUALPA (**)
  (1525-1532)          (1525-1532)
```

(*) império no Sul: atual Peru, capital Cuzco;   (**) império no Norte: atual Equador, capital Quito.

Mita: organização do trabalho pelos incas

Como em qualquer império da história humana, o inca explorou os povos conquistados para manter-se e progredir, cobrando impostos de seus súditos. Porém, ao invés de ser em dinheiro, o imposto principal era pago com trabalho, através da *mita*.

A *mita* era um sistema de trabalho compulsório que obrigava todos os homens adultos, na idade de 18 a 50 anos, a trabalharem para o Estado durante quatro a seis meses por ano, podendo este período prolongar-se por até 10 meses por ano.

Para dar um só exemplo de como esse sistema de tributo realmente funcionava, basta lembrar que, posteriormente, quando os espanhóis prenderam o Inca Atahualpa, receberam, pelo resgate do imperador, a enorme soma de 1,5 milhão de pesos em ouro e prata, explorados das minas por seus súditos, um tesouro muito maior do que qualquer outro até então conhecido nas Índias Ocidentais e equivalente a meio século de produção desses metais preciosos na Europa!

Os mitimaes

O Inca separava grupos de famílias de suas comunidades e os transferia de povoados que lhe eram leais para povoados recentemente conquistados e, da mesma forma, transferia famílias de povoados revoltosos para comunidades que lhe eram fiéis. Esses grupos eram chamados de mitimaes (do quíchua *mitmac*) e a finalidade dessas realocações era a dominação e/ou a "tranquilidade" desses povos.

Nenhuma outra política afetou tanto a demografia e os conjuntos étnicos andinos como essa dos mitimaes. Chegou-se a afirmar que uma quarta parte da população do império foi reassentada. Foi comprovado, por exemplo, que grupos importantes de povos nativos foram levados do Equador até o norte de Potosí e a outras regiões da atual Bolívia.

A dominação inca, somada à obrigação do trabalho forçado da *mita*, suscitava muito descontentamento e, inclusive, rebeliões, mas essas eram rapidamente dominadas militarmente com violência, trazendo consequências sociais. Os revoltosos eram transformados em *yanaconas* (escravos), distribuídos entre os nobres do império e os *curacas*, chefes das aldeias.

Multidões eram mobilizadas pela *mita*

A construção e manutenção de caminhos, pontes, fortalezas, centros administrativos, templos e aquedutos, assim como a exploração de minas e o serviço militar do exército incaico, eram assegurados através de turnos de trabalho diferenciados que empregavam grande número de pessoas. Para dançarinos, músicos, carregadores do andor do Inca e outros, também existiam serviços especiais à base de *mita*.

a) As minas são uma das explicações da grande riqueza dos incas: 700 minas de ouro e prata foram exploradas nesse sistema.

b) Pontes suspensas foram construídas com o sistema da *mita* em cima de rios caudalosos. Nesses casos, inclusive as mulheres eram mobilizadas para tecer os *cables* — cordas de sustentação das pontes — a partir dos talos de capim que elas sabiamente trançavam.

c) Cidades inteiras foram erguidas à base de *mitas*, entre elas, Cuzco, Jauja e Cajamarca. Da mesma forma, foram construídos e mantidos os centros administrativos de cada um dos quatro *Suyos* do Tanwantinsuyo, assim como fortalezas, monumentos, aquedutos e outros.

d) O Caminho dos Incas, "la Red Caminera", era uma rede de estradas de mais de 30 mil quilômetros, construída em menos de 70 anos à base do sistema da *mita*. A rota principal, de aproximadamente 5,2 mil quilômetros, ia de Quito (Equador) ao norte do Chile, passando por Cuzco (Peru) e vinculando todas as cidades importantes da costa e da serra.

Todos os caminhos estavam conectados a Cuzco, a capital do Tawantinsuyo, o que facilitava enormemente a comunicação do governo central do Inca com os distintos povos anexados. Ao mesmo tempo, constituía um meio de integração política, administrativa, econômica, social, cultural e de controle militar. Foi essa rede de caminhos que, em grande parte, facilitou a conquista dos espanhóis nas invasões do Peru, Bolívia, Chile e dos pampas da Argentina.

Tambos e Chasquis. Ao longo das vias da *Red Caminera* do Tawantinsuyo se situavam os tambos, igualmente construídos através do sistema da *mita*. Tambos eram povoados onde se guardavam mantimentos e outros bens à disposição do Inca, de seu exército e da população local, funcionando também como postos de correio para os *chasquis*, mensageiros que se revezavam de tambo em tambo ao longo do Caminho dos Incas, para entregar mensagens oficiais entre as maiores cidades. Com esse sistema de revezamento, a velocidade na entrega de correio pelos *chasquis* chegava a cobrir aproximadamente a distância de 250 quilômetros por dia.

Serviços dos militares. No império incaico, o exército tinha como tarefa principal conquistar novos territórios para anexá-los e um forte papel na manutenção dos grupos étnicos recém-conquistados sob o domínio de Cuzco.

O Inca tinha um imponente exército que podia contar com até 40 mil homens, dirigidos por chefes com experiência. Era parte da tradição que os filhos dos imperadores incas liderassem o exército. Os soldados eram *mitayos* retirados de diferentes povos conquistados, mas não necessariamente assimilados ao império, o que punha em dúvida sua lealdade, situação que ficou claramente comprovada quando o Inca teve que enfrentar os conquistadores espanhóis em Cajamarca.

Os efeitos da prática da *mita* em todas as modalidades e o trabalho forçado que a caracterizava eram negativos para a saúde dos *mitayos*, além de desestruturar suas comunidades e famílias, pois prejudicava e até impedia o cultivo da terra familiar, tendo como resultado a fome que se espalhava entre as populações.

É importante lembrar que, posteriormente, os conquistadores espanhóis utilizaram o sistema da *mita* em grande escala, com efeitos ainda mais desastrosos sobre as populações indígenas.

Decadência do império inca

Em 1525, o Inca Wayna Kapaj ampliou o território do império, conquistando povos do norte do Equador e do sul da Colômbia, estabelecendo Quito como capital do norte. Morreu repentinamente, provavelmente de varíola transmitida pelos europeus, mas, antes de morrer, repassou o império a dois de seus três filhos. Para Huascar, o mais velho, entregou a parte sul (atual Peru), com a capital Cuzco. Para Atahualpa, o mais querido por ele e estimado pelos oficiais do exército, entregou a região do norte (atual Equador), tendo Quito como capital.

Os irmãos aceitaram por um tempo essa divisão, mas, após a morte do pai, desencadearam uma luta pelo poder único. Atahualpa, depois de uma guerra na qual teriam morrido cerca de 150 mil pessoas, derrotou Huascar e o fez prisioneiro.

Como será descrito mais adiante, quando Pizarro chegou com os espanhóis a Cajamarca, prendeu Atahualpa, que, com medo que Huascar se aliasse a Pizarro, mandou matar o irmão. Porém, pouco depois, o próprio Atahualpa foi morto pelo conquistador espanhol.

Assim desaparecia o último imperador inca. De um império que não era uma nação.

A centralização do poder estava em uma só pessoa, o Inca, e a fortaleza do império limitava-se à lealdade dos súditos. Essas características, aliadas à forma de organização do governo, fizeram o império incaico desenvolver grandes chances de ruir sob um impacto mais sério.

Foi o que aconteceu com a conquista dos espanhóis em 1532, como será visto a seguir. A estrutura hierárquica rígida e a autoridade centralizada desmoronou totalmente — e de uma vez só — quando o Inca Atahualpa foi aprisionado e morto.

A situação vivida foi particularmente trágica quando seu exército de mais de 30 mil homens presentes assistiu silenciosamente seu aprisionamento e sua execução pelos espanhóis. Esta visível passividade, que se manifestou após uma breve reação para defender seu rei e vingar a morte de algumas centenas de soldados índios, tinha explicação.

O império dos incas, tal como o dos astecas, era formado por povos menores invadidos e subjugados, dos quais se exigiam tributos, particularmente na forma de trabalho intenso e prolongado como a *mita*. Dessa forma, os batalhões do exército incaico eram formados por súditos *mitayos*, dos quais não seria de se esperar uma lealdade incondicional.

3. O NOVO ALVO DO DOMÍNIO ESPANHOL

Francisco Pizarro se encontrava no Panamá desde 1513, designado oficial e trabalhando para outros conquistadores. Em 1522, conheceu Pascual de Andagoya, um espanhol que tinha explorado terras ao sul de Castilla del Oro (atual Panamá) e que dizia ter conhecido um território chamado "Piru", ou "Biru" — o atual Peru — onde se localizava Cuzco, a capital do império inca. Apesar de não ter conseguido obter riquezas em sua própria expedição, Andagoya descrevia as terras dos incas como cheias de tesouros, o que despertou a cobiça de vários espanhóis.

Entre 1524 e 1526, a partir desses relatos, Francisco Pizarro organizou, com o oficial espanhol Diego de Almagro e o padre Herando de Luque, duas expedições em busca do Peru. Porém, apenas encontraram indígenas dominados pelos incas, além de objetos de ouro e outros bens. Na oportunidade, chegaram a prender alguns dos nativos encontrados para que futuramente servissem como intérpretes e retornaram a Castilla del Oro/Panamá.

Em 1529, Pizarro viajou à Espanha levando o ouro e outros materiais tomados dos nativos como prova da existência do império inca. Com ajuda da rainha, conseguiu do rei Carlos V a autorização para conquistar o Peru.

Em 1531, levando os títulos de Almirante e Governador e acompanhado por dois de seus irmãos, além de Almagro e do padre de Luque, Pizarro saiu do Panamá em dois barcos, com um pequeno exército de 168 homens, 27 cavalos e um canhão. Seu destino: o império inca.

Começa o genocídio nos Andes: A entrada de Pizarro no Peru

Em janeiro de 1532, Pizarro chegou a Tumbes, no vale de Chira, onde fundou Piura, a primeira cidade espanhola do Peru, com o nome de San Miguel, na qual construiu um forte onde permaneceram 60 homens, enquanto prosseguiria viagem a caminho de Cuzco para enfrentar o Inca.

Após uma viagem cheia de peripécias, uma situação especial favoreceu Pizarro. Os dois irmãos imperadores da família inca — Atahualpa e Huascar — haviam recém-concluído a guerra civil fratricida, na qual Huascar tinha sido aprisionado e Atahualpa saíra vencedor. As informações eram repassadas a Pizarro pelos índios que encontrava ao longo do caminho.

Para assegurar seu encontro com o imperador, Pizarro enviou seu irmão com presentes para ele. Doze dias depois, recebeu um convite do Inca para se encontrarem. Informado que o inca Atahualpa estava em Cajamarca, o governador partiu de Piura acompanhado de 110 homens de infantaria e 67 de cavalaria. Seguiam-no também alguns indígenas chimus, opostos ao Inca e que haviam ficado esperançosos de livrar-se dele graças aos espanhóis.

No dia 15 de novembro de 1532, depois de avançar pela costa e pela serra durante três meses, Pizarro entrou com seu séquito na cidade de Cajamarca. Logo ao chegar, o conquistador mandou seu irmão Hernando Pizarro e Fernando de Soto aos balneários do Inca para convidá-lo para jantarem juntos naquela noite, em Cajamarca. Era, porém, uma cilada que Pizarro armava, pensando prender o Inca em plena cerimônia.

O Inca se encontrava num jejum ritual, mas aceitou o convite, marcando-o para o dia seguinte. Então levantou suas tendas e empreendeu a marcha, acompanhado por sua guarda e vassalos de diferentes níveis de nobreza, além de uns 5 a 6 mil guerreiros sem armas.

O imperador inca é preso

Ao pôr-do-sol, a vanguarda da comitiva real entrou pela porta da cidade de Cajamarca, dirigindo-se, então, ao centro da praça, com o monarca carregado em um andor enfeitado com ouro maciço.

A praça estava defendida em seus três lados por filas de edifícios como se fossem salões com amplas portas de saída. Entre elas, Pizarro ocultou a cavalaria e a infantaria com as peças de artilharia. Somente 20 soldados ficaram por perto, à espera das ordens. Todos tinham recebido o comando de permanecer escondidos em seus postos e em silêncio até a chegada do Inca. O sinal de ataque seria um tiro de arcabuz, seguido por gritos de guerra.

Assim que o Inca Atahualpa chegou, o missionário Valverde, que acompanhava Pizarro, foi pedir-lhe que aceitasse ser batizado e reconhecesse a supremacia do rei da Espanha. Com os olhos cintilantes, o Inca negou-se e respondeu: "Não quero ser tributário de nenhum homem".

Então Pizarro agitou uma bandeira branca e o tiro fatal de arcabuz foi dado. Saindo dos grandes salões em seus imponentes cavalos, armados de lanças, invadiram a praça com a cavalaria e a infantaria. Com gritos e disparos, arrojaram-se em meio à multidão de índios que, colhidos de surpresa, estarrecidos pelo ruído da artilharia, cujos ecos zumbiam como trovões, encheram-se de terror, sem saber como fugir. Nobres e plebeus caíam sob os pés dos cavalos, cujos ginetes davam golpes para todo lado, enquanto a infantaria lutava com suas brilhantes espadas. Não houve resistência, pois nem tinham armas com que lutar.

Atahualpa foi preso e levado pelos soldados a um dos edifícios. Pizarro ordenou que o Inca fosse tratado com todo o respeito que era devido a um monarca e sua família. No dia seguinte, mandou que os índios limpassem a praça e enterrassem os mortos e enviou uma parte da cavalaria ao balneário, para ter noticias sobre o exército do Inca (constatando que a maioria dos soldados tinha fugido). Os ginetes saquearam a residência do imperador e voltaram carregados de ouro e prata.

Ouro e prata: fome e sede dos espanhóis

Atahualpa percebeu logo no início que o ouro e a prata eram o desejo, a fome e a sede dos espanhóis. Então, o Inca prisioneiro decidiu aproveitar-se disso para tentar conseguir sua liberdade, dizendo a Pizarro que se quisesse libertá-lo, ele se comprometia a encher de ouro e prata o quarto onde estava detido. Era um quarto que media 3 metros de largura por 7 de comprimento e 3 de altura. Pizarro aceitou e mandou um escrivão tomar nota dos termos do tratado. Assim que este pacto se realizou, o Inca despachou *chasquis* (mensageiros) a Cuzco e outras cidades principais, com a ordem de transladar imediatamente a Cajamarca todos os ornamentos e utensílios de ouro dos palácios reais, dos templos e dos demais edifícios públicos.

O Inca Huascar, irmão de Atahualpa, ainda estava preso em Andamarca desde o ano anterior, quando tinha sido vencido na guerra civil entre os dois irmãos. Sabendo do ocorrido em Cajamarca, Huascar ofereceu a Pizarro o dobro do que lhe havia oferecido Atahualpa como resgate por sua vida e libertação.

Atahualpa, sabendo disso e com receio de que Pizarro se entendesse com Huascar, mandou seus nobres matarem seu irmão. A ordem foi imediatamente executada, mas esse acontecimento tornou-se mais um motivo para a execução de Atahualpa, a quem Pizarro só pensava utilizar para seus fins de conquista.

A meta: chegar a Cuzco

Acreditando que na capital encontrariam muito mais ouro que os habitantes poderiam ocultar, alguns dias depois dos eventos em Cajamarca, a maioria das forças de Pizarro desejava sair da cidade e marchar diretamente a Cuzco.

Mas... o que fazer com Atahualpa? Se o Inca acompanhasse os espanhóis na subida a Cuzco, poderia suscitar rebeliões de índios ao longo do caminho, o que era preciso evitar a qualquer preço. Então, Pizarro organizou um tribunal militar para julgar Atahualpa, que foi condenado à morte, apesar do tratado anteriormente assinado entre monarca e conquistador. No dia 29 de agosto de 1533, o Inca foi morto, afogado na praça de Cajamarca. Assim pereceu o último dos Incas, como se fosse um vil malfeitor. Como escreveu Prescott (1967, p. 308), isso comprovava que "do princípio ao fim, a política dos conquistadores espanhóis para com essa sua vítima levou o selo da barbárie e da fraude".

O essencial: apropriar-se o quanto antes do império

Pizarro sabia que o essencial era apropriar-se do império o quanto antes e que, tardando sua subida a Cuzco, poderia perder seus tesouros. Por isso, sem mais demora, determinou a distribuição, entre ele e todos os soldados do exército, do tesouro acumulado por Atahualpa, após reservar o quinto (20%) para a Coroa Espanhola.

Com o tesouro repartido e Atahualpa morto, já não havia motivos nem obstáculos para empreender a marcha para Cuzco, na qual os espanhóis seguiram o grande Caminho dos Incas que se estendia entre as elevadas regiões montanhosas das cordilheiras até a cidade capital.

A primeira grande parada foi em Jauja, importante cidade-tambo de 10 mil habitantes situada no Vale do Mantaro. Era uma cidade do Inca com função de tambo (armazém e estação dos *chasquis*) e, por esse motivo, provida de todos os materiais necessários para atender ao exército do Inca. Pizarro decidiu descansar ali durante alguns dias. Fundou uma colônia espanhola nesse lugar e transformou Jauja na primeira capital espanhola do Peru.

Depois de ter propiciado descanso para as tropas e se municiado de mantimentos dos armazéns locais dos incas, Pizarro continuou sua marcha, levando consigo o príncipe Manco, irmão menor dos imperadores Atahualpa e Huascar. Dessa forma, o governador tinha certeza da calma da população ao longo do caminho.

Finalmente... Cuzco!

Situada no centro da região sudeste de Huatanay, o Vale Sagrado dos Incas, no Vale de Urubamba, a 3,4 mil metros acima do nível do mar, Cuzco era o mais importante centro administrativo e cultural do Tawantinsuyo. Magnífica pelas fortalezas de pedra que a cercavam e até hoje permanecem, como Machu Pichu e Saksahuamán, em Cuzco, várias mansões e templos continham e eram enfeitados com muito ouro.

Por seu esplendor, uma cidade com mais de 100 mil habitantes, Cuzco foi motivo de estupefação para os conquistadores que ali chegaram em 1534. Pizarro dirigiu-se com seu séquito diretamente à praça e deu ordem a seus soldados de respeitar os familiares dos incas e os edifícios, mas não foi o que aconteceu.

Deslumbrados pela riqueza da cidade, os soldados saíram rapidamente da surpresa e do estupor e começaram a saquear o Templo do Sol. Lutando uns contra os outros, levaram joias, imagens, utensílios de ouro e o que mais encontravam. Foi um motim considerável. Logo a seguir, exigiram que os índios procedessem à fundição do ouro saqueado. Era preciso converter o metal em barras para facilitar sua distribuição e transporte. Tal como ocorreu em Cajamarca, após separar o "quinto", ou 20% do total recebido como tributo que deveria enviar à Espanha, o montante foi repartido entre todos.

Uma "entronização" que não vingou

No dia seguinte à sua chegada, na presença de grande parte da população, Pizzaro apresentou ao público como seu assistente o Inca Manco Kapaj, irmão de Atahualpa, que o acompanhara desde Jauja, mas a manobra de ter um "Inca-Fantoche" não foi útil a Pizarro. Alguns dias depois, ajudado por aliados, Manco Kapaj esquivou-se da guarda dos soldados espanhóis que o mantinham prisioneiro e se evadiu da cidade.

Fora de Cuzco, com a ajuda de alguns comandantes do exército de Huascar, Manco Kapaj iniciou uma grande rebelião e conseguiu colocar a cidade de Cuzco em estado de sítio durante vários meses. O exército inca quase venceu o exército espanhol mas, quando começaram a faltar alimentos para a tropa, sem condições de manter o estado de sítio frente à superioridade militar espanhola, Manco Kapaj retirou-se à cidade de Tambo, onde foi perseguido e morto.

Alguns anos depois, outro descendente Inca, Tupaj Amaru I, realizaria um último levante, na cidade de Vilcabamba. Porém, ele também foi vencido, tomado preso e executado na praça de Cuzco em 1572. Era o fim da dinastia imperial incaica.

Começa o vice-reinado do Peru

Com a entrada definitiva dos espanhóis em Cuzco, em 1534, terminou a conquista militar encabeçada por Francisco Pizarro e deu-se inicio ao assentamento colonial da área até então denominada Tawantinsuyo pelo império inca.

Novas leis foram redigidas e, em 1542, a região começou a fazer parte do vice-reinado do Peru. A seguir, Pizarro começou a organizar o governo municipal de Cuzco, dando-lhe o formato que tinham as cidades da

Espanha: nomeou dois prefeitos e oito regedores, que foram juramentados em praça pública. Desta forma, anunciava aos indígenas que, mesmo que ainda conservassem algumas imagens de suas antigas instituições, o verdadeiro poder agora estava nas mãos dos conquistadores.

Convidou então os espanhóis a se estabelecerem na cidade e ofereceu-lhes terras e casas, incluindo a ocupação dos palácios e edifícios dos Incas. Mais de um espanhol que, em seu país, não tinha nem um lugar onde descansar, de repente se viu proprietário de uma mansão espaçosa.

Termina a Era Pizarro

O governador Pizarro logo instalou o sistema habitual da *encomienda*, utilizado anteriormente no Caribe e no México. Para tanto, repartiu índios entre conquistadores de seu exército, dando preferência aos que já estavam na posse de alguma mina, a fim de promover a exploração de ouro e prata.

Porém, a luta por poder e riqueza ocasionou conflitos entre os três irmãos Pizarro e também com Almagro e seus capangas. Em consequência desses conflitos, Pizarro foi assassinado em 1541.

Uma guerra civil sucedeu a esse episódio e a estabilidade do regime colonial foi abalada. Em resposta, foi criado o vice-reinado do Peru. Após alguns anos de disputa entre os administradores da colônia, em 1669, Pedro Alvarez de Toledo assumiu o posto de vice-rei por nomeação direta do rei da Espanha.

Começa a Era Toledo. Lima é a nova capital

Lima, a cidade que Pizarro havia criado em 1535 como "Cidade dos Reis", tornou-se a capital do vice-reinado em lugar de Cuzco, capital do ex-império inca. Com jurisdição sobre toda a América espanhola, logo se tornou uma poderosa cidade. Todas as riquezas coloniais devidas à Coroa espanhola passavam por Lima, no caminho das embarcações que iam até o istmo do Panamá e de lá seguiam para Sevilha, na Espanha.

> Entre 1503 e 1660, desembarcaram no porto de Sevilha 185 mil quilos de ouro e 16 milhões de quilos de prata. A prata levada para a Espanha em pouco mais de um século e meio excedia três vezes o total das reservas europeias. E essas cifras não incluem o contrabando (GALEANO, 2010, p. 43).

Reestruturação da Colônia

O vice-rei Toledo, seguindo o modelo de organização territorial da Espanha, dividiu a região conquistada em províncias, cada uma com seu próprio governador.

Para os índios, Toledo criou as *reducciones* — pequenos povoados que reuniam aproximadamente 500 famílias sob a autoridade de um *curaca*. O vice-rei tinha, assim, um censo completo e permanente da população indígena e um meio de controle preciso para recolher o pagamento de tributo de cada um e para utilizar amplamente a *mita*, como forma de mão de obra compulsória.

Apesar de ser conhecido por sua personalidade arraigada aos princípios morais cristãos da reforma protestante, Toledo atuou de tal forma que chegou a ser considerado "o exterminador" dos índios da Colônia do Peru, devido ao uso amplo e rígido que fez da *mita*, que mudou por completo a vida dos índios da colônia espanhola.

A descoberta das minas de prata de Potosí representou um dos acontecimentos mais importantes da história americana. Durante muitos anos, esta vila foi o coração econômico, a "joia do império", que enriqueceu substancialmente a Coroa ao tornar-se o principal centro produtor de prata da América durante o período colonial.

Ao mesmo tempo, a prática da *mita*, herdada dos incas e instaurada pelos espanhóis a partir da descoberta das minas de Potosí, trouxe efeitos devastadores e contribuiu significativamente para a desestruturação de numerosas comunidades indígenas e para o declínio da população nos Andes.

A escravidão pela *mita*

Os espanhóis adaptaram e ampliaram ao extremo a exploração da mão de obra utilizada pelo império inca e o vice-rei Francisco de Toledo foi um dos principais mentores da *mita* como "modelo de recrutamento" para a exploração das minas.

A cada ano, cerca de 50% dos indígenas homens de cada distrito eram deslocados de suas respectivas comunidades e enviados a regiões de extração de minérios, sobretudo prata e mercúrio, ou de agricultura sazonal, geralmente por um prazo de 4 a 6 meses, podendo chegar até 10 ou 12 meses. Na chamada Mita de Potosí, por exemplo, das 30 províncias do vice-reinado e de mais de 10 grupos étnicos diferentes, todos os anos, mais da metade dos homens com idade entre 18 e 50 anos, aptos ao trabalho, eram recrutados compulsoriamente e deslocados para o trabalho na mina.

Conforme censo realizado pelo governo da Espanha, a cada ano aproximadamente 13,5 mil homens eram enviados a Potosí, sem contar os mitayos de Huancavelica e outros. Pelo menos 4,5 mil *mitayos* eram recrutados a cada quatro meses para trabalhar nas minas de Potosí, em alguns lugares mais, outros menos, completando, anualmente, o número de 13,5 mil *mitayos*, o total projetado pelo vice-rei Toledo (MESA et al., p. 142, 2001).

As minas de Potosí

Situadas no atual estado de Potosí, na Bolívia, as minas localizam-se no Cerro de Potosí, também chamada Cerro Rico ou *Sumaj Orko* (em quíchua). Isolada no altiplano da Bolívia, entre 4 e 5 mil metros de altura, esta montanha tem cinco quilômetros de contorno e o formato de um cone perfeito.

As jazidas de Potosí foram descobertas casualmente, em 1545, por um indígena chamado Hualpa. Nesse mesmo ano, foi registrada uma primeira mina que o espanhol Juan de Villarroel chamou de Descoberta.

Essa montanha de prata é uma rocha cuja massa interior estava impregnada de materiais metálicos em todas as direções. Continha metais de chumbo, estanho, cobre, ferro, mas o que a caracterizou foi, principalmente, grande abundância de metal de prata.

O problema de Potosí estava principalmente em sua altitude de mais de 4 mil metros. Começar a produção supunha levar a colonização ao lugar mais elevado do mundo americano, uma zona desolada e fria, onde ainda não vivia ninguém.

Apesar disso, ao final do século XVIII, Potosí contava com cerca de 5 mil bocas de mina, produzindo anualmente 250 a 300 mil *marcos* (medidas) de prata.

Exploração igual em momentos diferentes

Os primeiros anos que se seguiram à descoberta do Cerro de Potosí, em 1545, representaram um período de extração realizada com o minério de mais alto teor. Praticamente retirava-se prata pura nos veios mais ricos que se situavam a céu aberto ou a uma profundidade pequena.

Essa característica predominou na primeira fase, de 1545 até 1564. Sob a exploração de um *encomendero* e "seus" índios, utilizava-se uma tecnologia rudimentar, a *guaíra*, sistema tradicional que consistia em levar os minérios de alto teor ao fogo, atiçando-o com foles para garantir o derretimento.

Os índios realizavam o trabalho da *guaíra* junto a fornos de pedra ou de barro que ficavam nas encostas do Cerro de Potosí, próximos aos veios e bocas de mina. O combustível para a queima eram palhas e lenhas da região e de vales próximos.

Posteriormente, o forno recebeu uma chaminé, para manter a vivacidade do fogo aproveitando os fortes ventos da região potosina, o que facilitava a queima do minério e permitia eliminar os foles manuais. No auge da exploração, quando ainda existiam minérios ricos, Potosí chegou a contar com mais de seis mil fornos. Em 1569, com a chegada do vice-rei Francisco de Toledo, a reorganização da produção de prata através da *mita* tornou-se uma realidade, em grande parte graças às medidas de caráter administrativo.

"A América era então uma vasta boca de mina centralizada, sobretudo, em Potosí", diz Eduardo Galeano (2010, p. 43), onde a produção foi acelerada, principalmente, pela introdução de uma técnica de refinamento do minério para aproveitar minerais com baixos teores de prata que tinham se acumulado como dejetos amontoados ao pé do Cerro, chamados de desmontes. O novo método de purificação da prata foi implantado a partir de 1570 com a introdução do "amálgama de mercúrio" copiado da mina de Huancavelica, aumentando consideravelmente a produção de prata em Potosí.

Os *mitayos*

Mitayos era o termo utilizado para designar aqueles que trabalhavam nas minas. Eram índios obrigados a longos deslocamentos e transladados compulsoriamente a Potosí. Por vezes acontecia de serem amarrados com correntes de metal para não escaparem. Os *mitayos* chegavam a caminhar até mais de 1,5 mil quilômetros para alcançar o Cerro de Potosí. Para não morrerem de fome no caminho, alguns levavam suas lhamas com mantimentos e alguns também levavam consigo suas famílias, mas, durante o trajeto, não eram poucos os que não resistiam e desfaleciam, vindo a morrer.

Só no ano de 1777, mais de 30 mil *mitayos* foram deslocados de distâncias entre 150 e 1,2 mil quilômetros para trabalharem nas minas de Potosí e Huancavelica (FISHER, 1966, p. 7). Mais de 50 mil indígenas habitavam Potosí em condições infra-humanas durante seis ou mais meses por ano, enquanto as *reducciones* (povoados) se esvaziavam de homens, ali continuando mulheres, crianças, idosos e doentes.

As mulheres que permaneciam nas *reducciones* faziam tudo o que era possível para sustentar as famílias, sendo, muitas vezes, assediadas para trabalhar em benefício dos conquistadores, inclusive nas propriedades e nos *obrajes* (centros de manufatura têxtil).

Chegando às minas...

Nas minas, os *mitayos* eram divididos por diferentes tipos e locais de trabalho: no socavão — interior da mina; na manutenção das lagoas para as máquinas hidráulicas que moíam o mineral; e no trabalho dos engenhos para amalgamar a prata com mercúrio e outros metais. Os que entravam no interior da mina, só saíam no final da semana, quando recebiam um pagamento mínimo de seus respectivos caciques, a mando do conquistador. Fora do socavão, o trabalho era movimentar enormes eixos de madeira dos engenhos ou dedicar-se a moer a prata e depois fundi-la.

A maioria dos mitayos era composta por *barreteros*, os mais especializados, que utilizavam barras e picaretas para conseguir o mineral e tinham direito a melhores salários; e por carregadores, empregados no carregamento do material encontrado no interior da mina.

Os índios tinham que trabalhar até 15 horas por dia, cavando túneis e extraindo o metal com as mãos ou com a ajuda de uma picareta, de cuja ponta saltava o mineral. A seguir, à luz de vela e através de escadas rudimentares, esse metal era levado para cima, carregado nas costas. Desabamentos e outros acidentes eram frequentes, resultando na morte de centenas de trabalhadores, cujos corpos eram depois retirados do interior da mina. Outros, saíam com as pernas ou a cabeça quebradas.

Por lei, os *mitayos* deviam ser pagos, porém a situação real era bem outra. Por um lado, os muitos que adoeciam por causa do excesso de trabalho, da insalubridade causada pela ausência de luz, da pouca ventilação e das dificuldades de locomoção dentro dos veios, eram despedidos. Por outro, os responsáveis pelos *mitayos* arrumavam motivos para deixá-los endividados, de tal forma e a tal extremo que, no momento de receber seu pagamento, não tinham excedente para pagar sua dívida, devendo então continuar a trabalhar para pagá-la, muitas vezes, até a morte.

De acordo com Fisher (1966, p. 8), mais de oito milhões de índios pereceram nas minas durante o período colonial.

Huancavelica: mercúrio valendo mais do que a vida

Apesar de ser menor em tamanho, a mina de Huancavelica foi fundamental para a produção da riqueza em Potosí e também no México, porque dela se extraía o mercúrio necessário para a purificação da prata, o que fez com que o Peru se tornasse um dos centros mais importantes de produção de prata no mundo durante o tempo do vice-reinado. Entre 1724 e 1726 foram produzidos 2.757 quintais (27.570 quilos) de mercúrio por ano, uma produção muito maior do que a que se conhecia então nas minas de mercúrio de toda a Europa.

Sem sombra de dúvida, Huancavelica foi a mina mais perigosa de todas. A rocha que envolvia o minério era instável, os desmoronamentos eram comuns e a mina estava impregnada de gases venenosos, o que tornava particularmente perigoso o trabalho em seu interior.

A refinação do mercúrio também apresentava vários perigos, dois dos quais eram especialmente graves: em primeiro lugar, a trituração das pedras produzia muito pó, o que inevitavelmente provocava pneumonia; em segundo lugar, os trabalhadores ficavam expostos ao envenenamento por mercúrio em outros estágios da amalgamação, especialmente na fusão deste metal com o minério, quando os índios pisavam na mistura com os pés descalços, e na destilação do mercúrio a partir de uma técnica chamada *pella*.

Um *mitayo* de Huancavelica era afortunado quando conseguia sobreviver a dois meses de trabalho na mina de mercúrio. Ali trabalhavam até 3,3 mil índios sob o sistema compulsório da *mita*. Conforme uns iam morrendo, os *curacas* buscavam outros.

Obrajes

Além da produção nas minas, o sistema da *mita* também foi utilizado em outros tipos de produção. O primeiro *obraje* de que se tem notícia no Peru foi instituído em 1545 por Antonio de Ribera.

O termo *obrajes* refere-se a centros laborais criados para a manufatura têxtil, de fios de lã e algodão. Havia *obrajes* nos quais era possível operar, simultaneamente, mais de 12 teares. Neles se elaboravam bolsas, redes, mantas e outros tipos de tecidos. As peças que eram produzidas naquele tempo demostram o avanço que as comunidades andinas tinham nessa atividade.

Mulheres, homens e até crianças indígenas trabalhavam naquele tipo de produção, num rígido e extenso horário de trabalho de sol a sol, durante 312 dias por ano. Presos no galpão, os trabalhadores e trabalhadoras dos *obrajes* eram submetidos a um ritmo acelerado, sendo açoitados ou torturados se, ao final do dia, não tivessem terminado as tarefas atribuídas, ou quando cometiam erros na tecelagem. Mesmo assim, alguns *mitayos* chegaram a trabalhar em *obrajes* por até 40 anos.

ABYA YALA!

Devido ao ambiente insalubre, à falta de ventilação e à péssima alimentação que recebiam, muitos morriam por exaustão, fome ou doença. Vários deles morriam mesmo antes de receber o pagamento ao qual tinham direito por lei (FISHER, 1966, p.9).

4. O COLAPSO DEMOGRÁFICO DOS POVOS ORIGINÁRIOS

O impacto demográfico da conquista foi esmagador, tanto em sua velocidade quanto em suas dimensões, como demonstra o historiador Villanueva Sotomayor (apud CUNTI, 2006, p. 450):

> Tudo indica que o Tawantinsuyo tinha, em 1500, antes da chegada dos espanhóis, 15 milhões de habitantes. Nos tempos da colônia, a diminuição da população indígena foi drástica, pois em 1620 chegava somente a 600 mil habitantes. Ou seja: no espaço de apenas 88 anos (1532 a 1620), havia 14 milhões a menos no mesmo território.
>
> Em média, a diminuição de indígenas foi assim: — por década, 1.655.1762 habitantes; — por ano: 165.515 habitantes; — por dia: 453 habitantes. Tudo isto, sem levar em consideração o crescimento vegetativo da população. Os direitos dos índios não foram considerados por nada.

Estes dados dão, aproximadamente, no que vemos no seguinte quadro:

Ano	Habitantes indígenas
1532	15 milhões
1550	12 milhões
1570	9 milhões
1580	6 milhões
1600	3 milhões
1620	1 milhão

Diferentemente do que aconteceu no México, as doenças transmitidas pelos espanhóis e as epidemias tiveram menos impacto na população do altiplano. O principal fator responsável por dizimar a população dos Andes Centrais foi o trabalho da *mita* nas mais de 70 minas exploradas, que causaram exaustão, fome e mortes. Josua Conder (in GALEANO, 2010,

p. 63), assim como Fisher (1966), afirma que "em três séculos, a montanha rica de Potosí apagou (...) 8 milhões de vidas".

Resistência Indígena

Os abusos terríveis da Coroa espanhola não eram aceitos pelas populações indígenas. Desde a vitória dos espanhóis sobre os incas, várias rebeliões mostravam seu descontentamento com os conquistadores.

Era extremamente difícil para as populações nativas organizarem levantamentos durante o período colonial, devido ao controle da população através das *reducciones* sob a autoridade do *curaca*, à contagem permanente de indígenas através da *mita* e à presença contínua das tropas espanholas no território ocupado.

No final do século XVII, os excessos e maus tratos cometidos tiveram como resposta grandes rebeliões dos indígenas da Bolívia e do Peru. As mais importantes foram a de 1780, comandada por Tupaj Amaru e a de 1783, comandada por Tupaj Katari. Centenas de milhares de vidas foram ceifadas nessas rebeliões, mas, pode-se dizer que não foram em vão, pois, a partir de então — finalmente! — a Coroa espanhola eliminou oficialmente os *repartimientos* e a *encomienda* e, como consequência, sua terrível *mita*.

Porém, a verdadeira libertação dos indígenas ainda seria um longo caminho a ser percorrido, inclusive depois da independência da Bolívia, do Peru e Equador, quando os países começaram a ser dirigidos por *criollos* e mestiços.

É importante, no contexto da resistência indígena no tempo da colônia, entender a diferença entre as rebeliões de Amaru e Katari, particularmente de acordo com a finalidade que teve cada uma delas:

- a de Tupaj Amaru foi um sonho de retornar ao império inca;
- a de Tupaj Katari foi a expressão clara de uma vontade de retomar a vida dos povos quíchua e aimará que não se submeteram ao jugo da Coroa espanhola, assim como nunca aceitaram a dominação anterior do império dos incas.

Tupaj Amaru

José Gabriel Condorcanqui (Tupaj Amaru) tinha uns 40 anos de idade quando iniciou sua rebelião. Era descendente do Inca Tupaj Amaru I, o último membro da família incaica. Nessa condição, tinha conseguido direitos especiais da Coroa da Espanha, que o nomeou cacique da província de Tinta. Como funcionário da colônia espanhola, recebia salário e era responsável por recrutar *mitayos* para as minas de Potosí, realizar o *repartimiento* dos índios recrutados e cobrar os impostos. Além disso, Tupaj Amaru tinha uma empresa de transporte com 350 mulas (divididas em 10 grupos de 35) que carregavam prata e mercadorias de Potosí para Lima e vice-versa. Também era proprietário de uma grande fazenda de cacau.

Em 1776, o território da colônia dos Andes foi dividido em dois. A Coroa espanhola criou o vice-reinado de La Plata, com sede em Buenos Aires, paralelo ao vice-reinado do Peru, que tinha sua sede em Lima. Potosí foi então enquadrada nos limites da nova região de La Plata. Para Tupaj Amaru, esse fato significou perder sua principal fonte de renda, com a falta de demanda para o transporte. Baseado em seus direitos de descendente de Inca, ele reclamou mais terras ao rei, mas seu pedido foi negado, o que o teria levado à ruína.

Então, Tupaj Amaru iniciou uma rebelião contra a administração colonial, contando com o apoio das populações indígenas superexploradas pelos espanhóis. Seu objetivo era claro: reestabelecer o governo Inca. Com muitas promessas, logrou contar com aproximadamente 100 mil seguidores, entre índios e mestiços. Nesse levante, conseguiu dominar grande parte do território do Peru.

Entretanto, a imensa desigualdade de poder em armas o conduziu irremediavelmente ao fracasso. Após numerosas batalhas, Tupaj Amaru foi preso e morto em praça pública com sua esposa, a espanhola Micaela Bastidas, no dia 18 de maio de 1781.[5]

Tupaj Katari

Paralelamente à rebelião de Tupaj Amaru no Peru, um levante no território da atual Bolívia (1780-1783) foi liderado por Julián Apaza (Tupaj Katari). Nascido em 1750 no *ayllu* de Ayo-Ayo, perto de La Paz, tornou-se um líder kolla do altiplano boliviano, de onde provinha a maioria dos índios e índias levados às minas de Potosí e Huancavelica e também aos *obrajes*.

Seu pai tinha sido um dos *mitayos* mortos por causa das condições infra-humanas da *mita*. Apaza também foi recrutado como *mitayo* e sentiu na própria carne os sofrimentos de seus companheiros índios. Concluindo

---

5 Esse processo foi largamente estudado e publicado por Boleslao Lewin em *La rebelión de Tupaj Amaru y los orígenes de la independencia de hispano América* e por Lilian Estelle Fisher em seu livro *The Last Inca Revolt* (1966).

o serviço da *mita*, dedicou-se à profissão de vendedor ambulante, realizando contínuas viagens pelas regiões do altiplano. Suas ocupações lhe permitiram entrar em contato com as populações de diferentes províncias e preparar, pouco a pouco, a futura rebelião, com o apoio permanente de sua esposa Bartolina Sisa e de sua irmã Gregoria Apaza. Foi ao conhecer Tupaj Amaru que Julián Apaza mudou seu nome para Tupaj Katari (Serpente Soberana).[6]

Mais de 100 mil índios apoiaram o levante de Tupaj Katari e aproximadamente 10 mil formaram seu exército. Em 1783, após ferrenhas batalhas, e devido a problemas que incluíram traições de autoridades espanholas, o exército de Tupaj Katari foi vencido. Como castigo, ele foi esquartejado em praça pública. Partes de seu corpo foram penduradas em povoados e sua cabeça foi exposta na cidade de La Paz. Com ele também foram mortas sua esposa Bartolina Sisa e sua irmã Gregoria Apaza. Antes de ser morto, Tupaj Katari gritou: "Hoje vocês me matam, mas eu ressuscitarei e serei milhões".

O ruído das armas parecia ter apagado seu grito pela libertação de seus irmãos e irmãs indígenas; na verdade, esse grito se tornou realidade quase 200 anos depois, quando da criação do Estado Plurinacional da Bolívia, em 2005.

5. SOBREVIVÊNCIA

Os indígenas da Bolívia, Peru e Equador sobreviveram ao genocídio causado pela conquista espanhola resistindo ao longo dos anos, buscando diferentes maneiras de continuar sobrevivendo e, principalmente, de retornar ao seu conceito de bem-viver (*buen vivir*), desenvolvendo a convivência harmoniosa entre os seres humanos e a Natureza, a Pachamama, Mãe Terra.

De acordo com o relatório da CEPAL (2014), nos dias de hoje os indígenas representam aproximadamente 62% da população da Bolívia, 24% da população do Peru e 7% da população do Equador. As organizações indígenas desses países são as principais protagonistas de sua sobrevivência. Nos três países, essas organizações buscam a defesa das nacionalidades indígenas frente à situação econômica, social, cultural e política. Defendem o direito à autogestão dos territórios étnicos, a conservação dos traços culturais da identidade indígena e a plena equiparação dos indígenas em relação aos demais cidadãos e cidadãs do país. Além disso, insistem

---

6 Marcelo Grondin, em seu livro Tupaj Katari y la rebellión campesina de 1781-1783, descreve com detalhes a história e o significado da rebelião de Tupaj Katari e sua diferença da de Tupaj Amaru, no que diz respeito à causa indígena nos Andes.

particularmente na necessidade de preservar o território, cada vez mais invadido por empresas do agronegócio, mineradoras e outras.

A Coordenação Andina de Organizações Indígenas (CAOI) foi criada como uma instância de coordenação das organizações andinas da Bolívia, do Peru, do Equador e da Colômbia. Essa instituição tem como principal objetivo o exercício dos direitos dos povos indígenas, particularmente sua autodeterminação enquanto povos nativos, com direito a seus territórios, a consulta e consentimento prévio em relação a demandas novas, e contra a criminalização dos movimentos, organizações e comunidades e a militarização dos territórios.

No Peru

Hoje, de acordo com o censo do Vice-Ministério de Interculturalidade do Peru, existem 55 povos originários, destacando-se, entre eles: Achuar, Aymara, Ashaninka, Awajún, Cashinahua, Chamicuro, Chanca, Esse ejja, Huanca, Iñapari, Jaqaru, Kíbaro, Kixchwa, Madija, Amaijki, Matsés, Matsingenjka, Murui-muinami, Momatsingenga, Nahua Ocaina, Omagua, Quechuas (cañaris, chankas, chopcas, huancas, haylas, kana, q'eros) Resígaro, Secoya, Shipibo-konibo, Shiwilu, Tijuna, Urarina, Uro, Yaminahua, Yanesha, Yhine e Wari.

Estas nações estão articuladas através de diferentes organizações nacionais:

- Confederação Nacional Agrária (CNA);
- Confederação Camponesa do Peru (CCP);
- Organização Nacional de Mulheres Indígenas Andinas e Amazônicas do Peru (ONAMIAP);
- Central Única Nacional de Rodadas Camponesas do Peru (CUNARCP);
- União Nacional de Comunidades Aymaras (UNCA);
- Federação Nacional de Mulheres Camponesas, Artesãs, Indígenas, Nativas e Assalariadas do Peru (FENMUCARINAP).

Por ocasião da COP20 sobre mudanças climáticas, realizada em Paris em 2015, essas organizações agruparam-se num Pacto de Unidade. Com isto, as nações originárias decidiram destacar, além da agenda nacional oficial, que contempla oceanos, bosques, geleiras, montanhas e segurança hídrica, energias renováveis e cidades sustentáveis, outros favores que os povos indígenas consideram fundamentais: territórios saudáveis, ecossistemas sustentáveis, saúde e soberania alimentar.

Esse Pacto não deixa de ser uma mostra da concepção avançada que as nações indígenas, aprofundando os saberes que trazem de seus ancestrais, têm acumulado em relação ao que diz respeito à sobrevivência da humanidade e da natureza.

No Equador

Vinte e três nacionalidades indígenas situam-se hoje nas três principais regiões do país:

- litoral: awa, chachi, epera, tsa'chila, manta, huancavilca, puná;
- região serrana: karanki, natabuela, otavalo, kayambi, kitukara, panzaleo, chibulero, salawaca, kichwa, tungurahua, waranca, puruhá, kañari, saraguro;
- Amazônia: a'i cofán, secoya, siona, huaorani, shiwiar, zápara, achuar, shua.

Os *kichwas* (quíchuas) estão presentes em todas as regiões do país e seu idioma é o mais falado. Também existem algumas populações da Amazônia que vivem voluntariamente sem contato com a sociedade nacional.

As organizações indígenas são muitas e diversificadas e transitam do âmbito local ao nacional, empenhadas na defesa de seus territórios, melhoria da produção e da renda, tanto no trabalho da terra quanto no artesanato, além de tratar de questões sociais e políticas, incluindo, entre elas, o necessário empoderamento das mulheres indígenas e sua representatividade nos vários níveis de organização.

Três confederações regionais representam as várias etnias e tendências indigenistas regionais. São elas:

- CONFENIAE/Confederação de Nacionalidades Indígenas da Amazônia;
- ECUARUNARI/Movimento de Indígenas do Equador (na região serrana);
- CONCE/Confederação Nacional de Trabalhadores Camponeses (na região costeira).

Em 1986, essas três confederações regionais se juntaram na Confederação de Nacionalidades Indígenas do Equador/CONAIE, cujo projeto político se situa no marco de uma nova nação plurinacional.

É importante ressaltar também, como um fato novo nas Américas, a presença da cosmovisão indígena na atual Constituição do Equador. É a primeira dos países do continente americano que, transcendendo os direitos humanos individuais, coletivos e difusos, inclui os direitos da Mãe Terra, a Pachamama.

População indígena dos Andes Centrais em 2017

País	Nº aproximado de indígenas	% sobre o total de habitantes
Bolívia	6 milhões	62%
Peru	7 milhões	24%
Equador	1 milhão	7%

As organizações indígenas dos três países — muitas e diversificadas entre si — transitam do âmbito local ao nacional, regional e internacional. Suas ações concentram-se na defesa de seus territórios, melhoria da produção e da renda (com o trabalho da terra, o artesanato e outros), além de tratar de questões sociais e políticas, incluindo, entre elas, o necessário empoderamento das mulheres e dos jovens indígenas e sua representatividade nos vários níveis de organização. Além disso existe uma organização que agrupa as organizações dos três países: CAOI — Coordenação Andina de Organizações Indígenas.

6. UMA INICIATIVA ÍMPAR: O ESTADO PLURINACIONAL DA BOLÍVIA

Um marco histórico para as Américas

18 de dezembro de 2005 será sempre lembrado como um dia inédito na história do continente quando um indígena assumiu a presidência de um país por vias pacíficas, através das eleições no território da América do Sul.

Esse fato, que aconteceu na Bolívia, com a eleição do presidente Juan Evo Morales Ayma, era fruto de séculos de resistência das nações indígenas e da recente mobilização do MAS — Movimento pelo Socialismo, iniciado em 1997 e composto majoritariamente por indígenas.

Antes da cerimônia oficial de posse de Evo Morales na cidade de la Paz, um ritual aimará foi realizado em Tiawanaku, local símbolo das civilizações pré-colombianas e da identidade plurinacional, cultural e espiritual da Bolívia.

Efetivamente, a eleição fechava um ciclo de governos do país que, durante cinco séculos, foi dirigido por brancos descendentes de europeus e por mestiços. Sem sombra de dúvida, foi um marco histórico para as Américas, particularmente para suas populações indígenas.

Para uma nova proposta... uma nova Constituição

Como uma das primeiras grandes iniciativas estruturantes, o novo governo convocou, em 2007, uma Assembléia Nacional Constituinte para preparar a Nova Constituição da Bolívia, promulgada em 2009, mediante referendo popular. A "novidade" dessa Constituição já fica evidenciada em seu preâmbulo que diz:

> Em tempos imemoriais, montanhas se ergueram, rios começaram a correr, lagos foram formados. Nossa Amazônia, nosso chaco, nosso altiplano e nossas planícies e vales cobriram-se de verdes e flores. Povoamos esta sagrada Mãe Terra com rostos diferentes e compreendemos desde então a pluralidade vigente de todas as coisas e nossa diversidade como seres e culturas. Assim conformamos nossos povos e jamais compreendemos o racismo até que o sofremos a partir dos funestos tempos da colônia.
>
> O povo boliviano, de composição plural, desde a profundidade da história, inspirado nas lutas do passado, na sublevação indígena anticolonial, na independência, nas lutas populares de libertação, nas marchas indígenas, sociais e sindicais, nas guerras da água e de outubro, nas lutas pela terra e território e com a memória de nossos mártires, construímos um novo Estado.
>
> Um Estado baseado no respeito e igualdade entre todos, com princípios de soberania, dignidade, complementariedade, solidariedade, harmonia e equidade na distribuição e redistribuição do produto social, onde predomine a busca do "buen vivir" com respeito à pluralidade econômica, social, jurídica, política e cultural dos habitantes desta terra. Em convivência coletiva, com acesso a água, trabalho, educação, saúde e habitação para todos.
>
> Deixamos no passado o Estado colonial, republicano e neoliberal. Assumimos o desafio histórico de construir coletivamente o Estado Unitário Social de Direito Plurinacional Comunitário, que integra e articula os propósitos de

avançar para uma Bolívia democrática, produtiva, portadora e inspiradora da paz, comprometida com o desenvolvimento integral e com a livre determinação dos povos. (NOVA CONSTITUIÇÃO DA BOLÍVIA, 2009).

Mudanças estruturantes paralelas à elaboração da Carta Magna

Muitas iniciativas emergiram a partir da nova Constituição. Por exemplo: reconhecimento dos povos originários com seus respectivos idiomas, adoção de idiomas indígenas como idiomas oficiais junto com o espanhol, assim como duas bandeiras (a tradicional e a wiphala) e a autonomia das diferentes instâncias de governo, de acordo com as descrições a seguir:

- 36 povos nativos oficialmente reconhecidos: Aymara, Araona, Baure, Bésiro, Canichana, Cavineño, Cayubaba, Chácobo, Chimán, Guarani, Guarasuawe, Guarayu, Itonama, Leco, Machajujay-kallawaya, Machineri, Maropa, Mojeño-trinitario, Mojeño-inaciano, More, Mosetén, Movima, Pacawara, Puquina, Quechua, Sirionó, Tacana, Tapiete, Toromona, Uruchipaya, Weenhayek, Yaminawa, Yuki, Yuracaré e Zamuco.
- idiomas e bandeiras oficiais do Estado. O quíchua e o aimará passam a ser idiomas do Estado, deixando o espanhol de ser a única língua oficial. Além disso, são reconhecidos os demais idiomas dos povos originários e passa a ser obrigatório o uso de pelo menos dois idiomas nos documentos e pronunciamentos do governo plurinacional. Nos governos departamentais, são oficiais o castelhano e outro idioma, de acordo com o território em questão. A wiphala (bandeira tradicional dos povos originários) é desfraldada juntamente com a bandeira nacional da Bolívia;
- autonomia das diferentes instâncias de governo. Além dos tradicionais níveis municipal e departamental (estadual), começa a ser considerada também a autonomia dos territórios indígenas reconhecidos.

Tanto a Constituição da Nova Bolívia quanto as mudanças estruturantes que a acompanharam se embasam na filosofia do socialismo comunitário, decorrente do conceito de *buen vivir*, contrário ao capitalismo e muito diferente do socialismo de Estado. A filosofia do bem-viver traz o diferencial de não centrar-se exclusivamente nos seres humanos, mas envolver a todos os membros da Mãe Terra/Pachamama: as montanhas, os rios, as árvores, o ar, a água, as pedras, os animais e os seres humanos. Trata-se de uma relação respeitosa com tudo o que existe, porque se entende que tudo está conectado e que todos os seres da comunidade de vida podem ser beneficiados, pois leva a relações complementares e não competitivas, não só entre comunidades, mas também entre Estados, sem subordinação de uns aos outros.

A vida comunitária, implícita no conceito do bem-viver é um paradigma que rege os povos indígenas em toda a sua diversidade, do Alasca até a Patagônia. Uma proposta que representa, ao mesmo tempo, um desafio e uma oportunidade de mudança para o verdadeiro desenvolvimento das Américas.

Algumas iniciativas globais a partir da "Nova Bolívia"

O Estado Plurinacional da Bolívia começou também a projetar-se com propostas de impacto relacionadas à convivência entre os povos do planeta e a Mãe Terra. Uma delas foi a realização da "Cúpula dos Povos da Terra", em Cochabamba, em 2011, como uma reação à XV Conferência do Clima (COP XV), realizada em Copenhague no ano de 2010, na qual governantes do Norte desconheceram, na declaração final, as propostas dos países do Sul em relação às mudanças climáticas.

A Bolívia levou à ONU a proposta — que foi aceita — de mudar o nome do Dia Mundial da Terra (22 de abril) para o "Dia Mundial da Mãe Terra", e justificou o pedido fazendo um apelo ao mundo para reconhecer que a Terra não nos pertence, mas nós pertencemos a ela. E a missão dos seres humanos no mundo é velar não só por seus próprios direitos, mas também ter responsabilidade com a Pachamama e todos os seres que nela habitam.

Como decorrência dessa proclamação, a Bolívia propôs uma Declaração Universal dos Direitos da Mãe Terra, baseada em quatro princípios:

- o direito de todos os seres viventes a existir;
- o direito à regeneração da biocapacidade da Mãe Terra;
- o direito a uma vida limpa, sem contaminação;
- o direito à harmonia e ao equilíbrio com todos, entre todos e com o todo.

Organização

Paralelamente ao novo empreendimento do governo do Estado Plurinacional, as comunidades indígenas mantêm e buscam fortalecer permanentemente suas próprias organizações nos âmbitos local, regional e por temas de interesse, tendo apoio de diferentes setores da sociedade civil.

Algumas são organizações de caráter nacional, como a Confederação Sindical Única de Trabalhadores Camponeses da Bolívia (CTSUTCB); Confederação de Povos Indígenas da Bolívia (CIDOB); Confederação Nacional de Mulheres Camponesas Indígenas Originárias da Bolívia "Bartolina Sisa" (FN-MCB-BS); Confederação Sindical de Comunidades Interculturais da Bolívia (CSCIB); Conselho Nacional de Ayllus e Markas do Qullasuyu (CONAMAQ).

Essas organizações constituíram a Coordenação de Organizações Indígenas Camponesas e Comunidades Interculturais da Bolívia — COINCA-BOL, que desenvolve diversas iniciativas de participação social, incidência nas políticas públicas, formação, desenvolvimento, soberania alimentar, comunicação e gestão de recursos, entre outras, de acordo com seus objetivos:

- promover uma agenda conjunta de ações políticas, sociais e econômicas na diversidade cultural e ideológica;
- avançar no debate, análise, reflexão e construção de alternativas e formas de unidade sob os princípios da equidade, complementariedade e reciprocidade;
- desenvolver estratégias e incidência política nos planos econômico, social, cultural e comunicacional;
- fortalecer as organizações, impulsionando o intercâmbio, a cooperação, a coordenação e a formação de líderes de acordo com a visão e missão de cada povo;
- incentivar a criação de empresas comunitárias através das iniciativas econômicas comunitárias.

E agora?

O caminho de descolonização e da despatriarcalização é longo. Não são poucas as pedras encontradas no caminho, mas, sem sombra de dúvidas, a criação de um Estado Plurinacional no contexto do continente americano, como se deu na Bolívia a partir de um movimento indígena, representa, por si só, um êxito.

QUARTA PARTE

BRASIL

O GENOCÍDIO QUE AINDA NÃO ACABOU

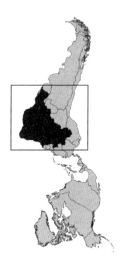

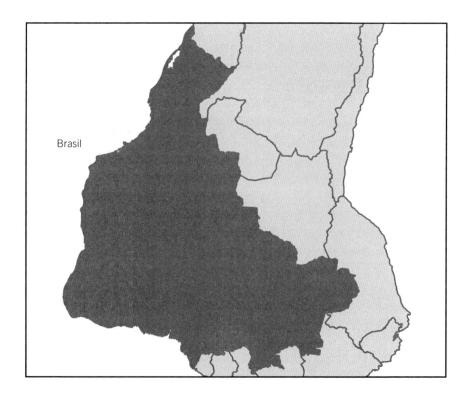

Brasil

INTRODUÇÃO

O que a Europa batizou como Novo Mundo, durante séculos ficou dividido entre os reinos da Espanha e Portugal. Enquanto os espanhóis se apropriavam dos territórios que hoje correspondem às ilhas do Caribe, México, América Central, países dos Andes e outros da América do Sul, assim como parte da atual América do Norte, os portugueses se assenhoreavam do que hoje corresponde ao território do Brasil.

Desde o início da colonização portuguesa, a relação com as populações nativas é a história de uma continuada guerra de conquista, inicialmente movida pelos portugueses e prolongada por outros autores, até os nossos dias. Contudo, essa é também uma história de resistência das populações originárias que até hoje continuam lutando e começam, finalmente!, a aparecer com mais evidência na história do Brasil, tendo como amparo a atual Constituição brasileira, que declara: "são reconhecidos aos índios sua organização social, costumes, línguas, crenças e tradições e os direitos originários sobre as terras que tradicionalmente ocupam, competindo à União demarcá-las, proteger e fazer respeitar todos os seus bens" (CF, 1988, art. 231).

Foi um longo caminho até chegar a tal declaração, em um país marcado, ao longo de cinco séculos, por uma história de extermínio e genocídio, durante os quais as populações nativas enfrentaram uma longa via-sacra. Perderam territórios; passaram fome; foram escravizados; tiveram que recomeçar sua história ao fugir para o interior da floresta; morreram contaminados por doenças transmitidas pelos brancos; foram vitimados por toda sorte de maus-tratos, incluindo, por vezes, políticas anti-indigenistas.

1. O BRASIL ENTRA NO MAPA DO NOVO MUNDO

Em 1493, após ter invadido e tomado posse do Caribe em nome da Coroa espanhola, Colombo retornou, vitorioso, à Espanha. Assim que o rei de Portugal teve informação sobre a existência das novas terras, passou a cobiçá-las. Alegando direitos derivados do Tratado de Alcaçovas de 1479, assinado entre os reis da Espanha e Portugal, reclamou o pertencimento dessas novas terras. De acordo com aquele Tratado, as Ilhas Canárias pertenciam à Espanha; ao reino de Portugal pertenciam as ilhas da Madeira, Açores e Cabo Verde.

A competição reinante entre as duas potências pelo domínio do Oceano Atlântico e das costas da África, levou Portugal a exigir da Espanha outro tratado, que dividisse as terras já descobertas em 1492 por Colombo ou a serem descobertas no futuro. Esse foi o motivo das negociações que culminaram com o Tratado de Tordesilhas, de 7 de junho de 1494, assim chamado por ter sido assinado na cidade de Tordesilhas, Espanha. Na verdade, foi uma solução para evitar uma nova guerra entre os dois reinos.

A essência do Tratado de Tordesilhas consistia de uma linha imaginária de demarcação geográfica que dividia o mundo em duas partes: oeste para a Espanha e leste para Portugal. Nesse caso, os territórios que ficassem a 370 léguas a oeste das ilhas de Cabo Verde (aproximadamente 1,8 mil quilômetros), pertenceriam à Espanha; as terras ao leste dessa linha, por sua vez, seriam propriedade de Portugal.

Por esse motivo, o rei de Portugal, Dom Manuel II, não se conformava com a presença dos espanhóis em território que considerava ser mercado exclusivo seu. Decidiu então mandar uma expedição pelo oeste do Atlântico com o objetivo de conferir se a linha de Tordesilhas deixava algum espaço para estabelecer uma colônia portuguesa nessa parte das supostas Índias. A frota foi chefiada por Pedro Álvares Cabral e era a maior até então constituída: 13 barcos e mais de mil homens que zarparam do Porto de Lisboa para realizar a expedição prevista.

Portugal chega ao Brasil

No dia 22 de abril de 1500, a expedição chegava ao litoral do Brasil. Pensando que era uma ilha, Cabral deu-lhe o nome de Ilha de Vera Cruz e posteriormente, ao comprovar que se tratava realmente de um continente, batizou o território com o nome de Terra de Santa Cruz. Finalmente, com o início da exploração do pau-brasil, o território recebeu o nome que o identifica até hoje: Brasil.

Com a demarcação do Tratado de Tordesilhas, o extremo leste desse território se situava na área do mundo que correspondia a Portugal. Ao chegar, em 1500, Pedro Álvares Cabral tomou posse do território no dia 26 de abril, quando foi celebrada a primeira missa, à qual assistiram os portugueses, acompanhados por indígenas que observaram o ritual do começo ao fim. A seguir, Cabral recebeu alguns indígenas em seu barco, promovendo intercâmbio de presentes e marcando o suposto início de relações amigáveis entre portugueses e nativos.

Porém, os índios não pareciam possuir o que o rei de Portugal mais desejava: ouro, prata, especiarias. Cabral, decepcionado, zarpou então em direção às Índias. Deixou alguns homens para "marcar presença" de Portugal no território e enviou ao reino dois barcos para dar ao rei a notícia do "achamento" das novas terras, localizadas dentro do espaço demarcado pelo Tratado de Tordesilhas.

Por que "índios"?

Os portugueses não "descobriram" o território brasileiro. Em 1500, ele já era ocupado por uma população de aproximadamente quatro milhões de habitantes (BETHELL, 2012, p. 131) ligados à terra de seus ancestrais ou até cinco milhões que aqui viviam há pelo menos 12 mil anos ou mais, como afirma a arqueóloga Nième Guidón (in: CUNHA, 1992, p. 37).

Isso significa também, conforme a lei europeia do "Primeiro Ocupante" (que reconhecia que o primeiro a chegar a um território seria o proprietário dele), que os indígenas que habitavam o Brasil no ano de 1500 eram os descendentes de seus primeiros habitantes e proprietários, como são também os atuais indígenas do Brasil.

Eram centenas de povos diferentes convivendo neste território, falando centenas de idiomas, mas, todos foram catalogados como "índios", porque, tal como ocorreu com a invasão do Caribe pelos espanhóis, os portugueses acreditavam ter chegado às "Índias Ocidentais".

As sociedades indígenas encontradas por Cabral eram complexas e marcadas pela diversidade de povos e idiomas que viviam em aldeias, formadas por pessoas ligadas entre si por laços de sangue, com características comuns, mas com costumes e crenças bem diferentes dos dos europeus. Cada povo tinha seu território e suas estruturas. A organização social dos povos nativos da parte do litoral aonde os portugueses chegaram, embora com nuances e diferenças, tinha características gerais. Os tupis do litoral, à época da conquista, organizavam-se em aldeias, chamadas tabas, formadas por um conjunto de habitações denominadas ocas, localizadas em torno de uma praça central — a *ocara* — onde eram realizados os rituais, as danças e festas.

Porém, o território do que hoje é o Brasil era habitado por centenas de outros povos, com outras organizações sociais e culturais. Muitas vezes, os povos tupis do litoral foram tomados como representação geral dos povos indígenas do Brasil; um equívoco que tem provocado generalizações não adequadas, considerando a grande diversidade de povos que habitava o território.

Um "choque de culturas"

Mais do que o problema de comunicação por causa do idioma, houve estranhamento de um lado e de outro, pelas formas diferentes de agir e inclusive de se apresentar: no caso das populações nativas, pelo fato de andarem nuas e, dos portugueses, por vestirem roupas e botas e terem barba.

No entanto, muito mais do que isso, os conquistadores levantavam questões que significavam um atentado à identidade dos povos nativos. A maioria não admitia que os índios fossem seres humanos, considerando-os selvagens sem alma, podendo, nessa condição, serem reduzidos ao serviço dos portugueses sendo muito maltratados no processo.

Como eram tempos do domínio da cristandade, teólogos discutiam na Europa se os índios tinham ou não alma, situação esdrúxula que perdurou até o ano de 1537, quando o papa Paulo III escreveu uma bula em que afirmava que os índios eram sim seres humanos e como tal deviam ser tratados e batizados. Porém, a declaração do Papa não foi capaz de eliminar ou reduzir o extermínio dos indígenas nos séculos seguintes.

Estudiosos da questão indígena costumam dizer que o Brasil foi invadido pela cruz e pela espada: a espada simbolizando as armas bélicas dos europeus, para quem não era problema exterminar fisicamente as populações indígenas que os atrapalhassem em sua busca desenfreada por riquezas; e a cruz, simbolizando a evangelização praticada por representantes da igreja católica, que era teoricamente contra o extermínio físico dos povos indígenas, mas procurava "amansá-los" através da imposição do cristianismo contribuindo fortemente para seu genocídio cultural e físico.

Tudo isso acontecia no Brasil, a partir de Portugal, na mesma época em que a Espanha impunha seu império em outras partes do continente das Américas, chegando à quase exterminação de importantes nações e impérios indígenas, como os astecas, no atual México, os maias, na América Central e os incas, no território que hoje corresponde à Bolívia, Peru e Equador.

Período pré-colonial: o ciclo do pau-brasil

Para não deixar o Brasil totalmente abandonado, não tendo encontrado ouro, Portugal iniciou a exploração de vários produtos naturais do litoral brasileiro: sucupira, canela, jacarandá, peroba, entre outros. Porém, o que mais chamou a atenção foi a árvore do pau-brasil, com uma altura que podia chegar a mais de 30 metros, de folhas verde-cinzentas, belas flores e seiva avermelhada que servia para extrair corantes, muito apreciados na Europa.

Antes de 1500, os nativos já utilizavam a matéria bruta do pau-brasil para produzir arcos e flechas, além de enfeites. Os portugueses logo no início se interessaram pelo pau-brasil, por causa da tinta que poderia ser extraída de seu caule para ser usada como corante na indústria de tecidos. Assim, entre 1500 e 1530, a presença da metrópole limitou-se à extração e comércio do pau-brasil, declarado monopólio da Coroa portuguesa, sendo Fernando de Noronha o primeiro arrendatário desse novo comércio português.

Nos primeiros 30 anos, a exploração da madeira não provocou a colonização nem a fixação na nova terra, porque os portugueses não construíam povoados; fabricavam somente construções fortificadas chamadas feitorias, onde se armazenava o pau-brasil e outras mercadorias e que funcionavam também como pontos de defesa. Nesse contexto, se deu a primeira "relação de trabalho" entre os conquistadores e a população local, pois os portugueses utilizavam a mão de obra indígena para seu negócio. Os indígenas cortavam as árvores, carregavam nos ombros a madeira até as feitorias e, muitas vezes, até os navios e, em troca, recebiam utensílios como espelhos, pentes, roupas, facas, entre outros apetrechos. A essa exploração vergonhosa deu-se o nome indevido de "escambo", embora a relação fosse amplamente desigual a favor dos portugueses.

2. O EXTERMÍNIO COMEÇA E SE EXPANDE

As negociações e a exportação do pau-brasil cresceram rapidamente. A exploração da floresta era intensiva, desordenada e sem nenhum tipo de reposição, ocasionando grande impacto ambiental e a quase extinção do pau-brasil.

Ao mesmo tempo, ocorreram vários fatos significativos nos primeiros anos da colônia: corsários franceses e holandeses ameaçavam a posse do território português de ultramar. No início do século XVI, o comércio com as Índias já não era tão favorável aos portugueses, devido à concorrência com os holandeses, que também tinham entrado no negócio das especiarias. Então, o rei de Portugal, D. João III, resolveu dar início à colonização do Brasil, iniciando com ela o genocídio sistemático das populações indígenas que habitavam seu território.

A primeira expedição colonizadora data de 1531 e foi chefiada por Martim Afonso de Souza, que desembarcou no litoral brasileiro com uma frota de cinco barcos, transportando 400 homens, além de ferramentas, sementes e víveres. O principal objetivo era estabelecer os primeiros núcleos de povoamento permanente de portugueses no Brasil. Para tanto, Martim Afonso devia tomar terras dos indígenas para distribuí-las aos colonos em lotes denominados sesmarias, utilizando mão de obra nativa para sua exploração e incluindo a entrega de uma ou duas mulheres indígenas para cada homem branco. A apropriação indevida deixou os nativos sem suas fontes de alimentação e foi o início do processo de escravização e genocídio dos indígenas no Brasil.

Em 1532, Afonso de Souza fundou o primeiro núcleo no litoral do atual estado de São Paulo, com o nome de Vila de São Vicente, atual município de São Vicente. Logo após, fundou a vila de Santo André da Borda do Campo, no planalto de Piratininga, onde fica hoje a Grande São Paulo. Em poucos anos, seguiram-se fundações de outras vilas, dando-se início à produção da cana-de-açúcar, com utilização da mão de obra escrava indígena.

Indígenas, capitanias hereditárias, governo geral

O sistema de colonização em pequena escala, à base de sesmarias, não trazia benefícios significativos aos cofres reais. Então, o rei optou por instalar em sua colônia um modelo de produção intensiva em grande escala, à base de cana-de-açúcar, e decidiu instalar no Brasil as capitanias hereditárias, um modelo já em atividade no território das ilhas Canárias e na Madeira.

Sem respeito pelo direito tradicional dos povos nativos às suas terras, na qualidade de primeiros ocupantes, num gesto arbitrário apoiado por sua supremacia militar, o rei decidiu dividir e repartir todo o território da colônia em quinze capitanias hereditárias, as quais estendiam-se desde o litoral até o limite indicado pelo Tratado de Tordesilhas. Cada capitania tinha uma faixa de 50 quilômetros de largura e uma extensão que variava entre 100 e 200 quilômetros, de acordo com o espaço geográfico em que se situavam.

Doze donatários de reconhecido poder econômico foram escolhidos pela Coroa para executar o projeto. Os donatários eram responsáveis pela produção e pela administração das capitanias, podendo, para tanto, distribuir sesmarias aos colonos portugueses que, ao recebê-las, ficavam também responsáveis pela catequese dos indígenas.

Assim nasciam os primeiros "fazendeiros" do Brasil, com uma simples assinatura do rei a favor de colonos portugueses.

Em contrapartida, e a partir da mesma assinatura, povos inteiros do litoral do Rio de Janeiro até uma parte do atual estado do Pará ficavam desprovidos de suas terras, condição fundamental para subsistirem como indivíduos e sobreviverem como povos.

Para representar a Coroa de Portugal e unificar a administração das capitanias, o rei optou pela centralização do poder e estabeleceu um governo geral das mesmas. A capitania da Bahia de Todos os Santos foi escolhida como sede do governo geral, por ser a mais central.

Tomé de Sousa foi o primeiro governador-geral e aportou na Bahia em 1549, com vários colonos e seis jesuítas chefiados pelo Padre Manuel da Nóbrega. Também levava consigo o Regimento de 17 de dezembro de 1548, com orientações precisas sobre a organização do poder público.

Nesse documento, estavam incluídas as relações com os indígenas, que deveriam ser realocados de suas aldeias para morar perto dos portugueses e lhes servir de mão de obra, além de serem evangelizados. Tratava-se de criar aldeamentos para reunir os indígenas, num sistema similar às *reducciones* estabelecidas no Peru colonial para controlar a mão de obra indígena através da *mita* e evangelizar os nativos.

Extermínio organizado

As formas de exploração e de escravização durante o período colonial foram diversas. Entre elas é importante ressaltar: os aldeamentos ou aldeias de repartição; as guerras justas; a escravidão através das bandeiras; e as políticas anti-indigenistas. Tanto as aldeias de repartição quanto a escravidão declarada através das "guerras justas", e de outras formas de exploração, significaram, para os indígenas, um genocídio sistemático, demográfico e cultural.

Escravidão mascarada: aldeias de repartição

As capitanias precisavam de mão de obra considerável para assegurar a semeadura e a colheita da cana-de-açúcar, como também a preparação do açúcar nos engenhos. Para isso, a Coroa mandou trazer os indígenas de suas aldeias tradicionais e reuni-los em aldeias organizadas pelo governo português.

Expedições chamadas descimentos iam em busca dos indígenas. Em princípio, supunha-se que não deviam ser expedições militares. Na realidade, as expedições eram, inicialmente, acompanhadas por missionários, que tinham a função de convencer os índios a descerem de suas aldeias de origem para viverem nos novos "aldeamentos" criados pelos portugueses nas proximidades dos núcleos de colonos. Para conseguir tal objetivo, os missionários faziam numerosas promessas aos indígenas — que depois não eram cumpridas — inclusive, a de serem remunerados por seu trabalho, conforme dizia a lei.

Aldeamentos como "celeiros de mão de obra"

Os aldeamentos proviam mão de obra para os colonos que a solicitassem e para qualquer obra do governo. Do ponto de vista legal, os índios não eram propriamente escravos, mas mão de obra paga numa estrutura similar à das *reducciones* criadas pelo governador Toledo no Peru e que incluía a obrigação da *mita*. Contudo, tal como aconteceu no caso da *mita* nos Andes, os colonos portugueses sempre encontravam motivos para não remunerar o trabalho indígena conforme estabelecido por lei.

Em cada aldeamento havia uma escola, uma igreja e casas para as famílias indígenas que chegavam e onde, além de serem catequizados, ficavam à disposição do serviço necessário nas capitanias. Os indígenas aldeados — homens e mulheres em idade de trabalhar — a cada ano eram obrigados a prestar serviços dentro e fora da aldeia por um período que variava de 2 a 8 meses. Em sistema rotativo, uma parte trabalhava nas roças do aldeamento, enquanto a outra exercia suas atividades nas plantações, fazendas, engenhos e estabelecimentos dos colonos portugueses.

A condição de vida e de trabalho nos aldeamentos não diferia muito daquelas dos índios escravos: jornada excessiva de até 14 ou 16 horas, alimentação inadequada e insuficiente, castigos e maus-tratos, sem contar que o pagamento prometido geralmente não acontecia, pelos mais diversos motivos.

Por conta disso, muitos índios fugiam dos aldeamentos. O esvaziamento dos mesmos obrigava a promover novos e constantes descimentos para repovoá-los, trazendo índios inclusive de territórios pertencentes a outras capitanias. É possível afirmar que os aldeamentos, reunindo à força indígenas de povos diferentes, às vezes até inimigos entre si, se transformaram numa espécie de "centro de trituração das culturas indígenas", num verdadeiro processo de genocídio cultural.

Escravidão legalizada: as "guerras justas"

Os indígenas que se negavam a serem "descidos" às aldeias do governo, ou praticavam qualquer atitude considerada como ofensa aos portugueses, tinham que enfrentar as chamadas "guerras justas", expedições das tropas portuguesas que invadiam seus territórios com o objetivo de capturar o maior número possível de pessoas — homens, mulheres e crianças — e levá-los aos aldeamentos. Os presos eram conduzidos ao mercado de escravos local, onde eram repartidos entre colonos, religiosos e servidores da Coroa portuguesa.

Foram incontáveis as expedições que penetraram no sertão com o objetivo de capturar cativos forçados. Em 1560, o governador-geral Mem de Sá, em carta ao rei de Portugal, contava suas façanhas na colônia: em uma só noite havia destruído uma aldeia próxima à Vila de São Vicente e, como trunfo, comentava que tinha "enfileirado os corpos ao longo de aproximadamente seis quilômetros de praia". Em outro relato, dizia que conseguira "pacificar" os índios das redondezas da capitania da Bahia "queimando sessenta de suas aldeias".

A vida dos indígenas levados ao mercado de escravos era terrível. As famílias eram divididas, mulheres e crianças vendidas e forçadas a trabalhar em plantações ou nas residências, sete dias por semana. Os homens, por sua vez, literalmente trabalhavam até morrer, devido à alimentação precária e ao esforço contínuo e pesado. A aglomeração de tanta gente em espaços reduzidos e as péssimas condições de vida favoreceram sobremaneira enfermidades como a varíola e o sarampo, que se converteram facilmente em epidemias.

Foi nessa época que teve início a cultura do trabalho escravo doméstico no Brasil. De acordo com Frans Moonen (1988), "no final do século XVI, em Porto Seguro, cada família portuguesa possuía em média seis escravos indígenas. Em São Paulo, em meados do século XVII, havia cerca de quatro mil colonizadores e 60 mil escravos indígenas".

Bandeiras: a escravidão ampliada

Muito antes de surgirem os primeiros aldeamentos e *reducciones* na Bacia do Prata, os paulistas já percorriam o sertão, buscando um meio para sua própria subsistência através do apresamento de indígenas. Quando os canaviais plantados no litoral por Martim Afonso de Souza entraram em decadência — o que arruinou muitos fazendeiros, boa parte dos habitantes de São Vicente emigraram para São Paulo. Então, por volta de 1562, os paulistas começaram a realizar expedições de apresamento dos índios para vendê-los como escravos aos donos das capitanias e essas bandeiras tornaram-se uma atividade altamente rentável.

Dom Francisco de Souza, o sétimo Governador Geral das Capitanias, patrocinou as bandeiras de André de Leão (1601) e de Nicolau Barreto

(1602), que se estenderam por dois anos e teriam chegado à região de Guairá, regressando com três mil indígenas. Por seu lado, Antônio Raposo Tavares aprisionou mais de mil índios para trabalhar em suas fazendas ou para vendê-los. Outros bandeirantes mais conhecidos, como Bartolomeu Bueno da Silva (o Anhanguera) e Manuel de Borba Gato atuavam da mesma forma.

Os resultados dessas expedições foram desastrosos para os povos originários, reduzidos à servidão, deslocados de seu habitat, descaracterizados de sua identidade cultural ou dizimados pela violência dos colonos e pelo contágio de doenças desconhecidas dos nativos e para as quais seus organismos estavam desprovidos de defesa.

As bandeiras significaram a rapina mais impiedosa da primeira metade do século XVII, por meio das quais foram escravizados e massacrados mais de um milhão de indígenas, mesmo antes dos ataques às missões jesuíticas que se tornaram, depois, o alvo principal da guerra contra os indígenas, sendo destruídas e abandonadas.

Bandeiras versus missões

Os missionários jesuítas sempre se opuseram à escravidão e aos maus-tratos recebidos pelos índios nos aldeamentos de "repartição". Por isso, após várias negociações, conseguiram do rei Dom João IV a regularização de povoamentos autônomos estabelecidos por eles e chamados de "reduções" ou "missões", nas quais os indígenas se fixavam voluntariamente, fosse para fugir dos bandeirantes, ou para evitar serem colocados nos aldeamentos oficiais. As "reduções" eram verdadeiras cidades instaladas nas selvas e organizadas seguindo um plano geométrico perfeitamente ordenado.

No primeiro ciclo de fundações, que durou 30 anos, os jesuítas criaram 40 reduções: sete às margens do Rio Paranapanema (SP), cinco na região de Itatim (MS), 18 na região do Tape (RS) e 10 na região de Misiones (atual território da Argentina). No segundo ciclo, após uma primeira destruição das missões pelos bandeirantes, voltaram a fundar os famosos Sete Povos das Missões (RS), que chegaram a reunir 40 mil índios.

Atacar as missões: o caminho mais fácil para os bandeirantes

Nada melhor do que entrar numa missão que congregava milhares de indígenas para assegurar enriquecimento e negócio fácil. Ajudados pela rede fluvial do Rio Tietê, que permitia a comunicação com a Bacia do Prata, os bandeirantes rumaram para as missões então existentes nos atuais estados do Paraná, Santa Catarina e Rio Grande do Sul.

QUARTA PARTE — BRASIL

Os ataques às reduções no Guairá, por exemplo, a partir de 1628, passaram a ser feitos por verdadeiros exércitos de bandeirantes, que devastaram primeiramente a redução de Encarnación (Argentina), seguindo-se as demais. As missões do Guairá foram destruídas em 1629 por uma enorme bandeira comandada por Manuel Preto e Antônio Raposo Tavares, composta por 900 mamelucos, dois mil índios e 69 paulistas. Aproximadamente nove mil índios foram capturados e levados como escravos, sendo que pouco mais de 1,5 mil deles chegaram vivos para serem vendidos como escravos na praça da Vila de São Paulo. Para salvar os 12 mil sobreviventes das missões de Guairá, em 1631 os jesuítas realizaram com os indígenas uma das mais dramáticas e extraordinárias fugas, conhecida como "a Epopeia de Guairá". Sob o comando do Padre Antonio Ruiz de Montoya, ao saber de novas investidas dos paulistas, os indígenas optaram por fugir em 700 canoas. No entanto, ao ver a impossibilidade de atravessar as famosas Sete Quedas, os índios optaram por desembarcar de suas canoas, largando-as pelas cataratas e seguindo viagem a caminho das reduções jesuíticas do Sul, andando a pé uma distância aproximada de 1,5 mil quilômetros.

Historiadores estimam que os bandeirantes escravizaram mais de 250 mil indígenas das missões e das aldeias ao seu redor. Essa cifra assustadora não tem nada de exagero, considerando que as bandeiras paulistas destruíram as 47 reduções e cada uma delas era habitada por aproximadamente cinco mil índios.

O fim do período das missões jesuíticas foi marcado pelo Tratado de Madri, assinado em 1750, de acordo com o qual o território dos Sete Povos das Missões, então pertencente ao reino da Espanha, passava a pertencer ao de Portugal. Os jesuítas e índios ali aldeados deveriam, então, retirar-se para a outra margem do rio Uruguai. Em troca, Portugal daria à Espanha a colônia do Sacramento.

Porém, os jesuítas e os índios guaranis não aceitaram a decisão e passaram a defender suas terras em luta contra espanhóis e portugueses, dando origem ao conflito denominado Guerra Guaranítica (1754-1756), na qual foi assassinado o líder Sepé Tiarajú, que não se cansava de afirmar: "Esta terra tem dono!...". Seu assassinato marcou também o período de destruição final das reduções jesuíticas e a dizimação da grande nação guarani naquelas regiões do país (tema do famoso filme *A Missão*, de Roland Jeffé). No entanto, o genocídio não logrou exterminar completamente os guaranis, que ainda hoje vivem e resistem.

3. DECLÍNIO DA POPULAÇÃO INDÍGENA

Como consequência natural de todos esses acontecimentos que se iniciaram com a invasão portuguesa, a população indígena viveu um declínio acelerado. Nos primeiros 150 anos de colonização, o genocídio foi intenso. A antropóloga Marta Maria Azevedo (2008) estima que aproximadamente 70% da população nativa brasileira tenha sido eliminada por fome, guerras, escravidão e doenças trazidas pelos europeus.

> *De acordo com uma pesquisa coordenada por Darcy Ribeiro (1970, p. 431), da população indígena do Brasil, que contava aproximadamente com cinco milhões de habitantes na chegada dos portugueses, em 1957 restavam entre 68.100 e um máximo de 99.700 pessoas. Ou seja: um genocídio de quatro milhões e uma séria ameaça de desaparecimento dos povos originários.*

Causas do declínio

Além das matanças e guerras ocasionadas principalmente pela escravidão dos nativos pelos colonos nas sesmarias e depois pelos bandeirantes, o declínio da população indígena teve muitas outras causas. Entre elas, é importante salientar como a mais responsável a série de doenças trazidas pelos portugueses causadoras de epidemias entre as populações originárias. A varíola, cujas primeiras epidemias aconteceram em 1562-1563, foi a doença mais devastadora. A ela seguiram-se outras, como tifo, sarampo, gripe, peste bubônica, papeira, febre amarela, malária e tuberculose, levando facilmente à morte os que eram afetados. Em pouco tempo, quase toda a população nativa do Brasil Colônia estava sujeita a essas doenças. De acordo com Bethell (2012, p. 266), essa epidemia teria aniquilado 1/3 ou até a metade da população.

Outras causas a serem mencionadas são:

- distribuição de roupas infectadas com vírus, ocasionando novos surtos epidêmicos;
- falta de resistência biológica da população nativa, devido à falta de alimentação nos aldeamentos e alojamentos insalubres;

- mortes por exaustão devido às condições de trabalho e de vida em escravidão;
- falta de suas terras para habitar e prover sua subsistência de acordo com o que estavam acostumados.

O genocídio e a política indigenista

De 1500 a 1910, a política indigenista brasileira foi, sem sombra de dúvida, genocida em sua aplicação, mesmo quando, em alguns momentos, a Coroa portuguesa e depois os governos imperial e republicano estabeleceram leis e normas para impedir e/ou diminuir massacres e extermínios (MOONEN, 1988).

Em 1570, uma lei proibia formalmente a escravização dos indígenas, mas não proibia "civilizá-los". Ou seja, em outras palavras, continuava permitindo convertê-los à religião e aos costumes dos europeus. Caso resistissem, enquadravam-se no esquema da "guerra justa", que legitimava a escravidão das populações originárias.

Em 1757, o Marquês de Pombal proibiu por lei a escravidão dos índios no Brasil, reconhecendo-os como livres, sem nenhuma ressalva, incluindo a retirada do poder temporal/religioso dos missionários sobre os indígenas. Porém, ao mesmo tempo, Pombal tornou obrigatório o uso exclusivo oficial do idioma português em todas as partes do país. Foi um episódio a mais do genocídio cultural dos indígenas, pois então começou o declínio do idioma franco utilizado em todo o território, o tupi-guarani, que eventualmente poderia ter se tornado nossa língua nacional (BOFF, 2000).

Em 1680, a Coroa portuguesa aceitou explicitamente o princípio de que os índios eram os primeiros ocupantes destas terras e seus donos naturais e estabeleceu leis a respeito, mas estas ficaram obstinadamente no papel. Mesmo tendo "liberado" os indígenas, nada consta nos registros históricos da época em prol da compensação a eles pelos danos causados anteriormente. E a escravidão indígena continuou. Colonos e fazendeiros, assim como proprietários de minérios do tempo do Brasil Império, continuaram invadindo e apropriando-se dos territórios dos povos originários, utilizando os indígenas como escravos e dizimando populações inteiras com epidemias de doenças transmissíveis, particularmente varíola, sarampo e tuberculose.

No século XIX, houve, inclusive, um retrocesso na aplicação da legislação indígena. Em 1808, estabilizou-se um governo que declarou "guerra justa" contra os índios botocudos de Minas Gerais e os índios de São Paulo, permitindo, inclusive, a organização de bandeiras que os prendessem e sujeitassem ao cativeiro, sem respeito a nenhuma das leis anteriormente promulgadas.

As várias constituições brasileiras após a Independência do Brasil (1824) e as que se escreveram após a proclamação da república (1891, 1934, 1937, 1946) sempre trataram os indígenas como seres inferiores a serem tutelados, e considerados como indivíduos, não como povos. A violência não teve sossego na vida cotidiana das populações originárias, sendo responsável, em suas diversas formas, pela curva negativa de crescimento da população indígena no Brasil durante quatro séculos. Mesmo após a proclamação da independência (1822) e a da república (1889), o extermínio físico e cultural dos indígenas do Brasil continuou. A situação de opressão e exploração prolongou-se pelo século XX e adentrou no XXI.

Desde a segunda metade do século XIX, os territórios indígenas passaram a ser constantemente ameaçados, especialmente por rodovias e ferrovias. Multiplicaram-se os casos de invasões acompanhadas de despojos, assassinatos de líderes indígenas e de populações inteiras, sem que houvesse intervenção do governo a favor dos índios.

Os kaigangs, por exemplo, constituíam uma nação muito numerosa do Brasil — e são ainda hoje um dos povos mais numerosos —, espalhando-se principalmente pelos estados de Santa Catarina, Paraná e Rio Grande do Sul (onde vivem atualmente). A chegada dos imigrantes europeus obrigou-os a sair de seu habitat, desencadeando uma série de conflitos de terras entre imigrantes e índios.

Os conflitos que vinham desde o final do século XIX agravaram-se quando foi iniciada a construção da Estrada de Ferro Noroeste do Brasil (NOB) que atravessava o estado de São Paulo. Foi uma história construída com derramamento de muito sangue "em nome do progresso". A construtora tratou de eliminar o quanto antes da resistência dos kaigangs que resistiam quanto podiam com suas flechas e arcos enquanto os capangas tinham espingardas, fuzis e pistolas. Da população estimada de 10 mil indígenas kaigangs que habitavam São Paulo no final do século XIX, no início do século XX, mais precisamente em 1912, quando os primeiros guerreiros nativos aceitaram render-se devido à repressão cruel da construtora da Estrada de Ferro, restavam pouco mais de 500 kaigangs no oeste de São Paulo (FERRARI, 2009).

4. RESISTÊNCIA DOS POVOS ORIGINÁRIOS

Desde o início da colonização, os portugueses enfrentaram inúmeras revoltas indígenas, que se tornaram exemplos de resistência para assegurar a posse de suas terras contra a usurpação portuguesa, inclusive por vezes pactuando com outros invasores europeus para defender-se, como foi com os franceses, holandeses e outros.

Entretanto, lutando apenas com flechas contra tropas armadas com fuzis, espadas, cavalos, cães treinados para comer carne humana, era de se prever que, na maior parte das vezes, os indígenas fossem rendidos e vitimados.

À medida em que as terras brasileiras eram invadidas pelos europeus, os povos originários eram exterminados ou empurrados para regiões cada vez mais distantes do litoral. Muitas nações desapareceram sem deixar sequer seu nome registrado na história, mas várias lutas de resistência indígena foram registradas, como veremos a seguir.

Foi tal a brutalidade contra os índios nos dois primeiros séculos da colonização, que fica difícil a reconstituição de dados para saber como viviam muitas dessas populações antes da colônia. Também é difícil reconstituir fatos demonstrativos de toda a resistência indígena à invasão branca. A título de ilustração, seguem alguns poucos exemplos dos milhares de casos ocorridos na história do Brasil, da colônia até nossos dias:

- o êxodo dos povos guaranis, que habitavam principalmente a costa sul e leste, é um dos exemplos mais extraordinários da resistência indígena, que se expressou na fuga para o interior do continente. Logo após 1500, esse povo iniciou um espantoso movimento migratório — talvez o maior dos que ocorreram nas Américas — composto por dezenas de milhares de índios à procura de refúgio em uma espécie de peregrinação mística na busca pela "terra sem males";
- povos como guêgues, acroás, pimentaries, canelas e xavantes sofreram profundamente com as guerras de extermínio, mas conseguiram sobreviver e continuam resistindo até hoje. Na Bahia, em 1558, sob a gestão de Mem de Sá, os portugueses romperam a resistência indígena matando entre 15 e 30 mil tupinambás;
- a guerra da Confederação dos Tamoios aconteceu entre 1554 e 1567 e envolveu os portugueses, os franceses e as tribos indígenas dos tupinambás, guaianases, aimorés e temiminós. O líder

tupinambá Aimberé, fugido do cativeiro português, comandou a Confederação dos Tamoios (*Tamuya*, no idioma de origem), após a morte de Cunhambebe, que havia iniciado a luta, com o principal objetivo de combater os portugueses e todos os que os apoiassem. O fenômeno se deu quando as nações indígenas se dividiram entre as que se posicionavam a favor dos portugueses (no caso, os guaianases) e os que se alinharam aos invasores franceses que pretendiam instalar no Brasil a França Antártica (no caso, os tupinambás).

Após várias lutas e uma longa negociação de paz entre portugueses e tamoios, houve um período de paz que durou um ano, mas, ao ver que os portugueses voltavam a escravizar os índios e aumentavam seu poderio militar, os tamoios resolveram lutar até a morte, contando com o apoio dos franceses. Praticamente, todos os índios da confederação foram dizimados pelas tropas portuguesas comandadas pelo governador geral do Brasil, Mem de Sá. Os índios tupinambás e confederados perderam a luta no dia 20 de janeiro de 1567 com a morte do grande guerreiro Aimberé, cuja estátua, numa praça do bairro Flamengo, no Rio de Janeiro, lembra o local onde foi, supostamente, a última batalha;

- a Guerra dos Potiguaras, no Nordeste, ocorrida entre 1586 e 1599, culminou em decorrência de diferentes processos de resistência iniciados desde a criação das capitanias hereditárias, em 1535. Em 1536, o esforço de ocupar duas capitanias onde estão hoje os estados da Paraíba, Rio Grande do Norte, Ceará e Maranhão, foi um fracasso. Os portugueses chegaram em 10 navios que conduziam 900 soldados para fundar uma colônia na foz do Rio Grande, hoje Natal. Lá chegando, foram expulsos pelos índios potiguaras com dezenas de baixas.

Mesmo depois de os portugueses terem conseguido construir o forte do Arraial no Rio Grande do Norte, os potiguaras não cessaram de reagir frente à presença dos brancos. Em 1598, já com sinais de cansaço, resolveram pedir um "acordo de paz". Como sempre acontecia, tal acordorepresentou a morte do mais fraco, pois a traição dos portugueses chegou logo. E até hoje, o local onde vivem os sobreviventes potiguaras, com razão, é chamado "Baía da Traição";

QUARTA PARTE — BRASIL

- os Guajajaras, em 1616, foram alvo da guerra declarada por Bento Maciel Parente, quando da conquista do Maranhão. Para começar, ele assassinou 30 índios em sua aldeia em Tapuytapera (Alcântara), como uma demonstração de força para que índios de outras aldeias não se rebelassem. Mas eles conseguiram se organizar e resistir, fazendo o mesmo até os dias de hoje. Então, em 1618, Bento Maciel organizou uma forte repressão contra eles em Alcântara e Cumã, resultando no assassinato de aproximadamente 30 mil índios. Como recompensa, Maciel Parente foi nomeado governador do estado do Maranhão;
- a Guerra dos "Bárbaros" (1683-1731) foi contra a Confederação dos Cariris, um dos ramos dos tapuias residentes em vastas áreas dispersas entre os rios São Francisco (Bahia) e Parnaíba (Piauí). Quando os holandeses foram expulsos do Brasil, em 1654, os portugueses retomaram seu avanço em direção ao nordeste para apossar-se do território e expandir suas fazendas de gado. Para sua surpresa, as etnias indígenas se mostraram francamente resistentes e estabeleceram uma aliança conhecida como Confederação dos Cariris — que contou com a adesão de anacés, caripus, icós, caratiús, paiacus, jabuaribaras, acriús, canindés, jenipapos, tremembés e baiacús, para resistir aos portugueses. Estes então revidaram, redobrando seu efetivo militar, incluindo a ida de bandeiras paulistas ao Nordeste. O fim dos "bárbaros" era contemplado como a última e mais gloriosa das vitórias.

   Foi o que ocorreu com a morte indiscriminada de homens, mulheres e crianças, marcando o fim trágico da Confederação dos Cariris, um dos principais conflitos envolvendo europeus e indígenas no Brasil colonial.

   Na região do Amazonas, os pacajás, que viviam no sudoeste da Ilha do Marajó, foram à luta contra os invasores com 500 canoas; lutaram até a morte, mas foram dizimados. E os jurunas, que ficavam perto da Foz do Xingu, tiveram alguns poucos remanescentes que sobreviveram porque se localizaram centenas de quilômetros no meio da mata rio acima, no território do atual Parque Nacional do Xingu.

Os caiapós, que ocupavam grandes territórios de campo e de mato nos atuais estados de Goiás e Mato Grosso, na década de 1740, foram alvo de várias guerras de extermínio, mas é rara a informação etnográfica e histórica sobre eles neste período. Hoje, os caiapós vivem no sul do Pará e se mantêm em grande resistência. Ficou conhecida mundialmente, entre outras questões, sua atuação relacionada com as grandes usinas hidrelétricas, em particular a de Belo Monte, que os afeta diretamente. Vale lembrar a audiência histórica realizada em Altamira (PA) em 1989, durante a qual a indígena caiapó Tuira, incomodada pela pouca importância dada aos gritos dos guerreiros de seu povo, enfrentou diretamente o presidente da Eletronorte colocando a lâmina de seu facão no rosto dele, exigindo respeito. Na mesma audiência, pediu explicações dos dirigentes da FUNAI ali presentes sobre as perseguições que seu povo vinha sofrendo. Foi uma audiência simbólica de toda a luta dos caiapós que conseguiu barrar o projeto da usina Belo Monte durante mais de 10 anos;

- a Guerra Guaranítica (1750 e 1756), nome dado aos violentos conflitos que envolveram os índios guaranis e as tropas portuguesas e espanholas no sul do Brasil, ocorreu após a assinatura do Tratado de Madri entre Portugal e Espanha em 1750, que obrigava os guaranis dos Sete Povos das Missões a deixarem suas terras no território do Rio Grande do Sul e se transferirem para o outro lado do Rio Uruguai;
- a Guerra dos Botocudos, iniciada em 1808, quando da vinda do príncipe regente D. João VI ao Brasil, é um exemplo da política genocida de Estado no tempo do Império e deixou evidente as motivações de sua ordem econômica "... para estabelecer para o futuro a navegação do Rio Doce, que faça a felicidade desta Capitania", conforme Carta Régia de 13 de maio de 1808. Como parte dessa política, o "Ato Institucional Joanino" contemplava, inclusive, um incentivo salarial adicional dado aos militares que se destacassem na dominação dos indígenas em questão:

> (...) terá mais meio soldo aquele comandante que no decurso de um ano mostrar não somente que no seu distrito não houve invasão alguma de índios botocudos nem de outros quaisquer índios bravos, de que resultasse morte de portugueses ou destruição de suas plantações; mas também que aprisionou e destruiu, no mesmo tempo, maior número do que qualquer outro comandante (...).

QUARTA PARTE — BRASIL

Os índios crenaques, indevidamente chamados de "botocudos", por resistirem à invasão branca, foram vítimas da "guerra justa", com direito a todas as barbaridades que a mesma contemplava. E não deixaram de ser ameaçados e de ter que resistir, inclusive nos séculos seguintes.

Participação das mulheres na resistência

A história oficial do Brasil praticamente desconheceu a presença de mulheres indígenas ao longo de cinco séculos. Os poucos registros existentes sobre as mulheres nativas, muito mais do que falar sobre sua vida, seus costumes, atitudes e saberes, revelam os preconceitos que povoavam o imaginário dos observadores europeus ao depararem com as belíssimas mulheres indígenas que habitavam a costa brasileira. Algumas ficaram conhecidas nos registros por suas relações com brancos portugueses famosos como, por exemplo, a índia Bartira, casada com João Ramalho, ou com Paraguaçu, e a índia tupinambá que acolheu e se casou com o português Diogo Alvares Correia, o Caramuru.

Infelizmente, devido a essa invisibilidade histórica, existem poucos relatos sobre a exploração das mulheres indígenas e a violência por elas sofrida em sua condição de mulher. Além disso, é difícil avaliar devidamente sua participação na resistência dos povos indígenas e sua sobrevivência. Entre os poucos exemplos ilustrativos existentes, recolhemos estes no Dicionário de Mulheres do Brasil (SCHUMAHER, 2000):

- **Isabel** era índia escrava de Fernão Cabral de Ataíde, proprietário do engenho de Jaguaribe no Recôncavo baiano do século XVI. Para responder à acusação de que a escrava teria falado à sua esposa sobre seus casos amorosos extraconjugais, Fernão Cabral ordenou ao feitor que queimasse Isabel viva, em uma fornalha. E ameaçou jogar na mesma qualquer um que ousasse acudi-la (p. 279);
- **Ingaí** foi uma das mulheres de Pernambuco que lutou com seu povo contra os portugueses vindos com Duarte Coelho, donatário da capitania, em 1535. O índio Camure, a quem ela estava prometida, foi preso e morto e Ingaí levada prisioneira. Colonos tentaram violar a jovem índia, mas ela resistiu e conseguiu fugir (p. 275);
- **Potira**, outra índia da nação Tamoio e filha do chefe indígena Aimberê (o último dos tamoios), foi casada com um europeu

francês que se integrou totalmente à vida tribal. Ao lado do marido e do pai, combateu as tropas de Estácio de Sá que tentavam expulsar os franceses da capitania do Rio de Janeiro, morrendo em 1537. Na mesma batalha morreram outras mulheres da nação dos tamoios, como aconteceu com a índia Iguaçu (p. 468);

- A índia cariri **Potira, filha de Caturité**, chefe da tribo dos índios cariris situada no Maranhão, participou da resistência indígena quando seu povo foi atacado por bandeirantes em 1698. Pai e filha lutaram até o fim, lado a lado. Já prestes a serem vencidos, fugiram para a planície, preferindo morrer do que serem feitos prisioneiros dos brancos (p. 468).

Quantas milhares de outras mulheres indígenas sofreram as consequências da colonização e resistiram ao longo dos séculos que a mesma perdurou, mas não foram sequer citadas pelas testemunhas incluídas nos relatos de uma história patriarcal?

Brasil: o genocídio que não acabou

No século XX, mais precisamente em 1910, o governo nacional criou o Serviço de Proteção ao Índio (SPI), a partir de muita pressão nacional e internacional. O SPI acendeu nas populações indígenas a esperança de que, com seu poder de organismo de Estado, ajudaria a ter seus direitos respeitados. Porém, esse serviço resultou ser, ao longo dos anos, uma grande decepção, sendo substituído pela FUNAI em 1967.

No início, o SPI foi comandado pelo Marechal Cândido da Silva Rondon, um simpatizante das causas das populações originárias e ele mesmo, um descendente de indígenas. Entretanto, poucos anos após a saída do Marechal Rondon, esse serviço tornou-se um organismo governamental que, aliado aos grandes produtores rurais e empreendedores da mineração, participou diretamente no massacre dos indígenas e degenerou-se a ponto de persegui-los até o extermínio. Vários desses massacres envolvendo o aval e/ou a participação direta do SPI foram denunciados ao governo como escândalos, sem merecerem interesse das autoridades.

Um dos exemplos da expropriação das terras indígenas pelo SPI é o dos índios terenas, povo de língua aruak. Os terenas sofreram muito na mão dos funcionários do SPI nas décadas de 1920-1930, quando suas terras eram requeridas pelo governo do Mato Grosso. Desde 2001, com uma

QUARTA PARTE — BRASIL

população então estimada em 16 mil pessoas, com quase 2,5 mil famílias, esse povo praticamente não tem mais um território próprio correspondente a este número de habitantes da nação. Atualmente, os terenas vivem em um território descontínuo, fragmentado em pequenas "ilhas", cercadas por fazendas, espalhadas principalmente em sete municípios do Mato Grosso do Sul.

A nação crenaque, descendente dos "botocudos" (nome pejorativo dado aos kren pelos portugueses devido aos enfeites que colocavam nos lábios e orelhas, e que foram objeto de guerra justa declarada em 1808 pela Coroa portuguesa), também sofreu muito nas mãos do SPI. Instalados, desde o século XIX, na região do Rio Doce em Minas Gerais e Espírito Santo, com a chegada dos colonos tornaram-se incômodos em seu próprio território, cobiçado para exploração. No final do século XIX e início do XX, com a construção da estrada de ferro Vitória-Minas, os crenaques foram pressionados a abandonar a maior parte das suas terras no Vale do Rio Doce e muitos deles também foram tratados como escravos pelos brancos.

Por volta de 1911, o Serviço de Proteção aos Índios (SPI) agrupou os crenaques em uma área próxima ao município de Resplendor, em Minas Gerais. Em 1920, o governo daquele estado destinou ao povo crenaque parte de seu território original; mas os quatro mil hectares destinados aos indígenas continuaram sob a cobiça dos brancos. Em 1970, houve reintegração de posse das terras dos crenaques em favor dos fazendeiros. Então, mesmo tendo seus direitos definidos na Justiça, os índios foram transferidos com suas famílias para uma fazenda, vários deles saindo algemados de seu território original, tratados como infratores e desajustados sociais. Inclusive, aconteceu do SPI forçar índios a maltratar outros índios, colocando-os a serviço do órgão governamental. Também foram criados reformatórios, como um tipo de prisão, para aqueles que se revoltassem.

Foram tantas as denúncias sobre a atuação do SPI junto aos indígenas que, em 1963, uma Comissão Parlamentar de Inquérito foi criada para avaliar a violência contra os índios no Brasil e sua relação com o órgão. O inquérito revelou um conjunto de ações levadas a cabo contra os índios, relacionadas principalmente com a questão da disputa de terras, com a cumplicidade do SPI que parecia ter-se tornado um Serviço de "Perseguição" aos Índios.

Os crimes cometidos por esse órgão ou com sua anuência foram tantos e tão horríveis que o SPI é considerado o maior escândalo administrativo do Brasil envolvendo populações indígenas.

Um comprovante sem igual: o Relatório Figueiredo

O período de 1930 a 1968 foi, sem sombra de dúvida, um dos mais trágicos do genocídio indígena no Brasil no decorrer do século XX.

Em 1967, depois do Golpe Militar, o general Albuquerque Lima, então Ministro do Interior, a quem estava subordinado o SPI, recebeu os resultados da CPI de 1963. Para fazer frente à pressão internacional da imprensa e das embaixadas brasileiras, o ministro criou uma Comissão de Investigação (CI), sob a coordenação do procurador Jader de Figueiredo Correia, para analisar as denúncias sobre o SPI. Seu trabalho consistiu de uma expedição que percorreu mais de 16 mil quilômetros de norte a sul do país, entrevistou dezenas de agentes do SPI, visitou mais de 130 postos indígenas coordenados pelo Serviço, catalogou milhares de atrocidades praticadas contra indígenas em todo o país e analisou documentos da Comissão Parlamentar de Inquérito de 1963.

Este documento, de sete mil páginas (30 tomos originais), ficou conhecido como *Relatório Figueiredo*. Ele abarca o período de 1940 a 1968 e detalha assassinatos em massa, tortura, escravidão, guerra bacteriológica, abuso sexual, roubo de terras e negligência contra as populações indígenas do Brasil, incluindo grupos completamente eliminados e, muitos, dizimados.

Entre os delitos cometidos, o relatório ressalta crimes contra a pessoa e a propriedade dos indígenas, como: assassinatos individuais e coletivos (de povos e aldeias); prostituição de mulheres indígenas; sevícias; trabalho escravo; usurpação do trabalho indígena; apropriação, dilapidação e desvio de recursos oriundos de patrimônio indígena: venda de gado, arrendamento de terras, venda de madeiras, exploração de minérios, venda de castanha e outros produtos de atividades extrativas e de colheita, venda de produtos de artesanato indígena e doação criminosa de terras indígenas.

O relatório também descreve outros crimes, como: apropriação de importâncias incalculáveis; adulteração de documentos oficiais; fraudes em processos de comprovação de contas; desvio de verbas orçamentárias; uso irregular de dinheiro público; admissões fraudulentas de funcionários; e incúria administrativa. Seguindo a lista, encontra-se descrição de dinamites atiradas de aviões, inoculações de varíola em povoados isolados e doações de açúcar misturada ao veneno chamado estricnina. São detalhados castigos físicos, tipo: porrada, tortura no tronco, mutilação, pessoas aleijadas e mortas em decorrência de espancamento, prisões, cárcere privado, chicotadas, crucificações, sem contar o sistema de trabalho escravo ao qual eles eram submetidos.

QUARTA PARTE — BRASIL

Jader Figueiredo era funcionário público e ficou espantado ao ver como era possível uma instituição pública ser capaz de tais monstruosidades, com tão baixos padrões de decência, e funcionários públicos serem capazes de uma bestialidade tão assustadora.

No próprio relatório, Figueiredo narra um caso que o arrepiou: ao chegar a uma aldeia, viu uma índia morta e cortada ao meio em público, amarrada entre duas estacas pelos pés, de cabeça para baixo, partida longitudinalmente ao meio por piques de facão. E escreve, demonstrando sua perplexidade: "os criminosos continuam impunes, tanto que o presidente dessa comissão viu um dos asseclas desse hediondo crime (assassínio de Cintas Largas no Mato Grosso) sossegadamente vendendo picolé a crianças em uma esquina de Cuiabá".

Ele denunciou tudo com coragem. Em 1968, entregou seu relatório ao ministro, em uma audiência pública que teve ampla divulgação. No entanto, ao invés de haver seguimento ao que tinha sido iniciado pela comissão de investigação, em março de 1968, funcionários que haviam participado da Comissão de Investigação foram exonerados e Jader Figueiredo foi transferido de Brasília para o Ceará. Um inquérito judicial foi lançado e 134 funcionários do SPI foram acusados de mais de mil crimes, mas apenas 38 foram demitidos e nenhum foi preso.

As aldeias indígenas eram vistas como entraves ao conceito desenvolvimentista da época e seu ímpeto por um suposto "Brasil Moderno". Como consequência, os índios eram tratados sem nenhuma compaixão e vários povos foram totalmente eliminados ou dizimados.

Contudo, no âmbito internacional, o *Relatório Figueiredo* foi tão chocante que levou à fundação de uma organização de direitos indígenas, a *Survival International*, após a publicação de um artigo de Norman Lewis no jornal britânico *Sunday Times*, com base principalmente nas denúncias encontradas nele:

> A repercussão do documento foi muito grande porque não se tratava de um caso patológico que pudesse ser atribuído a alguns psicopatas atacantes de índios, diz o advogado José Ribamar Freire. Os autores eram pessoas tidas como "normais", que tinham família, tinham conta no banco, frequentavam igreja, davam carinho a seus filhos. E, de repente, essas mesmas pessoas estavam envolvidas: eram grileiros, comerciantes, políticos, juízes, desembargadores, deputados, governadores, delegados e até ministros responsáveis pela extrema opressão retratada nos fatos levantados pela Comissão de Investigação (FREIRE, 2015).

O *Relatório Figueiredo* é, sem sombra de dúvida, um dos mais importantes documentos produzidos pelo Estado brasileiro no século XX. Porém, a partir da promulgação do AI-5 em 1968 pela Junta Militar, o documento foi engavetado e ninguém mais teve coragem de mexer com os dados que ele disponibilizava. Dizia-se que teria sido destruído por um incêndio que afetou o Ministério do Interior em Brasília, no ano de 1967. Na verdade, foi transferido para o Museu Nacional do Índio no Rio de Janeiro em 2008.

Em 2013, o Relatório Figueiredo foi ali "descoberto" por Marcelo Zelic, vice-presidente do grupo Tortura Nunca Mais. Posteriormente, entregue à Comissão Nacional da Verdade do Brasil, que investigou as violações de direitos humanos ocorridas no Brasil entre 1947 e 1988, tendo Maria Rita Khel como relatora do capítulo relativo aos camponeses e indígenas. Atualmente, o *Relatório Figueiredo* encontra-se disponível ao público na internet em sua versão resumida de 68 páginas.

Mais um capítulo confuso da política indigenista: a FUNAI

Como uma das medidas que se sucederam à divulgação do Relatório Figueiredo no Brasil, em 1967, o governo federal extinguiu o Serviço de Proteção ao Índio (SPI), substituindo-o pela Fundação Nacional do Índio (FUNAI).

De acordo com seus estatutos, de 1971, a FUNAI tem como princípios básicos:

- respeito à pessoa do índio e às instituições e comunidades tribais;
- garantia à inalienabilidade e à posse das terras habitadas pelos índios e ao usufruto exclusivo das riquezas naturais e de todas as utilidades nelas existentes;
- preservação do equilíbrio biológico e cultural do índio no seu contato com a sociedade nacional;
- resguardo à aculturação espontânea do índio, de forma a processar-se sua evolução socioeconômica a salvo de mudanças bruscas.

A FUNAI parecia ter sido criada para "virar a página" do SPI, mas já nasceu como uma instituição de caráter ambivalente, num contexto muito controverso. Durante o regime militar, investiu significativamente contra as nações indígenas, particularmente quando anunciou que pretendia "ajustar os interesses e anseios dos índios às necessidades do Programa de Integração Nacional", tornando-se mais um mecanismo para preparar

QUARTA PARTE — BRASIL

a penetração em massa de grandes empresas nacionais e internacionais no "paraíso" da Amazônia.

O novo marco para pensar a vida dos povos indígenas e sua relação com a sociedade brasileira em geral só se deu com a nova Constituição Brasileira, aprovada em 1988. Porém, o caminho vem sendo longo e instituições como a FUNAI e outras, apesar da boa vontade e compromisso de alguns de seus dirigentes e funcionários, não estão dando conta das numerosas contradições que ainda permanecem.

Vale destacar, entre outros, os limites institucionais da FUNAI, que foram diminuídos nos primeiros anos do século XXI, quando a atribuição de demarcar terras, que era exclusivamente sua, foi partilhada com outros órgãos do governo altamente comprometidos com o agronegócio, apoiados pelo setor ruralista do Judiciário sob a fachada do desenvolvimento econômico e social.

Entrando no século XXI

Infelizmente, o *Relatório Figueiredo* sobre a violência contra os povos indígenas durante a segunda parte do século XX não foi um ponto conclusivo. É o que demonstram os relatórios anuais do Conselho Indigenista Missionário (CIMI), uma organização não-governamental criada em 1972 pela Conferência Nacional dos Bispos do Brasil (CNBB) em apoio à organização dos indígenas. O CIMI hoje está presente na maioria dos estados do país e, entre outras atividades, realiza e divulga estudos sobre a situação dos indígenas.

O Relatório Anual do CIMI de 2012 (CIMI, 2013), em suas 139 páginas, traz evidências que comprovam como a violência contra os povos indígenas ainda não arrefeceu no Brasil da atualidade.

Embora não esgote todas as ocorrências, esse relatório detalha a quantidade e as características dos ataques e ameaças que sofrem as populações indígenas no país, o que caracteriza um processo de genocídio. Os quatro capítulos cobrem detalhada e comprovadamente as principais formas de violência contra povos indígenas do Brasil hoje: a) violência contra o patrimônio; b) violência contra as pessoas; c) violência ocasionada por omissão do poder público (particularmente nas áreas de saúde e educação). Também explicita as demandas pela garantia dos direitos indígenas em relação a pontos fundamentais: demarcação das terras, proteção ao meio ambiente e políticas públicas eficazes com relação à segurança no usufruto das terras, saúde, e educação pública, além do urgente fim dos assassinatos.

143

Na primeira década do século XXI, de acordo com o relatório citado, foram assassinados no país 563 indígenas. E o número voltou a crescer em 2012: foram 66 casos contra 51 ocorridos em 2011. O número cresceu particularmente em Mato Grosso do Sul, o estado mais violento contra os indígenas, responsável por 50% das ocorrências em 2012 e 55,5% das de 2001 a 2011, totalizando 317 vítimas.

Em síntese, o relatório do CIMI de 2012 demonstra, de modo irrefutável, a intolerância e truculência ainda vigentes no Brasil nos dias de hoje, e que tem sido fortemente ampliadas no decorrer da última década.

As principais questões que o CIMI aborda no relatório de 2012 referem-se a: invasões/apropriações de terras indígenas por não-índios; PEC 215, Marco Temporal e Portaria 303; demarcação das terras; políticas de saúde e de educação.

Os problemas com as terras indígenas são um assunto em pauta desde a chegada dos portugueses ao continente. A permanência ou posse de suas terras é o motivo principal das lutas das populações originárias, por ser o fundamento de sua subsistência biológica e de sua sobrevivência como povo.

Na atualidade, as violências praticadas contra os povos indígenas têm relação com a política desenvolvimentista do governo, que considera as terras indígenas obstáculo ao desenvolvimento econômico, particularmente na exploração de recursos florestais, hidrográficos e minerais. As disputas fundiárias são incrementadas pela omissão e/ou morosidade do governo frente aos conflitos e à sua postura em não demarcar as terras, não cumprindo, assim, o estabelecido no art. 231 da Constituição Federal de 1988.

Durante todo o ano de 2012 foram homologadas apenas sete terras indígenas. Levantamentos do CIMI indicam a existência de 339 terras indígenas sem nenhuma providência quanto à demarcação; 293 estão em estudo e, destas, 44 estão engavetadas no Palácio do Planalto, aguardando apenas a assinatura presidencial.

PEC 215, Marco Temporal e Portaria 303

Pela Constituição atual do Brasil, só o Poder Executivo pode decidir sobre as demarcações de terras indígenas, territórios quilombolas e unidades de conservação no país.

A PEC 215 é uma proposta elaborada na Câmara dos Deputados, com forte influência da bancada ruralista, para alterar a Constituição, propondo transferir para o Congresso a decisão final sobre a demarcação dessas terras. A aprovação da PEC 215 tornar-se-ia uma nova fonte de conflitos, pois prevê a indenização dos proprietários de terras nas áreas demarcadas, beneficiando os ruralistas.

O "Marco Temporal" vem com a PEC 215 e busca fixar um momento para julgamentos de demarcações. Este marco seria a data da promulgação da Constituição de 1988. Ou seja: índios e quilombolas não teriam mais direito a terras que eles já não podiam ocupar em 1988, mesmo tendo sido despejados delas em anos anteriores.

A Portaria 303 da Advocacia Geral da União (AGU) seguiu a mesma lógica, proibindo a ampliação de terra indígena já demarcada. Felizmente, foi suspensa graças à reação de grupos de indígenas e organizações de apoio, assim como da CNPI — Comissão Nacional de Política Indigenista (transformada em Conselho Nacional de Política Indigenista em 2016).[7]

A maioria dos grupos indígenas e de outros grupos étnicos são contrários à PEC 215 por considerar que ela paralisaria a demarcação ou a ampliação de áreas de povos tradicionais, deixando-as acessíveis à exploração hidrelétrica, de mineração e do agronegócio.

> Esta briga envolve importantes setores econômicos anti-indígenas nacionais e internacionais, que buscam ter o poder em suas mãos para decidir sobre a não-demarcação das terras indígenas, a não-titulação das terras quilombolas e a não-criação de novas unidades de conservação ambiental no país (CIMI, 2013, p. 9).

Sobre a demarcação das terras. Um estudo comparativo do CIMI sobre a atuação dos governos federais desde a era do Presidente Sarney (1985) até a presidenta Dilma (2014) mostra: entre 1985 e 1990, o governo Sarney homologou 67 terras; Fernando Collor de Melo homologou 112 terras no período de dois anos; Itamar Franco homologou 18 terras

---

7 "O Conselho Nacional de Política Indigenista — CNPI, instalado no dia 27 de abril de 2016, é um órgão colegiado de caráter consultivo, responsável pela elaboração, acompanhamento e implementação de políticas públicas voltadas aos povos indígenas. Foi criado pelo Decreto nº 8.593, de 17/12/15 e é composto por 45 membros, sendo 15 representantes do Poder Executivo federal, todos com direito a voto; 28 representantes dos povos e organizações indígenas, sendo 13 com direito a voto; e dois representantes de entidades indigenistas, com direito a voto." Disponível em: http://www.funai.gov.br/index.php/cnpi1. Acesso em: 27 fev. 2021. O problema atualmente é que o CNPI existe, foi instalado, mas não funciona; não se reúne porque o governo não convoca.

no pouco tempo que governou; Fernando Henrique Cardoso homologou 145 terras em oito anos; Luiz Inácio Lula da Silva homologou 79 terras no período de oito anos; o governo de Dilma, no período de dois anos, homologou 10 terras, sendo que sete delas foram homologadas no ano de 2012. A regularização das terras indígenas é uma questão afetada pela anuência do governo federal às pressões do agronegócio, especialmente da bancada ruralista no Congresso Nacional. Enquanto isso, continuam aumentando as invasões, a exploração ilegal de recursos naturais e o desmatamento.

Sobre as políticas de saúde e educação. A falta de uma política indigenista orgânica, que se interrelacione com as demais políticas, fragiliza as ações e serviços voltados às comunidades indígenas, particularmente no que tange a essas duas questões, juntamente com a defesa de suas terras.

Em relação à saúde, o relatório do CIMI ressalta a falta de saneamento básico e de água potável, o que tem causado, entre outros, alastramento de doenças infectocontagiosas, desnutrição, verminose, diarreia, vômitos e mortalidade infantil. As informações levantadas sobre a precariedade da infraestrutura das casas de saúde indígenas são assustadoras. Até 2012, no Brasil não havia uma única casa de saúde indígena funcionando regularmente, com assistência e acolhimento adequados.

Em relação à educação, três aspectos mostram a deficiência da educação escolar indígena: a) falta de estrutura, b) carência de quadros e de docentes indígenas nas escolas existentes e c) desrespeito às normativas que regulamentam a oferta de educação aos povos indígenas. Existem os chamados territórios etnoeducacionais apresentados pelo Ministério da Educação que, infelizmente, parecem ser ficção: a maioria dos povos indígenas não os conhece e sequer sabe como poderão ser implementados.

Etnocídio cultural

Todas as questões abordadas ao longo deste texto demonstram como, do início da colonização até os dias de hoje, a tentativa de desaculturação indígena foi uma constante e ainda não parou.

No Brasil Colônia, esse processo se desenvolveu sobretudo a partir da instauração dos "aldeamentos", com a ação missionária dos jesuítas e dos franciscanos. Os missionários não admitiam o regime escravocrata aplicado pelos colonos portugueses. No entanto, apesar de suas boas intenções, também acabaram servindo aos interesses da Coroa de Portugal.

QUARTA PARTE — BRASIL

O trabalho de catequese foi também um genocídio cultural dos indígenas, pois incluía a eliminação de suas expressões culturais, espirituais e artísticas para ater-se à formação cristã-católica-europeia.

No século XX, essa invasão cultural foi reforçada pela aculturação estadunidense promovida especialmente pelas igrejas evangélicas nas aldeias. Um exemplo da "aculturação branca" promovida pelas igrejas é o tratamento dado às mulheres indígenas "por serem mulheres", espelhada nesta afirmação de um pastor protestante em 1950 apresentada pelo pesquisador Moonen (1988):

> (...) os indígenas, um bando de desavergonhados, especialmente as mulheres. A visão de sua nudez provoca o despertar dos desejos da carne entre os homens. A primeira parte do nosso trabalho consiste, naturalmente, em levá—las a usar roupas apropriadas. Esperamos que, dentro de um ou dois anos, nenhuma mulher exponha mais seus seios pela tribo... Devemos concentrar nosso trabalho sobre as mulheres, pois elas são a causa de todo o pecado (MOONEN, 1988, p. 28).

Um indígena denunciou: "as missões nos matam por dentro, esquecem nossas tradições, cultura e religião. Impõem-nos outra religião, desprezando os valores que já possuímos. Isto nos descaracteriza a ponto de nos envergonharmos de ser índios" (CIMI, 2013, p. 47).

O trabalho dessas igrejas evangélicas foi potencializado com o passar dos anos com poderosos meios de comunicação à sua disposição, particularmente a rádio e a televisão e infraestrutura "especial" de carros, barcos, aviões, inclusive hidroaviões para chegar a cada etnia ainda "não-evangelizada". Devido a numerosas denúncias, em 1991, a FUNAI determinou a retirada dos missionários de dentro das terras indígenas.

Em geral, pode-se afirmar que as práticas etnocidas promovidas por missionários e pastores não eram intencionais. No âmbito individual, principalmente, muitas eram repletas de boa vontade e de boas intenções, mas evidenciam o despreparo dos missionários para uma evangelização capaz de respeitar as culturas encontradas. Dificilmente os missionários aceitariam matar fisicamente os indígenas; entretanto, contribuíram para matar sua cultura, que é sua "alma".

A essa altura, é importante lembrar outro aspecto essencial para a cultura indígena, que é sua ligação com a natureza e o que pode significar, para uma nação indígena, perdê-la. Em pleno século XXI, a nação crenaque, por exemplo, sofreu abalo material, físico, psicológico, moral e espiritual de dimensão incalculável. Seu habitat venerado, o Rio Doce, sucumbiu ao desastre socioambiental causado pela empresa Samarco, que tem a empresa Vale como uma de suas donas, cujos rejeitos (de lama, ferro, manganês...) mataram o rio. Shirley Krenak, em entrevista a Frei Gilvanir Luis Moreira, de Belo Horizonte, assim se refere à empresa:

> (...) A Vale matou o Rio Doce, nosso irmão. Pra muita gente era só uma água o que corria por aí. Para nosso povo, não. Era nosso irmão muito velho, que sempre estava ao nosso lado... vivo... com muitos filhos dentro dele: peixes, tartarugas, outros... olha o tanto de filhos que mataram!... Com o que aconteceu, mataram nosso irmão mais velho que nunca nos deixou passar por necessidade (06.12.15).

A este depoimento somaram-se outros, quase como um refrão: "No rio a gente pescava, a gente se banhava, a gente ensinava as crianças a nadar, a brincar, a dançar, perto dele a gente acendia fogueira e fazia nossos rituais... Acabou".

Após um ano do desastre, em entrevista à equipe do Instituto Socioambiental, o líder indígena Ailton Krenak afirmou:

> Não foi um acidente. (...) Este evento denuncia um quadro global, no qual paisagens, territórios e comunidades humanas fazem parte de um pacote que essas grandes fortunas, através das suas corporações, continuam tratando como material descartável. Nós somos ajuntamentos nada relevantes para esses caras e eles nos manipulam do jeito que querem. Somos colônias avassaladas e eles fazem o que querem com nossos teritórios, nosso litoral, nossa floresta (ISA, 2016).

Resistência que continua no século XXI

Os índios guarani kaiowás do Mato Grosso do Sul são um dos claros exemplos de resistência indígena da atualidade, confrontando uma política indigenista de extermínio físico e cultural vigente principalmente a partir do século XX. Cerca de 46 mil indígenas pertencem às etnias guarani kaiowá e ñandeva, em 26 municípios da região sul do Mato Grosso do Sul, a maior parte distribuída em oito áreas ou postos indígenas, demarcadas pelo SPI (Serviço de Proteção aos Índios) entre 1915 e 1916. Outra parcela

QUARTA PARTE — BRASIL

dessa população está assentada em parte dos territórios reocupados, desde o período de 1980 a 2000 e que ainda se encontram em processos de identificação, demarcação e regularização fundiária.

A partir de 1980, numerosas famílias indígenas passaram a reivindicar a demarcação dos territórios ocupados por seus antepassados e de retornar a eles como seu habitat. A forma de resistir tem sido a organização de acampamentos nas áreas de litígio, onde aguardam identificação e reconhecimento oficial. Para a nação guarani kaiowá, perder o espaço geográfico da aldeia (*tekoha*), significa perder a relação com o sagrado que ela representa. Sem o referencial místico do grupo, intrínseco à terra, muitos índios abandonaram seus costumes e suas aldeias e vários preferiram suicidar-se.

Na situação limite em que estão, as lideranças indígenas chegaram ao ponto de escrever uma carta pública de apelo, na qual disseram:

> (...) nós já vamos e queremos ser mortos e enterrados junto aos nossos antepassados, aqui mesmo onde estamos hoje. Por isso, pedimos ao Governo e à Justiça Federal para não decretar a ordem de despejo e expulsão; solicitamos decretar nossa morte coletiva e enterrar nós todos aqui (CIMI, 2013).

Até a Comissão de Direitos Humanos do Senado Federal reconheceu que a situação dos guarani kaiowás chegou ao nível de genocídio, quando a Justiça Federal do Brasil decretou o despejo dos indígenas de suas terras naturais para beneficiar o agronegócio.

Os índios caiapós constituem um povo que vive em áreas do Pará e do Mato Grosso e teve seu primeiro contato com os brancos em 1954. Os caiapós também se tornaram um símbolo de resistência, particularmente em relação à questão ambiental. Raoni, uma de suas principais lideranças, nascido na aldeia Kapôt, aprendeu a falar português com os irmãos Villas-Boas. Em 1984, apareceu em público armado e pintado para guerra, para negociar com o então ministro do interior, Mário Andreazza, a demarcação dos territórios caiapós ameaçados por invasões de colonos. Durante a reunião, deu um puxão de orelha no ministro e lhe disse: "aceito ser seu amigo, mas você tem de ouvir índio".

Em 1987, após encontro com o cantor inglês Sting no Parque Indígena do Xingu, o cacique Raoni efetuou numerosas viagens pelo mundo como um verdadeiro embaixador de combate pela proteção da floresta amazônica, dos povos indígenas e de sua cultura ancestral. Uma de suas grandes lutas foi e ainda é contra a construção da Barragem de Belo Monte, devido ao impacto que pode ocasionar nos territórios e populações indígenas situados na beira do Rio Xingu, no Pará.

Sonia Guajajara, da coordenação nacional da APIB — Articulação dos Povos Indígenas do Brasil, assim resume a resistência nada fácil dos indígenas na atualidade: "se antes lutávamos pelo cumprimento de nossos direitos, hoje lutamos para não perder esses direitos reconhecidos na Constituição" (GUAJAJARA, 2013).

5. SOBREVIVÊNCIA (DEMOGRÁFICA, TERRITORIAL, CULTURAL)

Diversos aspectos merecem ser contemplados ao tratar este tema. Aqui mencionamos: sobrevivência demográfica e cultural; avanços e retrocessos na política indigenista e organização do movimento indígena.

Sobrevivência demográfica

Contrariando as previsões que podiam ser deduzidas da pesquisa de Darcy Ribeiro em 1957, as populações originárias apresentaram crescimento considerável, especialmente durante os últimos anos do século XX, passando por uma curva de crescimento e afirmação de vitalidade e sobrevivência dinâmica. Alguns dados do censo do IBGE de 2010 confirmam este processo dinâmico:

> *Número de habitantes indígenas no país: 897 mil*
> *Etnias: 305, das quais a maior é a Tikuna*
> *Idiomas: 274 oficialmente reconhecidos*
> *Localização: Todo o território brasileiro, principalmente na zona rural e na floresta*
> *Estados de maior concentração: Amazonas, Mato Grosso do Sul, Bahia e Pernambuco.*

Há indígenas em todos os estados brasileiros, inclusive no Distrito Federal. Além disso, a FUNAI também registra 69 povos ainda não contatados e alguns grupos que estão requerendo o reconhecimento de sua condição indígena junto ao órgão federal competente.

As diversas etnias também se agrupam por famílias/grupos linguísticos. Os jês, tupis-guaranis, panos e karibs são os grupos que reúnem mais nações. Segue, apenas a título de exemplo, uma lista não exaustiva deste agrupamento:[8]

- Tupis-guaranis: trumais, apiacás, arwaks, tupis-araras, aruás, tucanos, yanomamis;
- Karibs: auietis-ñeengatus, bororos, samukos, chiquitanos, mondés, muras, drawa mawes;
- Jês: guatás, makus, jabotis, carajás, kakmutinas, kanoês, arikems, kamaranas, crenaques, mundurukus, kwazás, maxacalis, ñambiquaras, taxapacuras, muras, rikbaktsas, jurunas, timbiras;
- Panos: yutés, aicanãs, ticunas, tuparis.

Há que se recordar também que o Brasil é um dos territórios do planeta que tem mais povos isolados. Na Amazônia, vivem cerca de 80 grupos, alguns com centenas de pessoas, outros com fragmentos dispersos, sobreviventes de povos quase dizimados pelos impactos do extrativismo, da expansão da agricultura e da exploração madeireira e mineral que começou no século XVI e continua até os dias atuais. Ainda hoje, alguns vivem fugindo de madeireiros e fazendeiros, como é o caso dos nômades kawahivas, no Mato Grosso. Existem alguns grupos isolados de caçadores-coletores nômades, como os awás, no Maranhão, que conhecem, de maneira extraordinária, a terra e sua topografia, sua fauna, flora e os melhores lugares de caça e pesca.

Sobrevivência territorial

A exigência maior e mais urgente das populações indígenas continua sendo a recuperação ou a demarcação das terras, uma exigência básica para a garantia de seus direitos políticos. O leque de questões levantadas pelos povos indígenas sobre o assunto é grande e tem várias vertentes: terras em estudos; terras delimitadas; terras declaradas; terras homologadas; terras regularizadas; terras interditadas. Cada uma das situações envolve numerosos processos, alguns antigos e outros novos, como é o caso da PEC 215 e do Marco Temporal.

Este é ainda um capítulo inconcluso na história do Brasil e a diversidade de situações em relação à demarcação de terras indígenas é grande:

---

8 Maiores informações sobre a riqueza linguística dos povos indígenas podem ser encontradas em: RODRIGUES, Aryon Dall'Igna. Línguas Brasileiras: para o conhecimento das línguas indígenas. São Paulo: Edições Loyola, 1986.

algumas foram demarcadas e contam com registros em cartórios; outras estão em fase de reconhecimento; ainda há terras indígenas sem nenhuma regularização. E muitas terras, demarcadas ou por demarcar, estão envolvidas em conflitos e em polêmicas infindáveis, envolvendo não só empresários, mas também o poder público.

Os indígenas assim expressaram sua preocupação em carta escrita e entregue aos ministros do STF em Brasília, no dia 24 de fevereiro de 2016:

> Estamos passando por um período de forte e violento ataque aos nossos direitos. Não aceitamos o Marco Temporal nem a PEC 215.
>
> Não aceitamos que o STF anule as demarcações já feitas e nem aquelas em curso, pois assim estarão nos matando, eliminando o que sobrou de nós. Não somos nada sem a terra. E o agronegócio quer nos eliminar e acabar com nossas florestas e nossos rios (...) Somos povos desta terra e dela não podemos sair. Por isso, pedimos aos senhores Ministros e senhoras Ministras que não apliquem o marco temporal e que não anulem a demarcação das nossas terras. A Terra é nossa mãe; e mãe não se vende. Nós queremos nossa mãe-terra viva e para isto ela não pode ser tomada de nós, povos indígenas.

O ecossistema da Amazônia é merecedor de destaque nessa questão. Ele fala por si. Muitos estudos, divulgados inclusive pela mídia, demonstram a importância da permanência das populações indígenas nessa região, protegendo suas vidas e, ao mesmo tempo, protegendo a região amazônica do avanço desenfreado do desmatamento, assunto de vital importância não só para nosso país, mas para todo o planeta.

Sobrevivência cultural

A proposta dos índios, desde o início do convívio com outras culturas e, atualmente no convívio com o restante da sociedade brasileira em um mundo globalizado, é simples: eles querem continuar sendo índios, sem serem obrigatoriamente "assimilados" pela cultura branca, ocidental. Entretanto, novos conflitos e disputas explodem continuamente, causando vários tipos de violência e morte e gerando denúncias a fóruns internacionais como a OEA, a ONU, a OIT, sem haver solução satisfatória. Um integrante da nação truká comentou: "o mais triste é que nós nem sabemos o que, de fato, ficou pelo caminho de nossa história".

No inicio da colônia, os índios enfrentavam os portugueses com armas altamente desiguais (flechas contra fuzis) e os invasores eram

QUARTA PARTE — BRASIL

favorecidos. Hoje, a sociedade branca goza de armas muito mais poderosas para difundir e impor sua cultura, particularmente os meios de comunicação de massa como o rádio, a televisão e a comunicação eletrônica que, em suas versões oficiais, transmitem prioritariamente os valores próprios da civilização "branca" e da língua portuguesa. Há que se lembrar também do papel da escola que, via de regra, não tem uma cultura pró-indígena.

Ainda que "reduzidos, mas não vencidos", os povos originários sobreviventes vêm aumentando demograficamente e se fortalecendo na luta por seus direitos em relação a suas culturas, como assunto de política pública. Entre outros mecanismos, vale citar as diversas iniciativas relacionadas com as propostas de educação escolar indígena, bilíngue, específica e diferenciada e o acesso dos indígenas à educação em todos os níveis.

Um exemplo são os cursos de nível superior para formação de professores indígenas, dos quais os primeiros foram os de Pedagogia Intercultural da Faculdade Indígena Intercultural da Unemat (Universidade do Estado do Mato Grosso), no município de Barra do Bugres; o de Formação Intercultural para Educadores Indígenas, da Universidade Federal de Minas Gerais, em Belo Horizonte; o Núcleo Insikiran, na Universidade Federal de Roraima; e o curso superior para professores Tikuna feito pela Universidade Estadual do Amazonas. A estes se seguiram vários outros cursos de licenciatura indígena no país. Apesar de uma série de dificuldades, esses cursos de licenciatura em pedagogia, voltados para a educação escolar indígena, têm formado professores e professoras indígenas criando um ambiente propício para que, em suas aldeias, possam dar aulas às crianças nas línguas de seus povos, aliando saberes tradicionais específicos com outros conhecimentos e incentivando o resgate e preservação das línguas e dos costumes de cada povo.

Atualmente, há também um estímulo por parte das lideranças indígenas para que os jovens frequentem as universidades do país e retornem às aldeias para facilitar o diálogo entre os povos indígenas e os demais integrantes da nação brasileira.

Apropriar-se dos meios de comunicação é outra meta dos indígenas. Hoje, não é mais novidade encontrar aldeias com antenas parabólicas, indígenas usando celulares, comunicando-se com outras aldeias e com o mundo. Também não é mais novidade ter indígenas videastas, cineastas, conferencistas e intérpretes para tradução do português aos idiomas indígenas e vice-versa, em eventos regionais, nacionais e internacionais. Iniciativas de comunicação indígena ganham destaque na internet, como a Mídia Índia.

Devemos destacar também o papel de algumas lideranças que, principalmente desde o cacique Raoni, se constituíram em verdadeiros embaixadores e embaixatrizes dos povos indígenas: Ailton Krenak, Marcos Terena, Sonia Guajajara, Kaká Verá Jecupé, Ladio Veron Guarani Kaiowá, entre muitos outros. Além de darem a conhecer ao país e ao mundo as reais necessidades das comunidades indígenas e suas propostas, também se dirigem à sociedade branca para passar-lhe saberes e valores dos povos nativos do Brasil.

Sobrevivência com políticas nacionais

Os passos de gigante que a organização indígena conseguiu com o apoio de organizações da sociedade civil teve sua repercussão nas leis que regem o país, particularmente na atual Constituição, promulgada em 1988, que assim se refere às populações indígenas, particularmente no Artigo 231 (§ 1º e 2º):

> São reconhecidos aos índios sua organização social, costumes, línguas, crenças e tradições e os direitos originários sobre as terras que tradicionalmente ocupam, competindo à União demarcá-las, proteger e fazer respeitar todos os seus bens.
>
> §1º São terras tradicionalmente ocupadas pelos índios as por eles habitadas em caráter permanente, as utilizadas para suas atividades produtivas, as imprescindíveis à preservação dos recursos ambientais necessários ao seu bem-estar e as necessárias à sua reprodução física e cultural, segundo seus usos, costumes e tradições.
>
> §2º As terras tradicionalmente ocupadas pelos índios destinam-se à sua posse permanente, cabendo-lhes o usufruto exclusivo das riquezas do solo, dos rios e dos lagos nelas existentes. (BRASIL, 1988).

Esta lei maior nacional tem total respaldo nas várias declarações internacionais a favor das populações originárias, particularmente a Declaração da ONU sobre o Direito dos Povos Indígenas (2008) que, em relação ao crime de genocídio, assim se expressa:

> Art. 2º Os povos e pessoas indígenas são livres e iguais a todos os demais povos e indivíduos e têm o direito de não serem submetidos a qualquer tipo de genocídio ou a qualquer outro ato de violência, incluindo a transferência forçada de crianças para outros grupos (ONU, 2008).

QUARTA PARTE — BRASIL

Para sair do papel para a prática, alguns passos foram dados a fim de aplicar uma política indigenista com uma mudança de mentalidade, contribuindo para o fim de atitudes e práticas colonialistas. Com isso em mente, o governo federal criou a CNPI — Comissão Nacional de Política Indigenista, no ano de 2006. Em sua agenda, estabeleceu-se como prioridade a revisão do Estatuto do Índio, para se chegar a um Estatuto dos Povos Indígenas, que contemple:

- o patrimônio indígena e seus conhecimentos tradicionais;
- a proteção e a gestão de seus territórios e ambiente;
- as atividades sustentáveis e o uso de recursos renováveis;
- o aproveitamento de recursos minerais e hídricos;
- a assistência social específica;
- a educação escolar e o atendimento à saúde diferenciados.

Em 2016, foi extinta a Comissão e instituído o Conselho Nacional de Política Indigenista, com a tarefa de articular e integrar, juntamente com a FUNAI, o conjunto das ações estatais de defesa dos direitos indígenas, com vistas a promover o paradigma participativo e superar definitivamente o papel tutelar da FUNAI, uma questão básica para as populações indígenas organizadas, que necessitam da participação permanente da sociedade civil. No entanto, um ano e meio após sua instalação, em abril de 2016, o CNPI ficou parado, sem que tenha havido nenhuma convocação para reunião desse espaço paritário consultivo, apesar da insistência do movimento indígena para que o CNPI tenha realmente condições de cumprir seu papel.

Um fato ocorrido em 2016 mostrou bem a importância da organização dos povos originários para incidir nas políticas públicas e sua aplicação. Após o processo de impeachment da Presidenta Dilma Roussef, o PSC (Partido Social Cristão) indicou ao presidente interino Michel Temer o nome de um general da reserva do exército para presidir a FUNAI, tendo o apoio de alguns ministros recém-nomeados. Contudo, um grupo de indígenas das etnias pataxó e tupinambá, com o apoio do CIMI, do Greenpeace e de entidades de direitos humanos, caminhou na Esplanada dos Ministérios para protestar contra a indicação e contra outras medidas adotadas pelo presidente, o que levou o Palácio do Planalto a desistir de manter a indicação do general do exército para presidir a instituição. No entanto, em maio de 2017 outro general da reserva foi nomeado presidente interino da FUNAI, sendo empossado de forma definitiva em julho do mesmo ano.

A FUNAI, principalmente a partir de 2017, vem reconhecendo sucessivas ações de desmantelamento que interferem diretamente na política indigenista brasileira proposta na Constituição de 1988 para uma nova relação com as populações indígenas.

Sobrevivência pela organização

O imperativo mais forte para as populações indígenas é sua organização, tarefa nada simples no imenso território brasileiro, quando se leva em conta:

- a multiplicidade dos povos espalhados pelo território;
- as distâncias enormes em algumas regiões, incluindo falta de transporte, principalmente na floresta;
- a diversidade de idiomas;
- as particularidades das situações regionais;
- as prioridades comuns, respeitando as de cada povo.

No Brasil existem centenas de organizações indígenas empenhadas em assegurar a sobrevivência física e cultural dos povos originários, através de estratégias diferenciadas. No âmbito local, as associações representam, em sua maioria, organizações indígenas reunidas em torno de seus interesses comunitários. Também existem conselhos e uniões que reúnem indígenas de um determinado território. Há algumas específicas, como cooperativas, articulações de mulheres indígenas e associações de professores indígenas, por exemplo. Outras buscam novas formas de representação para articular-se melhor e também para lidar com o mundo institucional da sociedade nacional e internacional, utilizando mecanismos diferentes dos tradicionais, principalmente para tratar assuntos junto aos órgãos governamentais, como: demarcação de terras, controle de recursos naturais e demandas assistenciais (saúde, educação, transporte e comunicação) e para manter seus rituais, como o Quarup, por exemplo.

Indígenas coordenam postos de saúde, escolas bilíngues e projetos sociais e ambientais de criação de animais, pesca e bancos de sementes para preservar a diversidade genética, por exemplo. Também gerenciam museus indígenas concebidos por eles para resgatar e mostrar sua tecnologia, arte, cultura e língua.

Quanto aos meios de comunicação, muitas aldeias já têm sua antena parabólica; algumas aldeias têm computador. Trata-se de "uma faca de dois gumes", pois a TV invade literalmente as aldeias, cotidianamente, com a visão da sociedade capitalista brasileira; mas, ao mesmo tempo, a internet permite aos indígenas comunicar-se entre si e criar redes que ajudam a fortalecer a difícil conexão entre os diferentes povos. Alguns grupos produzem vídeos e DVDs, gravando seus rituais e cerimônias para deixar em herança aos seus descendentes e aumentar a compreensão de seus modos de vida. Essas produções têm sido, inclusive, apresentadas em Festivais de Cinema em todo o território nacional e em outras partes do mundo.

A APIB — Articulação dos Povos Indígenas do Brasil é um marco importante na organização dos povos indígenas no âmbito nacional. Foi criada em 2005, quando lideranças indígenas de todo o Brasil, reunidas em evento convocado para este fim, condensaram os seguintes propósitos:

- fortalecer a união dos povos indígenas com a articulação entre as diferentes organizações indígenas do país;
- unificar as lutas dos povos indígenas, suas pautas de reivindicações e demandas e a política do movimento indígena;
- mobilizar os povos e organizações indígenas do país contra as ameaças e agressões aos direitos humanos dos indígenas.

A APIB é constituída por articulações de povos indígenas de todas as regiões do território nacional:

- APOINME — do Nordeste, Minas Gerais e Espírito Santo;
- ARPIPAN — do Pantanal e região;
- ARPINSUDESTE — dos estados do Sudeste;
- ARPINSUL — dos estados do Sul;
- ATYGUASSU — Grande Assembleia do Povo Guarani;
- COIAB — Coordenação das Organizações Indígenas da Amazônia Brasileira.

O Acampamento Terra Livre, que reúne anualmente lideranças indígenas na Esplanada dos Ministérios em Brasília, no mês de abril, é a instância deliberativa superior da APIB. A Comissão Nacional Permanente é responsável pela aplicação dos Planos da APIB e pela organização do Fórum Nacional de Lideranças Indígenas.

A ABIP também faz parte de organizações que transcendem o território nacional, entre as quais, Abya Yala, que congrega povos originários das Américas.

Destaques no processo: mulheres e jovens

As mulheres vêm participando mais e mais e em diversos níveis nas organizações dos povos indígenas. A partir da última década do século XX, criaram organizações próprias ligadas às suas necessidades imediatas e interesses estratégicos, incluindo iniciativas ligadas à produção e comercialização do artesanato indígena, ações em prol da saúde da mulher e pelo fim da violência contra a mulher dentro e fora das aldeias.

As indígenas também buscam ensinar sobre suas culturas e seus espaços de convivência. Promovem a articulação entre as organizações de mulheres e escolhem lideranças femininas para cargos anteriormente ocupados somente por homens, como os de cacique e de coordenação de organizações regionais. Participam de articulações nacionais de mulheres, como a Articulação de Mulheres Brasileiras (AMB), entre outras.

Algumas destas mulheres já são referência não só em suas comunidades como na representação das mesmas junto à sociedade e aos órgãos do poder público. Entre várias outras, lembramos de Joenia Wapichana (Roraima), uma das brasileiras indicadas para o prêmio "Mil mulheres para o Prêmio Nobel da Paz" em 2004; Zahy Guajajara (Maranhão), Silvia Waiãpi (do Amapá), Naine Tereza e Ana Terra Yawalpiti (Mato Grosso do Sul), Sonia Guajajara, amplamente conhecida nacional e internacionalmnente, hoje coordenadora da ABIP.

A juventude indígena, por sua vez, tem novas lideranças em formação, tanto nas comunidades quanto fora delas. Já são centenas de jovens indígenas cursando faculdades. Espera-se que, daqui a poucos anos, os líderes tradicionais das comunidades indígenas possam contar mais e mais com o apoio de professores(as), engenheiros(as), advogados(as), médicos(as), enfermeiros(as) e outros(as) profissionais indígenas que, graças a seu conhecimento da vida tradicional das comunidades e da sociedade não-indígena, poderão ser um aporte precioso na garantia de seus direitos, sobrevivência e autodeterminação.

Organizações de apoio à causa indígena

No século XX, principalmente a partir da década de 1970, começaram a aparecer organizações que levantaram a bandeira do direito dos indígenas à autodeterminação para resolver seus próprios assuntos, afirmando que tal autodeterminação só seria possível se esses povos fossem soberanos sobre as terras que habitam há milênios. Entre elas, encontram-se igrejas, organizações da sociedade civil e algumas instituições de governos locais, regionais e dp nacional. Os tempos estão mudando.

No período colonial, missionários de diferentes congregações se destacaram por sua oposição aberta ao "casamento" entre a igreja oficial e o governo, no tratamento dado aos indígenas, incluindo uma oposição aberta à escravidão dos mesmos, quando eram considerados e tratados como "seres inferiores", mesmo pela igreja institucional.

No século XX, principalmente a partir da década de 1970, sacerdotes e religiosos(as) da Igreja Católica foram sistematicamente perseguidos por sua coragem de assumir a defesa das populações indígenas. Alguns foram assassinados e outros, por serem estrangeiros, expulsos do país. O CIMI (Conselho Indigenista Missionário) foi um dos resultados desse movimento. Leonardo Boff (2014) também lembra que

> O Conselho Indigenista Missionário (CIMI) da Igreja Católica e o Departamento de Assuntos Indígenas da Associação de Missões Transculturais Brasileiras (DAI-AMTB) das Igrejas Evangélicas, de uma forma nova estabeleceram contatos religiosos com os povos indígenas, não mais com o propósito principal de convertê-los, mas de garantir sua reprodução biológica como povos e para facilitar o difícil diálogo com a cultura dominante (BOFF, 2014).

A atual presença e atuação propositiva de missionários e missionárias nacionais e estrangeiros que, literalmente, arriscam suas vidas, é também significativa. A irmã Agustina Zanata, da Congregação das Irmãs Salesianas que vive no Amazonas, em São Gabriel da Cachoeira, a 852 quilômetros de Manaus, é um exemplo desta atuação, principalmente junto a meninas e adolescentes vítimas da prostituição e do tráfico organizado, chegando a ser chamada pela imprensa de "versão amazonense de Dorothy Stang", religiosa americana assassinada por representantes do agronegócio no município de Anapu, no Pará.

Várias congregações religiosas católicas ligadas à CNBB (Conferência Nacional dos Bispos do Brasil), assim como comunidades missionárias luteranas ligadas ao COMIN (Conselho das Missões Indígenas) da Igreja Luterana e outras denominações cristãs, trabalham em locais particularmente vulneráveis, apoiando a causa indígena em relação à questão da terra, protegendo crianças e adolescentes, desenvolvendo projetos próprios sociais e filantrópicos e aplicando políticas públicas inclusivas.

Organizações não-governamentais (ONGs)

Instituições brasileiras comprometidas com a causa indígena desenvolvem pesquisas ou dão apoio direto — econômico, social ou jurídico — às ações empreendidas pelas populações originárias. Algumas têm atuação local, outras atuam em âmbito estadual, regional ou nacional. Longe de ser um levantamento exaustivo, listamos algumas dessas organizações: Associação Nacional de Ação Indigenista (ANAI-BA); Associação Vida e Ambiente (AVA-DF/MT); Comissão Pró-Yanomami (CCPY-RR); Conselho Indigenista Missionário da CNBB (CIMI-21 Estados); Conselho de Missão Entre Índios (COMIN-ICLEB-RS); Centro Indígena de Estudos e Pesquisa (BSB); Comissão Pró-Índio do Acre (CPI/AC-AC); Comissão Pró-Índio de São Paulo (CPI/SP-SP); Centro de Trabalho Indigenista (CTI-SP/MT/MA/TO/MS); Grupo de Apoio ao Índio (GAIN-MS); Grupo Recifense de Apoio à Causa Indígena (GRACI-PE); GREENPEACE (RJ); Rede Mulher-Educação Indígena (GRUMIN-RJ/PB); Grupo de Trabalho Missionário Evangélico (GTME-MT/RO/RS); Associação de Defesa Etnoambiental Canindé (KA-NINDÉ-RO); Instituto de Antropologia e Meio Ambiente(IAMÁ-SP/RO); Instituto de Estudos Socioeconômicos (INESC-DF); Instituto Socioambiental (ISA-PA/DF/AM/PA/MT); Centro Maguta (MAGUTA-AM); Movimento de Apoio à Resistencia Waimiri Atroari (MAREWA-AM); Grupo de Educação Indígena da USP (MARI USP-SP); Núcleo de Cultura Indígena (NCI-SP/MT); Operação Amazônia Nativa (OPAN-MT/AM/MR); Pesquisa Estudo Terras Indígenas/Museu Nacional (PETI/MN-RJ), Instituto de Pesquisa e Formação Indígena (IEPÉ— AP), Instituto Catitu (SP), Vídeo nas Aldeias (PE).

Os povos originários do Brasil querem sobreviver!

O Brasil precisa sair da época do genocídio. O que tinha que ser dito já foi proclamado pelos indígenas e pelos que apoiam sua causa. Eles querem manter sua identidade de povos originários, com suas culturas e idiomas próprios, com possibilidade de transmitir para as gerações presentes e futuras suas tradições, histórias, línguas, seus modos de organização e suas práticas espirituais, ao mesmo tempo que se envolvem no diálogo e na convivência com a civilização não-indígena. Também querem a demarcação de suas terras, que não podem continuar sendo desapropriadas em favor de mineradoras, madeireiras e usinas hidrelétricas, que invadem seus territórios, sem atenção às comunidades que ali habitam.

Porém, as demandas existenciais dos povos originários necessitam ser tratadas também como assunto dos vários atores sociais que interferem nessas questões. Não é um assunto só deles. É de todos os cidadãos e cidadãs deste país: uma questão de direitos humanos.

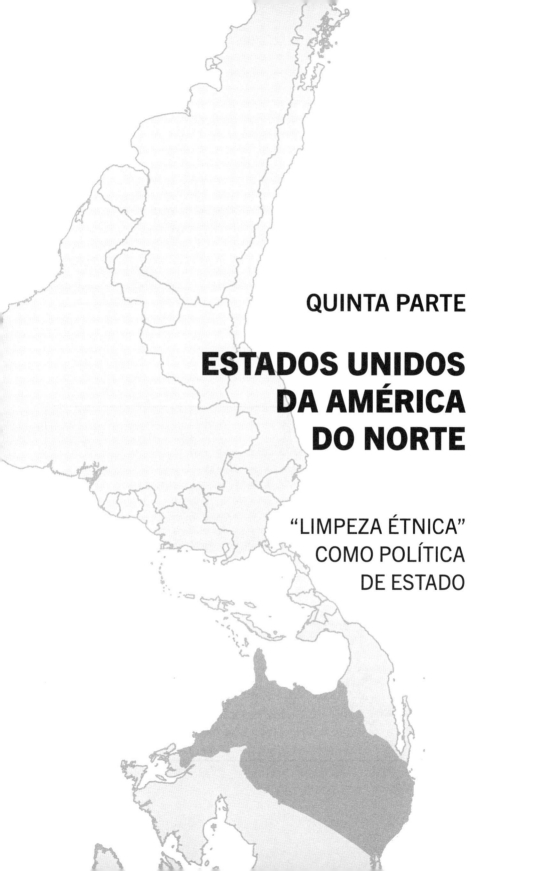

QUINTA PARTE

ESTADOS UNIDOS DA AMÉRICA DO NORTE

"LIMPEZA ÉTNICA" COMO POLÍTICA DE ESTADO

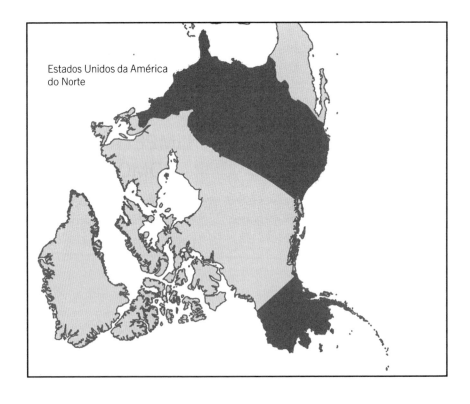
Estados Unidos da América do Norte

INTRODUÇÃO

Do Atlântico ao Pacífico, antes da chegada dos europeus ao atual continente das Américas, o território dos Estados Unidos da América do Norte era habitado por aproximadamente 18 milhões de nativos, dizem pesquisadores norte-americanos como David Stannard (1992, p. 33), Henry Dobyns (1983, p. 42) e outros.

Essas populações eram descendentes de grupos que haviam entrado pelo norte do continente, possivelmente através do atual Estreito de Bering. Isto aconteceu numa série de migrações da Sibéria para o Alasca, entre 10 e 20 mil anos a.C..

Com o passar de milhares de anos, eram muitas tribos espalhadas por todo o continente, falando centenas de idiomas diferentes. Cada um desses povos do Norte possuía características próprias, mas também marcas culturais comuns: viviam em habitações semelhantes a tendas, confeccionadas com peles de animais e galhos de árvores; e tiravam seu sustento da caça e da pesca. Muitos, também, dedicavam-se à produção agrícola, incluindo milho, tabaco, abóbora. Em cada aldeia, um índio mais velho ou um conselho de anciãos era responsável por rituais de cura e de transmissão das tradições. Também acreditavam na existência de um Criador de todas as coisas, que eles denominavam o "Grande Espírito".

Dos 18 milhões de habitantes anteriores ao século XVII, a população indígena dos Estados Unidos da América do Norte do século XXI está reduzida a aproximadamente 2,5 milhões de habitantes, ou seja, 13% da população original.

Esse é o resultado de três séculos de extermínio que, principalmente nos séculos XVIII e XIX, de acordo com David Stannard (1992) "foi, de longe, o genocídio mais massivo da história da humanidade".

1. O QUE ACONTECEU?

Tal como ocorrera nas ilhas do mar do Caribe, na América Central e na América do Sul, esse território também se tornou alvo de invasões e de processos de colonização com genocídio das populações indígenas. Dessa vez, principalmente por grupos de ingleses, franceses e espanhóis, aos quais se somaram posteriormente alemães, irlandeses, escoceses, suecos e outros. As invasões levaram a conflitos, doenças epidêmicas, guerras e outras formas de extermínio, fazendo com que os povos originários perdessem suas terras, suas famílias, por vezes, nações inteiras, além de sua identidade cultural. Houve muitas semelhanças com os processos latinos, mas também algumas grandes diferenças. Por exemplo:

- nos atuais países da América Latina, o genocídio durou aproximadamente um século. A degradação ocasionada pelos *repartimientos* e *encomiendas* foi notória, mas sem uma política de limpeza étnica decretada por governos. Não se impedia a mestiçagem de brancos com indígenas, o que deu margem a uma significativa população mestiça;
- nos Estados Unidos da América, o genocídio durou três séculos. Começou com ações de particulares, sobretudo protestantes, que deixavam a Grã-Bretanha por motivos religiosos e políticos. Não aceitavam a miscigenação com as populações indígenas, que eles consideravam civilizações decadentes. No século XVIII, instalou-se uma política nacional de limpeza étnica generalizada para dar lugar aos brancos.

Historiadores comentam que o genocídio ocorrido nos Estados Unidos inspirou outros processos bárbaros. De acordo com Stannard (INDIGENOUS VOICES, 1994) os Estados Unidos se tornaram, nesse assunto, uma escola para o genocídio praticado posteriormente pelos ingleses contra os bôeres na África em 1903 e para o holocausto dos judeus, promovido por Hitler na Alemanha nazista em 1940.

Como tudo começou

No início do século XVII, a Inglaterra vivia um momento econômico difícil. Milhares de pessoas saíam das zonas rurais, saturando as cidades e aumentando consideravelmente a pobreza que já existia nelas. E as convulsões sociais se multiplicavam.

QUINTA PARTE — ESTADOS UNIDOS DA AMÉRICA DO NORTE

Além disso, a religião oficial do país era a anglicana e o rei ou a rainha era, ao mesmo tempo, chefe do país e chefe da Igreja. No entanto, diversas tendências e grupos religiosos foram se formando e aparecendo como opositores da Igreja e, consequentemente, de seu rei ou rainha. Os seguidores de denominações não-anglicanas passaram a ser perseguidos como rebeldes em relação ao poder constituído.

Em consequência dessa situação, alguns emigravam para outros países da Europa. Outros já começavam a pensar como aventurar-se para outras regiões, fora do continente, mas eram todas iniciativas pessoais ou grupais, sem intervenção direta ou apoio do governo.

A Rainha Elizabeth I tinha grande interesse na implantação do reinado britânico em territórios do Novo Mundo, mais precisamente no Norte da América, que já tinham sido, em parte, apropriados por franceses e espanhóis. Porém, a Grã-Bretanha não estava, no início do século XVII, em condições de impulsionar uma colonização a partir da Coroa.

Após diferentes avaliações e propostas, a Rainha deu uma carta régia a Sir Walter Raleigh, para colonizar a América do Norte. A carta especificava que Raleigh tinha 10 anos para estabelecer um assentamento; caso não o fizesse, perderia os direitos de colonização.

Em 1584, com o apoio recebido da rainha Elisabeth I, Raleigh deu início à primeira expedição. Diz a história que foram inicialmente bem recebidos pelos indígenas, mas, as agressões do comandante da expedição, Richard Greenville, à primeira aldeia que os recebeu, levaram as tribos vizinhas a desenvolverem grande hostilidade contra os colonos. Greenville as penalizou com o incêndio de suas aldeias, inclusive na ilha de Roanoke, onde os colonos tinham edificado um forte. Esse primeiro assentamento fracassou e, em 1587, a segunda expedição, composta de 115 pessoas, entre colonos homens, mulheres e crianças, também fracassou.

O governo da Inglaterra nunca financiou a aventura transatlântica. Nas diversas expedições que se sucederam ao longo do século XVII, por vezes, os imigrantes financiavam o transporte e os equipamentos para seus familiares e empregados; outros tinham o patrocínio de companhias particulares, que esperavam encontrar riquezas como os espanhóis haviam encontrado no sul. Era uma situação bem diferente da de Colombo e de Pedro Álvares Cabral, que tinham embarcado de seus países com o patrocínio das respectivas Coroas de Espanha e Portugal.

167

Inícios da colonização

O primeiro assentamento permanente inglês da América do Norte foi Jamestown, no atual estado da Geórgia e teve início em 1607, sendo dirigido pelo capitão John Smith. Foi um começo muito difícil para os colonos, que enfrentaram uma seca seguida de um rigoroso inverno, quando boa parte da população morreu. Os sobreviventes praticamente foram salvos pelos indígenas, graças ao capitão John Smith, que teve êxito em sua iniciativa de aproximar-se da jovem índia Pocahontas, filha do chefe indígena Powhatan. Por intercessão da moça, os índios começaram a fornecer alimentos para a população de Jamestown. Os colonos desistiram de buscar minerais e começaram a produção de tabaco, sob a direção de John Rolfe, sucessor de John Smith. O assentamento prosperou graças ao mercado de tabaco, assegurado na Europa, para o qual contou também com a colaboração de nativos.

Powhatan, que havia sido responsável pelas negociações iniciais, parecia interessado em estabelecer relações amistosas com os europeus. Porém, após seu falecimento, seu irmão e sucessor Opchancanouhg não via a possibilidade de manter relações pacíficas com os colonos, já que desde o início houve conflitos entre eles e, por este motivo, decidiu destruir as colônias inglesas. Em 1622, aproveitando a ocasião da morte de um conselheiro powhatan por um inglês, Opchancanough lançou uma campanha de ataques-surpresa contra algumas plantações inglesas, o que ocasionou mortes de ambos os lados e o abandono de assentamentos por colonos restantes.

Durante meses, os powhatans não fizeram nenhum outro movimento. Teriam ficado para trás novos conflitos com ruptura dos acordos feitos anteriormente? Ledo engano! Para os membros da colônia e para os cidadãos da Inglaterra, os acontecimentos de 1622 reforçaram a ideia de que os índios eram selvagens a serem ferozmente combatidos.

Os sobreviventes de 1622 logo contra-atacaram as tribos powhatans, destruindo principalmente suas reservas de grãos. Essa expedição foi tão violenta que Opchancanouh acabou propondo uma negociação. Foram então iniciadas as conversações para a busca de paz, através de intermediários índios, mas alguns líderes da colônia de Jamestown, liderados pelo capitão William Tuich e o doutor Potts, armaram mais uma cilada. O licor oferecido como brinde cerimonial foi envenenado e ali mesmo, no ato de negociação de paz, foram mortos aproximadamente 200 índios, além de outros 50 que morreram nas mãos dos colonos.

Em 1624, a matança continuou. Numa só batalha, 600 ingleses fortemente armados abateram 800 índios indefesos em suas aldeias, junto com mulheres e crianças e espalharam também doenças que contribuíram para diminuir a resistência dos índios (STANNARD, 1992, p. 107).

O chefe Opchancanough conseguiu escapar, mas a paz nunca mais voltou; os ataques dos colonos continuaram. Então, após quase vinte anos de tentativas de paz, em 1644 os powhatans atacaram novamente numa batalha em que morreram índios e colonos. O líder Opchancanough, já idoso, foi preso, encarcerado em Jamestown e assassinado por um de seus carcereiros. A esta tragédia, há que acrescentar-se as enfermidades disseminadas pelos ingleses, como a do sarampo em 1633 e a da varíola em 1646, ocasionando epidemias que acabaram com a vida de muitos indígenas (DOBYNS, 1983, p. 17).

A partir de então, começou a decadência da poderosa confederação Powhatan, formada por 40 tribos habitantes do litoral Atlântico. Alguns de seus membros abandonaram a região e outros se misturaram com os colonos. Outros ainda se retiraram para viver em alguma das poucas reservas indígenas posteriormente criadas no estado da Virgínia, onde também foram objeto de incursões sucessivas da comunidade branca, com confisco e expulsão de suas terras.

Hoje, das 40 tribos que formavam a confederação Powhatan, somente sete sobrevivem e são reconhecidas no estado da Virgínia, onde são mantidas em pequenas reservas.

Colonização movida pela religião

Os acontecimentos da guerra de Jamestown para os europeus era uma amostra de sua superioridade em força bélica e de que não havia o que temer, caso os nativos não se opusessem à sua instalação e progresso no Novo Mundo.

Essa convicção, somada a acontecimentos da Europa, particularmente às agitações políticas e perseguições religiosas então reinantes na Inglaterra, levou muita gente a deixar o país, com o objetivo de fugir de conflitos, alcançar alguma liberdade religiosa e conseguir melhores oportunidades econômicas.

Entre 1620 e 1629, quase duas décadas após a fundação de Jamestown, dois grupos religiosos importantes transpuseram o Atlântico, oriundos da Inglaterra. Na ocasião, dirigiram-se ao território do Norte que batizaram com o nome de *New England* (Nova Inglaterra). Eram grupos que questionavam a prática da religião na Igreja Anglicana ligada à monarquia e queriam sua reforma.

O grupo dos Puritanos, a partir de uma forte avaliação teológica que acontecera na Inglaterra, tinha desistido da igreja oficial anglicana e se dispunha a criar uma "nova e pura igreja" no Novo Mundo. O outro grupo era o dos Peregrinos (*Pilgrim Fathers*), que chegaram em 1629 ao navio Mayflower e ainda acreditavam na possibilidade de reformar a Igreja à qual haviam pertencido na Inglaterra.

Esses primeiros colonos, assim como os que os sucederam, diferenciavam-se em suas questões religiosas e também do ponto de vista social e econômico. Porém, um traço comum os unia: todos chegavam como "imigrantes ilegais", pois era uma terra já habitada pelos nativos que, em virtude da lei do primneiro ocupante", eram seus possuidores legais.

Efetivamente, na costa leste, à beira do Oceano Atlântico, onde os ingleses se instalaram, viviam vários povos, como: lenapes, seminoles, moicanos, mohawks, oneidas, abenakis, iroqueses, huronianos, micmacs, croatans, powakans entre outros, perfazendo uma população de mais de dois milhões de habitantes no litoral Atlântico (DOBYNS, 1983, p. 41). Todos foram, paulatinamente, eliminados ou deportados para outras regiões do território, à medida em que os europeus se instalavam. Para os imigrantes protestantes e de outras denominações religiosas, estava fora de questão pensar que os habitantes da região pudessem ser seres humanos como os brancos, com direito à terra, moradia, alimentação, vida social e espiritualidade próprias.

As "Treze Colônias" fundantes da América do Norte

Desde os primeiros anos após sua chegada durante o século XVII, os colonos ingleses entraram em conflitos com os povos nativos para apropriar--se de suas terras, tanto para se estabelecerem quanto para ampliarem suas plantações. De ambos os lados aconteciam mortes, pois os nativos resistiam à ocupação de seus territórios, mas, em geral, os últimos saíam perdedores, devido à desigualdade de forças bélicas, sem contar as dezenas de milhares de mortes ocasionadas pelas doenças transmitidas pelos europeus como a varíola, a influenza, a praga bubônica, o tifo (DOBYNS, 1983, p. 19-21).

Em menos de 100 anos, de norte a sul, todo o litoral atlântico já era uma região habitada por imigrantes europeus que roubavam os territórios dos nativos para seus fins de colonização, sob o poder e a autoridade da Coroa britânica.

Treze Colônias foram criadas durante este período ao longo do litoral, correspondentes a três regiões: ao Norte (Nova Inglaterra, New Hampshire,

Massachusetts, Rhode Island, Connecticut). No Centro: Nova Iorque, Nova Jérsei, Pensilvânia, Delaware. E no Sul: Maryland, Virgínia, Carolina do Norte, Carolina do Sul e Geórgia.

Em 1700, já havia uma população de aproximadamente dois milhões de europeus, enquanto grande parte da população indígena havia sido extinta por doenças e por guerras.

Um divisor de águas: a Guerra "Franco-Indígena"

O Novo Mundo atraía também outros povos do continente europeu. Especialmente franceses e holandeses procuraram estabelecer-se no território à custa da invasão das terras indígenas, propagando novas enfermidades e ocasionando uma série de guerras e de acordos ou tratados para pôr fim às mesmas. No século XVII, a França já dominava o norte do continente (atual Canadá) e, no sul, tinha-se feito dona do território que ia dos Montes Apalaches até o Rio Mississipi (atual Louisiana).

As populações nativas queriam manter suas terras e continuar nelas com suas próprias culturas. E os conflitos foram se sucedendo. Invadidos por uns e aliciados por outros, buscavam soluções para os confrontos que aumentavam, chegando por vezes a aliar-se a grupos brancos menos agressivos.

Um dos maiores conflitos aconteceu entre 1754 e 1756, com a chamada Guerra Franco-Indígena, que foi um prelúdio da Guerra dos Sete Anos entre França e Inglaterra, entre 1756-1763. O nome "guerra franco--indígena" deveu-se ao fato de os índios algonquinos, huronianos e ottawas terem se aliado aos franceses para resistir aos ingleses, enquanto estes eram apoiados pelos índios moicanos, iroqueses e outros, junto com os colonos das "Treze Colônias".

Não foi uma guerra de índios contra brancos; foi uma guerra de ingleses contra franceses pela posse de um território onde se concentrava boa parte do mercado de uma das grandes riquezas da região: as peles de animais. Com estas, particularmente com a pele dos bisões (búfalos), os indígenas construíam suas tendas; com as de veado e de castor, fabricavam suas vestimentas. E alimentavam-se com a carne dessas caças. Ottawas, moicanos e outras populações foram quase exterminadas, particularmente por serem desprovidos de sua alimentação básica, que lhes era fornecida por seus animais e por ficarem sem as condições mínimas necessárias para continuarem se vestindo e construindo seu próprio habitat.

Nas duas guerras, a Franco-indígena e a dos Sete Anos, a Inglaterra venceu a França. Através do Tratado de Paris de 1763, a França cedeu à Inglaterra o território do Canadá e também a região ao leste do rio Mississipi até os Montes Apalaches.

Outro período da história se iniciava no continente. E seria particularmente difícil para as populações nativas, habitantes originários deste território.

Uma nova fronteira: Apalaches/Mississipi

A Coroa Britânica, como proprietária do território que havia conquistado na guerra franco-indígena, resolveu "expressar seu agradecimento" ao apoio recebido dos índios. Para tanto, incluiu, no Tratado de Paris de 1763, a Proclamação Real (*Proclamation Act*), que consistia no reconhecimento da região situada entre o Rio Mississipi e os Montes Apalaches como território indígena de uso exclusivo dos nativos. Desta forma, pretendia reforçar o direito dos indígenas como primeiros ocupantes da região.

A Proclamação Real proibia assentamento de colonos em terras situadas a oeste da cadeia dos Montes Apalaches. Nenhuma compra de terras seria legal, a menos que fosse realizada em "reunião pública", com "tratados pacíficos" a serem feitos com os indígenas locais. Quem estivesse, mesmo inadvertidamente, ocupando terras não cedidas pelos índios dentro do território demarcado, teria que retirar-se.

Com essa declaração, era de se esperar que os indígenas pudessem continuar ocupando, em paz, a região entre os Montes Apalaches e o Rio Mississipi, que agora lhes tinha sido "doada" (!) pelos ingleses. Era uma forma de o Reino Unido expressar sua vontade de manter "boas relações" entre os ingleses e os nativos e de controlar o mercado de peles.

Mudando de rumo: a Independência.

A Coroa Real Inglesa não obrigava os moradores das "Treze Colônias" a enviar "o quinto" (20% do que era arrecadado) para a Inglaterra, como tinham que fazer, no Sul, os que dependiam de Portugal e Espanha. No Norte, os colonos pagavam impostos e taxas para a Grã-Bretanha, como condição de viver no território que a Coroa havia definido como seu.

No entanto, a Inglaterra precisava reforçar sua situação econômica na Europa. Para enfrentar esse desafio, a Coroa britânica resolveu criar novos impostos como o do chá, o do selo, o do açúcar... O que gerou grande descontentamento para os moradores brancos das Treze Colônias, já insatisfeitos com os impostos pré-existentes.

QUINTA PARTE — ESTADOS UNIDOS DA AMÉRICA DO NORTE

Frente à nova situação, em 1774 os colonos promoveram um congresso para analisar a situação e tomar as medidas adequadas. Não era um congresso separatista; eles só queriam o fim das medidas impostas e maior participação na vida política e na administração da colônia junto à Coroa. Contudo, o rei George III não aceitou as propostas do congresso; ao contrário, ampliou os impostos, incluindo algumas leis que os colonos batizaram de "leis intoleráveis".

A decisão do rei acelerou a organização de um novo movimento nas Treze Colônias: tornarem-se independentes da Grã-Bretanha. Em 1776, um segundo congresso de colonos foi organizado, agora pró-independência. A partir das decisões tomadas, Thomas Jefferson redigiu a "Declaração de Independência dos Estados Unidos da América".

A Inglaterra não aceitou a declaração de independência e iniciou uma guerra contra os colonos para mantê-los sob a autoridade da Coroa. Porém, com o apoio da França e da Espanha, os Estados Unidos venceram a Guerra da Independência, que durou sete anos (1776 e 1783).

Finalmente, através do Tratado de Paris de 1783, a Inglaterra reconheceu a independência das Treze Colônias que, a partir do dia 4 de julho de 1783, passaram a denominar-se Estados Unidos da América do Norte. E, numa decisão que afetaria gravemente as populações nativas, o Tratado também reconhecia como propriedade dos Estados Unidos o território indígena, anteriormente cedido pela Inglaterra para uso exclusivo da população nativa, situado entre os montes Apalaches e o rio Mississipi. A Proclamação Real de 1763 virava letra morta. Era um gesto explícito de genocídio contra os povos originários, que ficavam sem chão, desprovidos da posse milenar de seu território.

O que ocorreria agora com a população nativa? O que já vinha ocorrendo desde o início da colonização. Quando os ingleses aportaram no litoral do Atlântico em 1584, o território era povoado por aproximadamente dois milhões de índios.

Quando foi proclamada a independência das "Treze Colônias" em 1783, para se tornarem o país dos Estados Unidos, só restava 5% daquela população, como lembra David Stannard (1992):

> Entre o período do contato inicial com os invasores europeus até o final do século 17, a maioria dos povos originários tinham sofrido níveis de destruição beirando o aniquilamento, principalmente na Virginia e na Nova Inglaterra. Um estudo recente da evolução da população no sudeste do país

173

no período de 1650-1790, demonstra que, no leste dos montes Apalaches, no atual estado da Virginia, dos 5% restantes do século anterior a população diminuiu de 93%; no mesmo período, o declínio da população na Carolina do Norte e Carolina do Sul foi de 97%; na Louisiana, de 91%. Assim, ao final do século XVIII, no conjunto do leste da Virginia, Carolina do Norte, Carolina do Sul e Louisiana, havia menos de 5.000 nativos sobreviventes; e na Flórida, habitada por 700.000 indígenas quando da chegada dos europeus em 1520, só restavam aproximadamente 2.000 sobreviventes (p. 120-121).

O "Destino Manifesto" e o expansionismo norte-americano

A Constituição dos Estados Unidos, que ficou pronta em 1787, optava pelo sistema de república federativa. Nascida com fortes características do Iluminismo, defendia entre outras coisas: — a propriedade privada de interesse da burguesia; — a manutenção da escravidão negra; — a garantia dos direitos individuais do cidadão branco. Essa constituição facilitou um movimento nacionalista que, no caso da América do Norte, foi nutrido por uma forte ideologia conhecida como "Destino Manifesto".

O Destino Manifesto representava a convicção de que a população branca dos Estados Unidos da América era o povo "eleito por Deus para civilizar a América... e possuir todo o continente", conforme lhes tinha sido concedido pela "Divina Providência". Consequentemente, não poderiam ser governados por outros, mas deveriam governar a si próprios e fazer dos Estados Unidos o melhor país do mundo. Expandir os Estados Unidos significava "realizar a vontade divina". O jornalista John O'Sullivan resumiu essa ideologia numa entrevista à *Democratic Review* de Nova Iorque (1845):

> O cumprimento de nosso destino manifesto é de nos estendermos por todo o continente que nos foi assignado pela Providência para o desenvolvimento da grande experiência de liberdade e de autogoverno. É um direito como o que tem uma árvore de obter o ar e a terra necessários para o desenvolvimento pleno de suas capacidades e o crescimento que tem como destino.

A ideologia implícita no Destino Manifesto levou muitos políticos e formadores de opinião a se referirem a ele para propagar a "missão" que Deus tinha dado ao povo dos Estados Unidos: a de conquistar e explorar novas terras para, supostamente levar a todos os rincões do território em conquista a luz da democracia, da liberdade e da civilização, contanto que

QUINTA PARTE — ESTADOS UNIDOS DA AMÉRICA DO NORTE

não fossem retrucados por outros, especialmente pelas populações nativas que encontravam no caminho e que ali viviam há séculos.

Uma das afirmações da Declaração da Independência das Treze Colônias dos Estados Unidos, impregnada da ideologia do Destino Manifesto, era: "todos os homens são criados iguais, são dotados pelo Criador de certos direitos inalienáveis que são vida, liberdade e busca da felicidade".

Era, na verdade, uma declaração de brancos para brancos, uma vez que os índios não eram considerados seres humanos e, como tal, não tinham direito à vida, à liberdade, à felicidade. E o que se seguiu funcionou da mesma forma.

2. EXPANSÃO BRANCA E DECLÍNIO POPULACIONAL INDÍGENA

O Destino Manifesto, que alimentou a fome e sede de novas terras para o novo país dos Estados Unidos da América do Norte, levou a traçar três estratégias para assegurar o expansionismo e transformar o país numa grande potência: — compra ou anexação diplomática de territórios; — guerras contra outros países para anexar-lhe seus territórios; — guerras contra os povos indígenas para apropriar-se de seus territórios.

Conforme o censo demográfico de 1790, o país já alcançara quase quatro milhões (mais precisamente: 3.929.213) de habitantes brancos — imigrantes ou seus descendentes — ocupando mais de 2 milhões de quilômetros quadrados. Os nativos não eram incluídos nos censos. Por serem considerados selvagens, não podiam ser classificados como habitantes do Novo Mundo.

A mola mestra da expansão territorial foi a "limpeza étnica" realizada com o extermínio quase total da população originária. Despejos, epidemias e matanças sucederam-se sem parar, ocasionadas por colonos apoiados pelo exército ou como política de Estado. Para os brancos norte-americanos, isso significava que estavam cumprindo com sua "missão de povo escolhido por Deus"(!). Desde o início de sua chegada ao continente, a população branca do Norte não podia misturar-se aos nativos. Para ela, que os considerava "selvagens", isso poderia torná-la decadente. Então, desde os primórdios da colonização, independentemente do que pudesse acontecer com os povos indígenas — fossem eles amistosos e aliados ou agressivos e hostis — era prioritário dar espaço aos brancos que se instalavam no território do Novo Mundo. Para tanto, os índios tinham que ser eliminados.

Os desastres que levaram ao quase aniquilamento das populações nativas foram diversos, sendo ocasionados por consideráveis epidemias e combates genocidas, além de um grande número de mortes ocasionadas nos processos de expulsão forçada dos indígenas de suas terras tradicionais, enquanto o governo americano se lançava definitivamente no empreendimento de ampliar o território branco e ocupá-lo até o Pacífico.

O jogo do expansionismo territorial e populacional branco era sempre o mesmo: mais terras... chegada de mais imigrantes; mais imigrantes... necessidade de mais terras. Como consequência, mais imigrantes europeus e menos habitantes nativos, que iam diminuindo consideravelmente, atacados por doenças epidêmicas trazidas pelos brancos, por guerras e por remoções forçadas de seus territórios.

De acordo com Stannard (1992, p. 121), os cherokees são um bom exemplo das consequências do expansionismo norte-americano. Já em seus primeiros encontros com os europeus, esta nação sofreu uma ruína calamitosa. Seu declínio abrupto e permanente continuou nos anos seguintes, particularmente quando as colônias iniciaram suas guerras de independência contra a Inglaterra e, novamente, dirigiram seus esforços à liquidação dos índios para ocupar seu lugar no território.

Aos poucos, os cherokees tinham suas cidades incendiadas, suas plantações arrasadas, seus melhores guerreiros mortos e suas mulheres e crianças vítimas de enfermidades e de fome quando se escondiam nas montanhas. Mais adiante, veio a expulsão dos poucos que ainda restavam.

Mesmo estando quase à beira do aniquilamento, os cherokees ainda lutavam pela vida, mas, à medida que tentavam se defender, mais colonos invadiam suas terras e os expulsavam delas para se instalarem em seu lugar.

No século XVIII, os cherokees já tinham sofrido a perda de mais de ¾ de sua população através de várias ações aniquiladoras dos brancos.

"Limpeza étnica": um capítulo infame na história do país

A Constituição dos Estados Unidos (artigo 1, seção 8), dava ao Congresso o poder de "regular o comércio com as tribos indígenas", mas, com o passar do tempo, isso foi interpretado como autoridade exclusiva e total do governo federal sobre os índios. Com base nessa interpretação, em 1790, o Congresso aprovou a Lei de Comércio e Relacionamento com os Indígenas, claramente orientada pela ideologia do "Destino Manifesto".

Após a Independência, ao assumir a administração autônoma das Treze Colônias do litoral Atlântico, os colonos dos Estados Unidos começaram a invadir o território indígena situado entre os Montes Apalaches e o Rio Mississipi. Para eles, o território indígena não era mais uma "fronteira"; era uma "barreira" a ser transposta para ceder ao aumento da imigração dos europeus e a seus projetos, totalmente opostos às formas de vida dos nativos. Uma "solução" precisava ser encontrada.

O presidente Washington, antes mesmo de chegar ao poder defendia que, para aplicar as políticas do país, seria melhor comprar as terras dos índios ao invés de tentar arrancá-los de seu território. Em carta a James Duane, o Presidente Washington escreveu:

> Conforme comprovado por nossa experiência, é comparável a retirar feras da floresta: retornarão tão logo a perseguição termine e, talvez, ataquem os que já ficaram. Já, a ampliação gradual de nossos assentamentos, certamente fará os selvagens se retirarem à semelhança dos lobos, já que ambos são animais de caça, embora de formatos diferentes. (07.09.1783)

Limpeza étnica I: A Lei da Remoção (Removal Act) — 1830

Para "limpar" o território entre os Montes Apalaches e o Rio Mississipi e deixá-lo livre para sua ocupação pelos colonos brancos, o coronel senador Andrew Jackson, eleito presidente em 1828, em 1830 decretou a Lei da Remoção (*Removal Act*) que tirava os indígenas de suas terras e os transferia para o oeste do rio Mississipi. O escritor Stannard (1992) comenta:

> Era o mesmo Andrew Jackson que, anteriormente, tinha comandado tropas contra os acampamentos tranquilos dos índios, chamando-os de "cachorros selvagens" e tinha exaltado, em várias oportunidades, o fato de ter arrancado o couro cabeludo (escalpo) dos que matava. O mesmo Jackson que tinha supervisionado a mutilação de aproximadamente 800 cadáveres de índios Creek — corpos de homens, mulheres e crianças que ele e seus soldados haviam massacrado e prosseguia, fazendo cortar seus narizes para tê-los como um arquivo de mortos, além de cortar a pele de seus corpos em fatias de longas tiras para secá-las ao sol e convertê-las em rédeas para os animais. Concluído o período de sua presidência, o mesmo Andrew Jackson ainda recomendava que as tropas americanas procurassem especificamente e sistematicamente matar as mulheres e as crianças que ainda se ocultavam nas montanhas para completar sua extinção, considerando que fazendo de outro jeito seria o equivalente a perseguir um lobo em seu habitat, mas sem saber primeiro se ali se encontra seu covil (p. 121).

A mentalidade do governo e dos colonos os fazia crer que podiam apropriar-se a qualquer preço dessa "terra prometida" para a qual "Deus os tinha predestinado", podendo assim saciar sua fome de terras avançando sem parar na Marcha para o Oeste que se prolongou até o final do século XIX. Para eles, a dizimação dos povos indígenas que encontrassem no caminho não tinha importância nenhuma, uma vez que, de acordo com sua concepção de sociedade, os brancos pertenciam a uma cultura superior aos povos que iam encontrando. Para o governo, era importante dar uma segurança legal aos colonos, ao mesmo tempo em que se saciava sua ânsia por terras.

Com essa finalidade, em 1830, o governo de Andrew Jackson decretou a "Lei da Remoção" das comunidades indígenas do que havia sido o território indígena que ia dos Montes Apalaches até o Mississipi desde o *Proclamation Act* de 1763 até a proclamação da independência em 1783 e que agora era uma região de conflitos entre índios e colonos.

Essa lei foi o marco oficial de um capítulo lúgubre da história norte-americana: o da limpeza étnica geral e irrestrita das populações nativas como política de Estado. A proposta era clara: ocupar o território em sua totalidade, de norte a sul e, literalmente, de leste a oeste, ou seja: do Atlântico ao Pacífico, começando por aquele território.

Mas, para onde iriam os índios? A Lei da Remoção estabelecia seu novo destino: um território demarcado pelo governo a oeste do Rio Mississipi na parte menos fértil do atual estado de Oklahoma e que se denominou, inadequadamente, de território indígena.

Além das condições geográficas muito diferentes da dos territórios dos nativos, esse território era um espaço de difícil acomodação: faltavam as reservas de alimentos para o consumo diário, pois tinham ficado em suas aldeias; as novas terras eram ruins para o plantio; faltava conhecimento para saber o que plantar no novo terreno, ou como construir de maneira diferente, enfim... Faltava saber como recomeçar. Esse período de adaptação, que durou meses, foi também período de muitas mortes por inanição.

Trilhas das Lágrimas

Como a maioria dos índios não saía voluntariamente, o translado era feito enfrentando mudanças forçadas, sofrimentos e mortes, inclusive antes de chegar ao lugar de destino.

Aproximadamente duzentos mil indígenas foram removidos do leste para o oeste dos EUA, enquanto os colonos loteavam as terras até então pertencentes aos nativos. Em diferentes ocasiões, milhares de homens e mulheres indígenas de diferentes nações e culturas se viram obrigados, da noite para o dia, a realizar um deslocamento de aproximadamente 1,5 mil quilômetros. Iam a pé ou em carroções, rumo a um futuro desconhecido e incerto, por vezes atormentados pelo frio extremo, com rios congelando e nevascas.

As condições desumanas em que se realizaram esses deslocamentos forçados levaram a denominá-los como "Trilhas das Lágrimas" ou "Marchas da Morte", dada a grande quantidade de homens, mulheres, pessoas idosas, crianças, inclusive de colo, que morreram ao longo da travessia.

Alguns povos, como os choctaws, seminoles, chickasaws, creeks e cherokees da região sul, foram particularmente afetados no início da aplicação da Lei da Remoção.

Dos choctaws que habitavam no Sul, cerca de 15 mil foram obrigados a ir para o novo "território indígena". Entre 3,5 e 6 mil morreram durante a remoção. Os que se recusaram a sair foram alvo de perseguições, tiveram suas casas queimadas e seu gado disperso. O filósofo francês Alexis de Tocqueville, que testemunhou a remoção Choctaw em Memphis em 1831, fez um comovente relato em seu livro *Democracy in America*:

> Pairava no ar um sentimento de ruína e destruição, o fim dos atraiçoados e um inexorável adeus. Ninguém poderia assistir àquilo sem sentir um aperto no coração. Os índios estavam quietos, sombrios e taciturnos. A um deles que falava inglês eu perguntei por que os chocktaws estavam deixando suas terras. — "Para ser livre", o nativo me respondeu. Nós... o que assistíamos era a expulsão de um dos mais famosos e antigos povos americanos. (TOCQUEVILLE, 2013).

Os seminoles habitavam as terras férteis da atual Flórida e foram duramente combatidos durante dez anos (1832-1842), sendo obrigados a sair de seu habitat secular. Conhecidos por seu espírito guerreiro, eram respeitados pelo exército americano por causa de sua coragem, bravura e capacidade de adaptação a mudanças. Por esse motivo, inicialmente o governo permitiu que alguns líderes de tribos visitassem o oeste do país, prometendo que não seriam obrigados a se mudar caso não gostassem da nova região. Para formalizar seu posicionamento, enviaram uma declaração ao comissário americano que, entre outras coisas, dizia: "Nós não estamos dispostos a ir. Se a nossa língua diz "sim", nossos corações dizem "não". (...) Nós não temos necessidade de outras terras, estamos felizes aqui. Se nós formos retirados destas florestas, nossos corações serão partidos."

O governo de Jackson gastou cerca de 20 milhões de dólares para retirar os seminoles da Flórida, resultando em grande perda de vidas de norte-americanos e principalmente de índios. Derrotados, os seminoles foram caçados como animais e feitos prisioneiros, sendo levados para o oeste nessa condição e tendo que cumprir o trajeto sob a pressão de militares americanos, sendo removidos para as míseras reservas que ficavam a milhares de quilômetros de onde moravam, no chamado "território indígena". Uma das grandes marcas desse período das marchas forçadas foi o desrespeito total pela identidade de cada povo indígena, seu idioma, sua história e sua cultura. No caso dos seminoles, como parte do tratado imposto para viver na nova terra, uma das condições foi sua fusão com os creeks, numa adaptação nada fácil para ambas as nações, que tinham se separado anteriormente.

Os cherokees, por sua vez, foram transferidos para o oeste em mais de uma leva e em condições diversas. Inicialmente, a partir de um tratado, uns dois mil se deslocaram "voluntariamente". Os 17 mil restantes que resistiram foram expulsos de suas casas sob a ponta de baionetas, colocados em campos de concentração e conduzidos à força para o território indígena. Citando James Money, que entrevistou participantes dessa operação, Stannard (1992) relata:

> (...) Sob as ordens do general Scott, tropas do exército foram colocadas em diferentes pontos do território cherokee, nos quais foram construídas prisões militares para reunir os índios e "prepará-los" para a remoção. Pelotões das tropas eram enviados para capturar e trazer presos todos os habitantes da região, de qualquer forma e de qualquer lugar onde pudessem ser encontrados. Famílias reunidas para comer eram subitamente assustadas com a luz da baioneta na porta de entrada. Com golpes e insultos tinham que levantar-se e seguir até a prisão militar. Homens eram capturados andando ou no campo de trabalho; mulheres eram arrancadas de seu trabalho no tear; crianças eram separadas de seus jogos. No caminho, olhando para trás ao cruzar a altura, os Cherokee podiam ver suas casas em chamas, incendiadas pelos bandidos que acompanhavam os soldados para pilhar e saquear. Em certos casos, estes "sem lei" retiravam para si o gado e outros animais domésticos. Por vezes, chegavam a destampar os túmulos para dali roubar brincos e outras joias de prata depositadas junto às pessoas mortas. Um voluntário da Georgia, que depois foi coronel no serviço da Confederação, disse: "Eu lutei durante toda a guerra civil e vi homens baleados e reduzidos a pedaços e massacrados. Mas, a remoção dos cherokees foi o serviço mais cruel que já presenciei" (p. 122).

QUINTA PARTE — ESTADOS UNIDOS DA AMÉRICA DO NORTE

Mais de quatro mil cherokees morreram durante esses deslocamentos. Muitos nem foram sepultados. Seus corpos eram deixados a céu aberto para serem comidos por cachorros e outros animais.

Como parte desse processo, a remoção forçada dos povos indígenas não só continuou como se ampliou para outros povos que eram encontrados no caminho e também eram removidos até o território indígena demarcado para eles pelo governo. Inclusive, alguns destes grupos sofreram mais de uma remoção em direção às grandes planícies inférteis. Foi o que aconteceu com peorias, kaskaskias, sulks, foxes, piankahaws, weas, shaenees, ottawas, wyandottes, potawatomis, delawares e kickapoos.

O crescimento econômico inusitado que acompanhou a expansão territorial fez com que, de acordo com a mentalidade branca reinante, se tornasse normal e até necessária a saída cada vez mais rápida e definitiva dos índios de suas terras para garantir um lugar "limpo" para as levas de brancos que chegavam como imigrantes com a finalidade de se assentarem.

Foi assim que, no período de 10 anos da Lei da Remoção, as grandes áreas possuídas pelos povos originários que residiam entre os Montes Apalaches e Rio Mississipi ficaram "limpas" de seus habitantes, para dar lugar aos imigrantes colonos brancos.

Uma frase pronunciada pelo general Sheridan no Fort Cobb em 1689, "os únicos índios bons que já vi estavam mortos", com o tempo se tornou um aforismo americano: *"Índio bom é índio morto"* (BROWN, 2012, p. 184). Na verdade, esta frase sintetiza o que foram os 10 anos do *Renewal Act.*

Limpeza étnica II: a Lei do Povoamento (Homestead Act) — 1862

Logo após o processo da independência, a expansão territorial norte-americana transpôs suas fronteiras. Começou com a compra da Luisiana, da França (1803), e da Flórida, da Espanha (1819). A seguir (1845), foi a vez da anexação de parte do México (que se tornara independente da Espanha), depois de muitas batalhas e de muitos tratados não cumpridos, a partir dos quais o México perdeu mais da metade de seu tamanho anterior. Em 1846, o governo estadunidense anexou o Oregon em negociação com a Inglaterra e em 1867 comprou da Rússia a região do Alasca. Com essas aquisições e anexações, em pouquíssimo tempo, os Estados Unidos multiplicaram exponencialmente suas fronteiras, preparando espaço para mais habitantes brancos, o que era importante, pois boa parte do território inicial já havia sido dividida entre os 600 mil fazendeiros que tinham lutado pela independência.

181

No período pós-independência, mas principalmente durante o século XIX, a imigração de europeus para os Estados Unidos não parou de aumentar. Eram milhões de estrangeiros que chegavam da Inglaterra, da França, dos países escandinavos, da Alemanha, da Irlanda e de outros países, desembarcavam nos portos dos Estados Unidos e espalhavam entre os nativos suas doenças epidêmicas mortais. Quase cinco milhões de imigrantes chegaram entre os anos de 1850-1870.

O que fazer? Para o governo e os colonos, era muita terra a ser explorada e que precisava ser povoada por eles. Porém, em todas as partes do território dos Estados Unidos havia aldeias onde moravam os indígenas em seu habitat milenar, cultivando a terra no seu estilo de vida agrícola e alimentando-se dos bisões que também lhes facilitavam vestimenta e moradia. Contudo, para os imigrantes europeus e o governo, os índios nada mais eram do que um empecilho ao progresso e ao avanço da civilização branca.

Como resposta a essa situação, o governo assinou, em 1862, a Lei do Povoamento (*Homestead Act*), cuja finalidade principal era garantir e apoiar a ocupação, pelos brancos, das terras tradicionalmente habitadas pelos índios, no tempo mais breve possível.

Além de continuar a conquista do território e com o intuito de atrair ainda mais imigrantes para colocar em prática essa lei, o governo oferecia para cada imigrante que quisesse assentar-se em território pré-definido um lote de 160 hectares de terra, em troca do compromisso de trabalhar nela pelo período mínimo de cinco anos.

O governo também enviava corretores e agiotas com a incumbência de fazerem demarcações antes mesmo que os índios tivessem deixado seus territórios. Eram novas medidas tomadas no afã de acelerar o processo de ocupação das terras indígenas para agradar aos brancos que vinham em levas cada vez maiores.

O "espírito" dessa lei foi bem resumido pelo historiador Claude Fohlen (1989) ao citar Van Buren, candidato às eleições presidenciais de 1848 que afirmava que "todo homem tem direito a uma porção natural do solo... O direito de possuir a terra é tão sagrado quanto a vida" (p. 18). A afirmação implícita nessa declaração, na verdade, era: todo homem "branco" tem direito a uma porção natural do solo... O indígena, por não ser considerado humano, simplesmente não tinha direito nenhum: nem à terra, nem à vida individual ou coletiva, muito menos à cidadania norte-americana.

Com todas essas facilidades para os brancos, a Marcha para o Oeste se ampliou exponencialmente. Imbuídos da doutrina do Destino Manifesto, os colonos foram expandindo seu domínio sobre as terras e continuando a "limpeza étnica" dos nativos, por eles chamados de "peles vermelhas", expulsando-os e matando-os com guerras, epidemias e de fome.

Com base na Lei do Povoamento, o governo federal multiplicou os tratados com as nações indígenas. Na verdade, eles acabaram se transformando em uma coletânea de promessas não cumpridas, com o agravante da provocação de guerras à raiz do não-cumprimento do que fora negociado.

Rapidamente o habitat milenar dos povos originários foi sendo substituído por extensas áreas de produção de trigo, milho, algodão, criação de ovinos, suínos e bovinos, desenvolvimento da indústria e investimento em infraestrutura. Para o governo e os colonos, o sucesso alcançado com essa política era considerado nada mais nada menos do que um uma prova de que eram, efetivamente, "o povo escolhido por Deus" para tomar posse daquela "terra prometida", conforme definido no Destino Manifesto.

Transporte e mineração: dois fenômenos particulares da expansão

O transporte e a mineração foram dois elementos de grande impacto, tanto para a afirmação branca quanto para o extermínio dos povos indígenas no século XIX.

Transporte — A "ponta de lança" na conquista da fronteira do oeste nos Estados Unidos foi a rede de ferrovias. Em 1869, foi concluída a grande ferrovia que ligava o Atlântico ao Pacífico, posteriormente ligada a linhas secundárias. O governo norte-americano via cumprida grande parte da "missão" que os brancos haviam atribuído para si: conquistar todo o território do país, dando espaço para os milhões de imigrantes que chegavam da Europa ao lugar então ocupado pelas populações indígenas. A rede de ferrovias facilitou grandemente a venda de terras e o assentamento de populações brancas nas áreas em que se instalavam, fazendo com que, nos últimos 30 anos do século XIX, nos Estados Unidos, fossem vendidas e colonizadas mais terras do que em toda história do país.

Empreiteiros e empresários de ferrovias construíam estradas que cortavam as terras indígenas, destruindo suas culturas de subsistência e substituindo-as por lavouras comerciais. Segundo eles, o motivo era simples: os nativos dificultavam seu trabalho. Banqueiros, fazendeiros, industriais das ferrovias e de produção de implementos agrícolas, vislumbrando obter mais lucros para si mesmos, apoiavam as medidas do governo em relação à expulsão das terras que os indígenas ocupavam, sem problematizar seu extermínio generalizado.

Mineração — A "corrida do ouro" foi outro fator marcante no extermínio indígena em prol do enriquecimento dos brancos. Em 1848, foram descobertas minas de ouro na Califórnia.

Em poucos dias, milhares de garimpeiros, apoiados pelo exército, invadiram as terras indígenas, dando origem a batalhas sangrentas entre os garimpeiros e os nativos que se defendiam até onde podiam. A dizimação desses povos foi quase total.

De acordo com Russel Thornton (1990), antes da chegada dos europeus, a população indígena da Califórnia podia chegar a 705 mil pessoas, mas, com a colonização e as epidemias trazidas pelos brancos, em 1849 já era inferior a 100 mil. Stannard (1992, p. 144) afirma que, entre 1852 e 1869, atendendo a ordens superiores que pediam a destruição dos indígenas sob a custódia norte-americana, a população indígena da Califórnia caiu de 85 mil para 35 mil nativos. Um colapso de 60% em oito anos. Perto do final do período das guerras, em 1890, a população indígena do estado da Califórnia era de apenas 18 mil representantes. A "Corrida do Ouro" tinha então levado consigo massacres, doenças e fome que quase acabaram com os habitantes daquela região.

Em 1874, foram descobertas minas de ouro em Black Hill, nas Terras Sagradas dos Sioux e dos Cheyenne. E a busca pelo ouro provocou novamente o mesmo fenômeno de exploração visto anteriormente em outras regiões, mas os indígenas resistiram. Dessa forma, o governo dos Estados Unidos resolveu expulsar os Sioux de suas terras e levá-los para as reservas designadas pelo governo.

Tatanka Iyotake, o famoso chefe Touro Sentado, recusou-se a sair da região cobiçada. Reunindo três mil e quinhentos índios Sioux e Cheyenne, conseguiu vencer o Sétimo Regimento de Cavalaria Americana, que estava sob as ordens do general Amstrong Custer, que morreu na batalha de Little Bighorn em 1876.

Sentindo-se humilhado com a desfeita, o exército americano retornou com mais soldados e armamento. Renderam Touro Sentado e dizimaram os nativos que participavam da resistência na Grande Batalha contra os Sioux de 1877. Após essa derrota, Touro Sentado e os demais sobreviventes retiraram-se de suas terras e foram para o Canadá.

Tentando "branquear" a história: o Faroeste

A migração para o oeste norte-americano, particularmente no século XIX, a partir da Lei do Povoamento (*Homestead Act*) de 1862, também deu origem ao fenômeno conhecido como Faroeste: do inglês *"Far West"* — o Oeste longínquo.

O imaginário dos norte-americanos e sua fome por mais terras eram alimentados por um cenário feito de paisagens desérticas... Linhas de trem cortando o território... Sequestradores e bandidos... Caubóis e xerifes... Prostíbulos ao longo das estradas... Matanças de búfalos em massa, particularmente pelo lendário "Buffalo Bill"... E tudo perpassado por guerras sangrentas com os índios chamados de "Peles Vermelhas".

Esse cenário, que marcou principalmente as conquistas do século XIX, foi posteriormente aproveitado no século XX como divulgação dos Estados Unidos em favor de seu poder, chegando a se refletir grandemente nos meios de comunicação, com desenhos animados (como os do Pica-Pau), séries de TV e nas centenas de filmes de faroeste também chamados de bang-bang ou de caubóis, que foram o ponto alto da produção cinematográfica de Hollywood durante anos e rodaram o mundo com atores internacionalmente conhecidos, como John Wayne e Gene Autry, entre outros.

Como variáveis de um mesmo tema, os filmes sempre mostravam os personagens dos índios "peles vermelhas" como seres maus e como empecilhos ao avanço da "civilização" e do progresso trazido pelos brancos, os "heróis" e valentes de tais histórias. Nunca mostravam os brancos tirando as terras dos índios, matando seus animais ou utilizando-os como mão de obra barata ou até escrava.

Esse movimento ideológico trazia implícita a vontade de desculpar o governo norte-americano por suas ações genocidas, por vezes até negando-as, enquanto o que aconteceu de verdade, principalmente no intervalo de 1860 a 1890, foram guerras de resistência indígena, motivadas pelo não cumprimento dos tratados assinados entre governo e populações nativas.

Brown diz que aquele período "foi uma era incrível de violência, cobiça, audácia, sentimentalismo, exuberância mal orientada (...). Durante essa época, a cultura e a civilização do índio americano foram destruídas (...)" (2012, p. 7).

Limpeza Étnica III: A Lei do Loteamento (Allotment Act) — 1887

As nações indígenas sofreram, em 1887, uma investida da ingerência branca do governo dos Estados Unidos. O Congresso Nacional aprovou a Lei do Loteamento (*Allotment Act*), inaugurando um dos piores momentos da história dos povos originários dos Estados Unidos da América do Norte, principalmente por tocar na própria estrutura de vida tribal.

De acordo com essa lei, o governo podia dividir em parcelas as terras coletivas tribais e distribui-las aos membros da comunidade indígena. Os chefes de família recebiam lotes de 160 acres e os solteiros, 80, para se converterem em pequenos agricultores. Inicialmente, as mulheres não foram contempladas. Ao receber o lote, o índio recebia um certificado que ficava sob a guarda do governo durante 25 anos, após os quais passaria a ser definitivamente proprietário e teria direito à cidadania norte-americana.

As terras não repartidas entre os índios podiam ser vendidas aos não- -índios pelo governo que, exercendo seus direitos de "conquistador/usurpador" se autodenominava "dono" das terras que os nativos utilizavam, ignorando seus direitos de "primeiros habitantes".

A Lei do Loteamento (*Allotment Act*) era diferente da Lei da Remoção (*Removal Act*) e da Lei do Povoamento (*Homestead Act*) em dois aspectos importantes. Ao invés de estar centrada na comunidade tribal indígena, como ocorria anteriormente nos tratados, foi uma lei centrada no indivíduo e em sua assimilação à sociedade norte-americana. Além disso, podia ser aplicada sem necessidade de consentimento ou de consulta às nações indígenas, diferente do que ocorria anteriormente.

Essa lei foi um desastre para as nações indígenas, e motivos para isso não faltaram. Primeiro, arrancou dos índios uma extensão considerável de terra — fundamento de toda nação — fazendo com que o espaço antes dos indígenas passasse de 138 milhões de acres para 48 milhões, retirando dos indígenas pelo menos 90 milhões de acres de terra (*Indian Country Today*, 2012). No entanto, a lei também sacralizava a intenção do governo de destruir as bases comunitárias da organização tribal, suas instituições e sua cultura, numa tentativa evidente de dissolução da organização das tribos indígenas.

O objetivo era simples e evidente: obrigar os indígenas a aceitarem um processo de "assimilação", integrando-se à economia e à cultura branca norte-americana proveniente de usos e costumes europeus, ao invés de manterem seus costumes e estilo de vida dentro da tradição milenar dos povos que viviam em terras usufruídas coletivamente. Esperava-se que, ao extinguir a soberania dos povos indígenas eliminando as demarcações das fronteiras de suas reservas, em uma ou duas gerações, as etnias teriam sido dissolvidas, as terras comunais desapropriadas e as populações absorvidas, individualmente, pela grande comunidade dos colonos agricultores.

Várias nações indígenas resistiram bastante à quebra do sistema tribal proposta pela lei, o que motivou vários conflitos e guerras no final do século XIX e várias emendas à Lei do Loteamento. A primeira ocorreu em 1891, quando o tamanho dos lotes foi cortado pela metade e os terrenos puderam ser atribuídos independentemente de sexo ou status familiar. Outras emendas sucederam-se até 1934, quando uma nova lei fechou o desastroso processo da lei de 1887, que causou imenso prejuízo às nações indígenas.

John Collier, que durante alguns anos foi comissário de assuntos indígenas, prestou o seguinte depoimento perante o Congresso dos Estados Unidos (73ª sessão, 1934): "as parcelas reservadas individualmente para os índios são meras ilhas dentro de um mar de propriedade branca".

Genocídio cultural

Além do genocídio físico, a colonização norte-americana foi também um verdadeiro genocídio cultural, que afetou todas as manifestações da cultura indígena: sua linguagem, música, arte, religião, tratamentos de saúde, formas de agricultura, estilos de alimentação e vestuário, instituições reguladoras da vida social. Enquanto isso, as tradições, consideradas inimigas do progresso, constituíram objeto de opressão, esvaziamento e eliminação.

Um exemplo particular decorrente da Lei do Loteamento foi a tentativa de assimilação da cultura branca por crianças indígenas através das escolas, como uma forma de eliminar culturalmente as civilizações nativas e impedir a reprodução dos povos. Nessas escolas, as crianças eram proibidas de falar sua língua; eram obrigadas a usar uniformes, ao invés de seus trajes típicos; tinham que cortar o cabelo e cumprir uma disciplina rígida, totalmente diferente de sua cultura original. Muitas crianças nativas tentavam escapar; outras morriam de saudade ou de doenças.

Em síntese, a proposta era: ao invés de fazer os nativos passarem pelo genocídio físico, era melhor destruir totalmente sua identidade. Poder-se-ia dizer que o espírito dessas escolas foi resumido pelo capitão Richard Pratt, em 1892, em uma de suas muitas frases anti-indígenas: "mate o índio para não matar o homem" (BROWN; ESTES, 2018).

A jurisprudência dos Estados Unidos no decorrer do século XIX e início do século XX também foi extremamente nociva para as populações nativas. As novas leis, que forçavam os índios a submeterem-se totalmente à legislação dos Estados Unidos, nem de longe levavam em consideração as leis que regiam os povos nativos, seus costumes e suas culturas, sendo também instrumentos do genocídio cultural indígena.

Declínio populacional

As populações nativas da América do Norte sofreram um drástico declínio demográfico ao mesmo tempo em que a população branca, como fruto de suas estratégias marcadas pela ideologia do destino manifesto, conheceu um aumento demográfico exponencial ligado à expansão territorial.

O avanço branco a partir da Marcha para o Oeste, principalmente a partir da Lei do Povoamento (*Homestead Act*), de 1862, coincidiu com o que pode ser considerado o pior momento do genocídio dos povos indígenas. Na segunda metade do século XIX, para alcançar a meta traçada, governo e colonos não pouparam métodos antigos e novos para acabar com a população nativa ainda existente.

Os nativos resistiram como puderam até sua rendição final, nos últimos anos do século XIX. Do território imenso por eles povoado ao longo de milênios, restaram pequenas e esparsas reservas, definidas pelo governo, situadas principalmente na região oeste do país.

Manifestações do genocídio

A lista dos motivos que ocasionaram o genocídio das populações nativas do território norte-americano é bastante diversificada:

- doenças de brancos disseminadas entre eles, provocando epidemias;
- fome generalizada ocasionada pela desnutrição devido à expulsão para terras áridas e desconhecidas, com maus tratos e guerras;
- longuíssimas "marchas de morte" que exauriam seus integrantes;
- massacres feitos pelo exército como parte da "limpeza étnica" irrestrita;
- gratificações do governo dos EUA para particulares que se unissem ao esforço de extermínio que ele promovia;
- guerra biológica (multiplicação de infecção a partir de pessoas ou de roupas contagiadas) provocada por colonos e depois pelo governo;
- guerras entre populações brancas e povos indígenas.

Quatro dessas manifestações, que ocasionaram a morte de milhões de nativos devido à ânsia dos brancos por terras e poder, tiveram particular impacto: as doenças, as guerras, os tratados não honrados e a fome.

Doenças

"Sem sombra de dúvida, o fator mais importante do declínio da população índia da América do Norte, que ocasionou o aumento da mortalidade, foram as doenças introduzidas pelo Hemisfério Leste", afirmou o pesquisador Thornton (1987, p. 44).

Henry Dobyns (1983, p. 15-23) traz o registro de 83 (!) epidemias ocorridas entre as populações nativas no período de 1592-1918, conforme quadro a seguir, sendo a maior parte delas provocadas intencionalmente:

Epidemias	Quantidade	Período	Nações Afetadas
Varíola	40	1592-1899	Nordeste Ottawa, Delaware, Dakota, Sudeste, Grandes Lagos, Planícies (5 epidemias), Norte (5 epidemias)
Sarampo	15	1831-1892	Tribos Ojibwe, Seminoles. Residentes das reservas do território indígena
Influenza (gripe) e Peste Bubônica	14	1545-1707	Tribos do Sudoeste, Nova Escócia, Nova Inglaterra, Iroqueses, Reservas indígenas. As epidemias de 1761-1918 atacaram todas as nações indígenas da América do Norte
Difteria	5	1601-1890	Tribos de Sinaloa, Novo México, Nova Inglaterra
Cólera	3	1832-1834	Padawalomi, Wea, Kickapoo, Shawnee, Ojibwe, Norte, Winnebago, Norte, Menomini
Escarlatina	4	1637-1865	Tribos do Norte
Tifo	2	1528-1742	Tribos da Carolina até a Flórida; Sinaloa

Ou seja: muito mais do que as guerras, as doenças transmitidas pelos brancos foram responsáveis pela destruição de nações indígenas inteiras, alastrando-se de forma epidêmica devido à falta de imunidade dos nativos e às más condições de vida e de trabalho a eles impostas.

Tratados não cumpridos

Outra causa do declínio da população indígena foi o descaso dos brancos e sua falta de cumprimento das centenas de tratados assinados entre as autoridades do país e as nações indígenas, o que levou os índios a se defenderem perante os tribunais ou através de batalhas.

Os tratados se tornaram, na verdade, uma forma de dominar as nações indígenas sem derramamento de sangue, mas não com a intenção de serem respeitados pelos brancos, como informa Brown ao longo de seu livro *Enterrem meu Coração na Curva do Rio* (2012).

Guerras

Milhares de indígenas foram mortos durante as guerras travadas com os brancos, embora em menor número do que os que morreram exauridos pelas epidemias ou pela fome. A quase totalidade das guerras foi motivada pela resistência dos nativos à invasão de suas terras pelos brancos, a falta de cumprimento dos tratados, a invasão de bandidos, de empresas mineradoras e de empresários de ferrovias que construíam e cortavam as terras indígenas, destruindo suas culturas de subsistência e substituindo-as por lavouras comerciais para os grandes mercados.

Fome

Muitos fatores foram responsáveis pela morte de milhões de nativos relacionados à fome. Os maus tratos sofridos e alimentos insuficientes nas deportações levaram muitos ao desfalecimento e vários dentre eles nem conseguiram chegar ao final das remoções impostas pelo governo.

Outros, ao chegarem no dito "território indígena", não davam conta dos inúmeros desafios que encontravam numa situação que não tinham escolhido. As populações indígenas tinham que começar tudo novamente: plantar, construir moradia, confeccionar roupas, mas, as terras para a agricultura eram menos férteis do que as que eles possuíam anteriormente. O clima era bem diferente e muitos não conseguiram se adaptar. Faltava-lhes a tecnologia necessária para conviver com as condições das novas terras; como consequência, sua produção era escassa.

Os animais silvestres com os quais contavam para sua alimentação não habitavam o novo local. O extermínio dos bisões (búfalos), um dos alvos especiais do enfrentamento dos brancos com índios, interferiu diretamente na capacidade de subsistir das populações indígenas, uma vez que o bisão fornecia a carne com a qual se alimentavam, o couro era matéria-prima para construção de suas tendas e de certos artigos que confeccionavam para caça e vestuário.

Com a imunidade baixíssima e sem terem condições mínimas de obter alimentos adequadamente, muitos pereceram por inanição.

Resultado do genocídio

De acordo com Henry Dobyns (1983, p. 42), a população nativa encontrada pelos colonizadores europeus quando chegaram ao norte do continente no século XVII era de aproximadamente 18 milhões de habitantes. Russel Thornton (1990, p. 43) indica que, no início do século XIX, a população indígena tinha diminuído para 600 mil indivíduos, continuando a decrescer e chegando a 250 mil no final do século, começando a crescer novamente a partir de então.

Ano	Nº de Indígenas no Território
1620	18 milhões
1800	600 mil
1900	250 mil

Em 2008, o censo demográfico dos Estados Unidos mostrou uma população estadunidense de aproximadamente 325 milhões de habitantes. Entre eles, 75,1% brancos, majoritariamente oriundos das imigrações europeias anteriores, enquanto os nativos americanos representavam 0,13% da população do país, num total de 2,5 milhões ao invés dos 18 milhões do início do século XVII. Os dados falam por si.

RESISTÊNCIA DOS POVOS ORIGINÁRIOS

Assim como os povos indígenas do Caribe, do México, dos Andes e do Brasil resistiram aos desmandos que a conquista europeia lhes impunha, os do Norte procuraram resistir à dominação violenta dos colonos e do governo estadunidense por eles sofrida. Entre as diversas formas de resistência, ressaltamos duas: os tratados e as guerras.

Defesa dos tratados

Os indígenas dificilmente aceitavam renunciar a suas terras milenarmente possuídas, resistindo à invasão europeia. Como já mencionado, os tratados surgiram para que fosse possível contruir acordos preferencialmente pacíficos.

Brown (2012) mostra que os índios procuravam manter sua palavra, mesmo dentro das precárias condições derivadas de alguns tratados e, sempre que possível, procuravam resolver os conflitos através de audiências junto às autoridades instituídas. Contudo, enquanto os nativos procuravam defender seu espaço vital, os brancos, sem consideração com o que havia sido assinado por ambos os lados, continuavam com sua política de expansão de leste a oeste para ocupar a totalidade do território atual dos Estados Unidos.

Como consequência, muitos tratados eram desrespeitados logo após serem assinados. Em alguns casos, por ações de cidadãos ajudados e encorajados por políticas oficiais e, em outros, pelo Congresso Nacional, que alterava deliberadamente alguns itens sem conhecimento ou aprovação indígena.

Stannard (1992, p. 122) narra, a título de exemplo, o que ocorreu com a nação cherokee quando foi invadida pelos colonos brancos que confiscaram suas terras e destruíram suas plantações, levando os nativos a passarem fome:

> Apesar de tudo... os Cherokee resistiram... Através de meios pacíficos. E ganharam causa junto à Corte Suprema. (...) Finalmente, foi redigido um Tratado cedendo terras ao governo americano em troca de dinheiro e uma parte da terra designada território indígena no oeste. Sabendo de antemão que nem os anciãos cherokees nem a maioria da nação Cherokee aprovaria o Tratado, o governo dos Estados Unidos colocou na cadeia o líder Cherokee mais influente e deu inicio a negociações entre oficiais americanos e alguns índios 'colaboradores'. Até o oficial americano encarregado de registrar os membros da tribo para a remoção protestou junto ao Secretário de Guerra dizendo que "Este papel, chamado de tratado não é um Tratado por nada, porque não foi sancionado pelo colégio de anciãos dos Cherokee e foi feito sem sua participação e consentimento. Eu declaro solenemente a vocês que na hora de comunicar aos Cherokee, este documento será rejeitado por 9 sobre 10 ou até 19 sobre 20 dentre eles." Mas, o Presidente teve o que queria: a assinatura de alguém numa folha de papel.

Cada tratado dava início a um novo processo. No caso, esse suposto tratado deu início ao processo de remoção dos cherokees. A redação e aplicação de outros acordos semelhantes também mostraram com evidência que, na estrutura mental dos brancos, os índios só podiam ter duas saídas: assimilar a cultura que lhes era imposta ou desaparecer. Em 1885, quando o presidente dos Estados Unidos, Franklin Pierce, mostrou interesse em comprar as terras da tribo squamish, o cacique Noah Seattle respondeu-lhe com uma longa carta, que resumia essa dicotomia na forma de ver os acordos firmados pelos tratados:

O grande chefe de Washington pode contar conosco sinceramente, como nossos irmãos brancos podem contar com o retorno das estações. (...) Nós vamos pensar na sua oferta, pois sabemos que, se não o fizermos, o homem branco virá com armas e tomará a nossa terra (tradução livre dos autores a partir do inglês, 2017).

O ponto central do não-cumprimento dos tratados era o abismo que separava a cosmovisão dos brancos da dos indígenas. Como parte da carta anteriormente citada, o cacique Seattle também diz:

... Como se pode comprar ou vender o céu ou o calor da terra? A ideia nos é muito estranha, já que nós não somos donos da pureza do ar ou do brilho da água. Como podem querer comprar-nos isto? (...) Nós decidimos apenas sobre as coisas do nosso tempo. Sabemos que o homem branco não compreende o nosso modo de viver. Para o meu povo, toda esta terra é sagrada (...). Para ele (o homem branco), um torrão de terra é igual ao outro. Ele é um estranho que vem de noite e rouba da terra tudo quanto necessita. Mas, a terra não é sua irmã nem sua amiga; então, depois de exauri-la, ele vai embora (...) esquecendo os antepassados e os direitos dos filhos. (...) Tudo o que fere a terra fere também os filhos da terra.

Os tratados não cumpridos trouxeram consequências desastrosas em relação à desestruturação física e cultural das nações indígenas, como bem demonstra Brown (2012), ao longo das páginas de seu livro *Enterrem meu Coração na Curva do Rio*.

Guerras

Para os indígenas, era evidente que tinham que se defender ao serem combatidos. Wasmditanka (Águia Grande), dos Sioux, lamentava:

Os brancos estavam sempre tentando que os índios desistissem de seu estilo de vida e vivessem como homens brancos: plantar, trabalhar muito, fazer como eles faziam. E os índios não sabiam fazer isso e não queriam fazer, de qualquer maneira. E se os índios tivessem tentado que os brancos vivessem como eles: os brancos não resistiriam? Foi a mesma coisa que aconteceu com muitos índios (BROWN, 2012).

Galha, um chefe guerreiro da tribo dos Hunkpapas, adotado por Touro Sentado como irmão mais jovem, quando foi a Fort Rice para negociar com os comissários do governo que tentavam convencer os Sioux a aceitar a construção de fazendas como parte do Tratado de 1868, assim se expressou:

> "Nascemos nus", disse, "e aprendemos a caçar e viver da caça. Vocês nos dizem que devemos aprender a plantar, viver numa casa e adotar suas maneiras. Suponham que o povo que vive além do grande mar venha e lhes diga que devem parar de plantar e mate o gado, e tome suas casas e terras; o que fariam? Não os combateriam?" (BROWN, 2012, p. 258).

As guerras que assolaram o território indígena tiveram esse mesmo tom: as populações nativas precisavam e queriam proteger suas terras e suas vidas, resistir à ocupação desenfreada do território pelos brancos, assim como às torturas e massacres por eles perpetrados. Foram combates desiguais, entre índios usando arcos e flechas e os europeus com fuzis e canhões e tiveram, como consequência, centenas de milhares de mortos entre combatentes índios, mulheres e crianças, além de aldeias destruídas e plantações arruinadas.

A lista que segue (BROWN, 2012) dá uma ideia do genocídio indígena durante vários anos, mas principalmente a partir da lei do povoamento de 1862:

- Guerras contra seminoles (1822-1832);
- Guerras Comanche (1836-1875) — planícies do sul e estado do Texas;
- Guerras Cayuse (1848—1855) — Territórios de Oregon e Washington;
- Guerras do rio Rogue (1855-1856) — Território de Oregon;
- Guerra Yakima (1855—1858) — Território de Washington;
- Guerra Spokane-Coeur d'Alene-Paloos (1858) — Território de Washington;
- Guerra do Canyon Fraser (1858) — Colúmbia Britânica (invasores dos EUA);
- Guerra Dakota de 1862 — conflitos no quadrante sudoeste do Minnesota;
- Guerras contra os indígenas da Califórnia (1860-65) — 11 nações;
- Guerra Lamalcha (1863) — Colúmbia Britânica;
- Guerra Chilcotin (1864) — Colúmbia Britânica;
- Guerras Navajo (1861-1864) — terminou com a Longa Marcha dos Navajos;

QUINTA PARTE — ESTADOS UNIDOS DA AMÉRICA DO NORTE

- Guerra Hualapai ou Guerra Walapais (1864-1869) — Território do Arizona;
- Guerras Apache (1864-1886) — Navajos em Sumner;
- Guerra de Nuvem Vermelha (*Red Cloud's War*) (1866-1868);
- Guerra do Colorado (1864-1865) — conflitos com cheyennes e arapahos;
- Guerra Comanche (1867-1875);
- Batalha de Beecher Island (1868) — cheyennes do Norte;
- Batalha de Summit Springs (1869) — morte de Tall Bull;
- Batalha do Canyon de Palo Duro (1874) — guerreiros cheyennes;
- Guerra de Red River (1874-1875) — forças comanches dizimadas;
- Guerra de Black Hills/ Campanha de Little Big Horn (1876-1877) — lakotas;
- Batalha de Rosebud (1876) — lakotas sob o comando de Tasunka;
- Batalha de Little Bighorn (1876) — sioux e cheyennes;
- Batalha do Warbonnet Creek (1876);
- Guerra Nez Percé (1877) — sob o comando do Chefe Joseph;
- Guerra Bannock (1878) — indígenas do sul de Idaho;
- Guerra Cheyenne (1878-1879) — conflito dos EUA com famílias cheyennes;
- Guerra Sheepeater (maio-agosto de 1879) — contra os shoshone de Idaho;
- Guerra Ute (setembro de 1879-novembro de 1880) — contra os utes;
- Pine Ridge (novembro de 1890-janeiro de 1891) — último conflito com os sioux.

Embora impressionante, a lista das batalhas do exército estadunidense contra as nações indígenas do país não revela os horrores que as acompanhavam. As estatísticas são incapazes de mostrar o que efetivamente aconteceu. Os índios, mesmo aqueles que tinham assinado tratados, eram considerados, de forma generalizada, como "hostis", o que permitia aos colonizadores abordá-los com requintes de crueldade.

Foi o que aconteceu, por exemplo, com os índios cheyenne, no caso da invasão da aldeia Sand Creek, conforme descrito em detalhes por Stannard (1992, p. 130-133). O autor conta que os cheyennes, apesar de desarmados e autodeclarados submissos à lei americana, foram atacados por 700 soldados comandados pelo coronel Chevengton. Por ordem do coronel, os colonos fuzilaram e mataram, inicialmente, de 300 a 400 índios que viviam ali, em sua maioria pessoas idosas, mulheres com bebês de colo e crianças que corriam para escapar das matanças. Apesar da tentativa de fuga, todos foram facilmente atingidos pelos soldados. Os mortos foram escalpelados, muitos deles mutilados (dedos e orelhas foram cortados para arrancar anéis, joias ou enfeites). Até os órgãos genitais de homens e mulheres foram amputados e levados como troféus. O chefe cheyenne White Antelope além de ser escalpado, teve o nariz, as orelhas e os órgãos genitais amputados.

Quando a notícia desta carnificina se tornou pública, a mídia apoiou esta intervenção como altamente exitosa. E Stannard (1992, p.134) complementa:

> Nem todos concordaram com este massacre. (...) Uma reunião aberta ao público foi convocada por congressistas para confrontar abertamente o governador de Colorado e o coronel Chivington, no Opera House de Denver. (...) Durante a discussão alguém perguntou: "— Não seria melhor 'civilizar' os indígenas em vez de, simplesmente, exterminá-los?" (...) Uma gritaria das que só se ouvem em batalhas se vez ouvir: — Matem todos eles! Matem todos eles!

Louise Pele de Doninha, índia sioux remanescente desse derradeiro conflito, assim narrou o massacre de sua nação pelo exército americano: "Tentamos correr, [...] mas eles nos alvejavam como se fôssemos búfalos. Sei que há alguns brancos bons, mas os soldados deviam ser maus, para disparar contra crianças e mulheres. Soldados índios não fariam isso contra crianças brancas" (BROWN, 2012, p. 347).

O ano de 1890 marcou a última guerra entre brancos e indígenas, com a rendição dos povos originários. Os nativos foram obrigados a aceitar, em troca de gado, milho, búfalo e do restante de suas terras, pequenas reservas definidas pelos brancos, situadas majoritariamente no oeste do país.

4. SOBREVIVÊNCIA

As nações indígenas norte-americanas não desapareceram. Elas sobreviveram, apesar dos séculos de conflitos, despejos, massacres, tratados não cumpridos. E, tal como ocorreu com os povos originários de outros países das Américas, estão em franco movimento de recuperação.

De acordo com o censo de 2010, vivem no território dos Estados Unidos aproximadamente 2,5 milhões de indígenas, ou seja, apenas 13% do que havia quando os europeus começaram a apropriar-se do território, no século XVII.

QUINTA PARTE — ESTADOS UNIDOS DA AMÉRICA DO NORTE

Um milhão de indígenas de 340 nações vive em reservas, numa extensão de 22,5 milhões de hectares, o que corresponde a 2,3% do território total do país por eles habitado em 1600, quando da chegada dos europeus. Isto significa que os nativos americanos foram privados de quase impressionantes 98% de suas terras originárias.

As nações indígenas dos Estados Unidos dependem diretamente do governo federal e contam com certa autonomia nos territórios onde estão suas reservas. Entretanto, mesmo nos meios oficiais, é considerada evidente a necessidade de uma grande transformação na Comissão do Governo para Assuntos Indígenas (*Indian Affairs Bureau*, ligado ao Ministério do Interior), para romper definitivamente com seu histórico de subjugação e assimilação das populações indígenas e desenvolver o papel de parceria do governo com os povos nativos, respeitando sua própria determinação.

Nações originárias dos Estados Unidos da América do Norte hoje

Conforme lista organizada pelo Departamento dos Assuntos Indígenas do país, existem hoje nos Estados Unidos 567 povos das primeiras nações. Entre outros, encontram-se os seguintes: apaches, blackfeet, cherokees, cheyennes, chicksaws, ottawas, paiutes, pimas, potawatomis, pueblos, seminoles, shosones, sioux, tohono o'odhams, utes, uakamas, yaqui umans, athabascans, aleuts, alascas, esquimós, chippewas, hoctaws, colvilles, comanches, crees, crows, delawares, houmas, iroqueses, kuikowas, lumbees, menominees, navajos e osages.

De acordo com o censo de 2006-2008 do governo dos Estados Unidos, os idiomas indígenas falados em casa somavam 135, agrupados em 28 famílias linguísticas. O navajo aparece como o principal idioma, seguido do cherokee e do choktaw, vindo depois outros idiomas falados significativamente: shoshoni, iroquês, algonquino, kiowa, apache, cheyenne, comanche, ojibwa, chitimacha, muskgueano, hopi, ute, zuñi e esquimó-aleutiano.

Nada aconteceu "gratuitamente"

A sobrevivência das populações indígenas dos Estados Unidos da América do Norte é fruto de sua perseverança e resiliência. Nada aconteceu por acaso. Apesar de ainda não se ter alcançado a convivência respeitosa da diversidade esperada pelos povos indígenas, o momento atual é diferente dos anos de maus tratos, matanças e guerras que se sucediam quase que ininterruptamente, Hoje, as nações sobreviventes podem firmar tratados com o governo federal através de seus conselhos tribais, de forma diferente do que ocorria nos séculos anteriores e podem exercer uma série de direitos soberanos. Administram seus próprios sistemas judiciais e suas forças policiais; operam escolas e hospitais e dirigem empreendimentos comerciais. Possuem universidades e museus. Muitos nativos são profissionais de diversas áreas. Há jornais por eles fundados e mídia independente na internet, além de um canal de televisão chamado FNX. São avanços que, indiscutivelmente, beneficiam as populações originárias da América do Norte.

O *Index of Native American Organizations* demonstra que os indígenas que vivem nos Estados Unidos têm associações, conselhos, alianças, federações, coalizões, institutos e câmaras de comércio, sendo alguns de caráter regional e outros de âmbito nacional.

Também existem, por centros de interesse, diferentes agrupamentos: de mulheres indígenas, de líderes, anciãos, médicos, enfermeiros, de cultura, esporte, florestas, meio ambiente, dos grandes lagos, da vida selvagem e de literatura (que inclui contação de histórias tradicionais das nações indígenas).

O *National Congress of American Indians* (NCAI) é a organização mais antiga, maior e mais representativa dos povos originários dos Estados Unidos e do Alasca. Criada em 1944, ela serve aos grandes interesses dos governos das nações indígenas e de suas comunidades. Na assembleia geral, que realizam anualmente, são revisadas as decisões anteriores e feitas novas propostas para as comunidades indígenas e para os governos estaduais e federal.

A respeito de tais iniciativas, a ex-cacique cherokee Wilma Mankiller (2009, p. 5) assim se expressou:

> Ao mesmo tempo em que os povos indígenas retomam o controle de suas terras e de seus recursos, trabalham para desenvolver suas economias e reconstruir suas comunidades e nações. Embora haja muitos empreendedores indígenas individuais, há também um número grande de empresas que comumente pertencem a comunidades ou a governos tribais (...).
>
> Nos Estados Unidos, muitos programas sociais e culturais são financiados com receita de empresas e de tribos, tais como editoras, mercados e cassinos. Conforme desenvolvem a economia e lidam com questões sociais, os indígenas valorizam a preservação da cultura, das línguas, das artes, da cura, das canções e das cerimônias tribais.
>
> É milagroso que, em face da enorme adversidade, muitos indígenas tenham conservado o conhecimento tradicional, valores fundamentais que os mantiveram ao longo do tempo e um senso de coesão como povo tribal.

A situação no presente está longe de ser um assunto resolvido. Muito ainda resta ser feito a favor das nações indígenas da América do Norte, que hoje ali convivem com outros povos oriundos de diversas regiões do planeta, particularmente latinos, africanos e asiáticos.

No entanto, tal como ocorreu no Caribe, no México, nos Andes e no Brasil, também colonizados e subjugados pelos europeus durante mais de cinco séculos, os nativos que sobreviveram no território dos Estados Unidos buscam, através de formas próprias de organização, assegurar seus direitos humanos, civis, culturais e espirituais.

O cacique Norah Seattle (1885), em sua carta mencionada anteriormente, mesmo antevendo situações extremamente difíceis pelas quais passaria seu povo, já previa que "... a alma de meu povo continuará a viver nestas florestas e nestas praias, porque nós as amamos, assim como um recém-nascido ama as batidas do coração de sua mãe".

O que é ser indígena no século XXI?

A ex-cacique cherokee Wilma Mankiller (2009, p. 5) dá uma brilhante resposta:

> Ser indígena no século 21 significa:
>
> Ser parte de uma comunidade que enfrentou pobreza e opressão devastadoras, mas encontra muitos momentos de encanto e conforto nas histórias tradicionais, na língua, nas cerimônias e na cultura;
>
> Ser membro de um grupo detentor de alguns dos mais valiosos e antigos conhecimentos sobre o planeta. Um povo que ainda tem uma relação direta com a terra e um senso de responsabilidade para com ela;
>
> A despeito de tudo, significa ainda ser capaz de sonhar com um futuro no qual as pessoas em todo o mundo apoiarão os direitos humanos e a autodeterminação dos povos indígenas. Terra e recursos podem ser colonizados, mas nunca os sonhos;
>
> Manter redes de relacionamento e compartilhar conhecimentos tradicionais e melhores práticas com as comunidades indígenas em todo o planeta usando todas as ferramentas tecnológicas disponíveis (aparelhos celulares, iPhone, Facebook, Myspace, YouTube...);
>
> Ser empreendedor(a), cientista e até mesmo um(a) astronauta que deixará suas pegadas na lua e então retornará ao lar para participar das cerimônias que seu povo vem realizando desde os tempos primordiais;

Honrar nossos ancestrais que mantiveram a visão firmemente fixa no futuro, independentemente do que estava acontecendo em seu presente;

Reconhecer as injustiças passadas, mas nunca ficar paralisados ou sem ação por raiva do passado ou de todos os desafios atuais;

Seguir o conselho de nossos parentes, os mohawks, que nos lembram que é difícil ver o futuro com lágrimas nos olhos.

UM NOVO COMEÇO

ABYA YALA!

UMA ARTICULAÇÃO
CONTINENTAL DOS
POVOS ORIGINÁRIOS
DAS AMÉRICAS

RESISTIR E SOBREVIVER É REINVENTAR

> Para entrever o futuro dos povos indígenas é necessário olhar para o seu passado. Se os povos originários foram tenazes o suficiente para sobreviver a uma perda enorme de vidas, de terras, de direitos e de recursos, eles parecem bem equipados para sobreviver a quaisquer desafios que estão por vir. (MANKILLER, 2009, p. 6).

Se o "descobrimento" da América foi, na verdade, o "encobrimento" dos povos que aqui habitavam (DUSSEL, 1993), presenciamos agora de um novo descobrimento: o dos próprios povos originários a respeito de si mesmos e de seu verdadeiro lugar neste território.

O vocábulo "índios" foi uma das maiores violências simbólicas cometidas contra a diversidade dos povos originários. Ele se referia simplesmente a um território: a região das Índias, procurada pelos negociantes europeus no fim do século XV. Trata-se de um nome genérico, que não reconhece as identidades de centenas de povos com seus próprios nomes e designações para seus territórios.

No entanto, é possível dizer que, ultimamente, essa denominação tem servido para unificar as diferentes nações na busca da unidade dos povos originários. Significa um marco de unidade diante de uma história comum de humilhação, opressão, repressão e exploração de suas populações, junto com a dilapidação e devastação de seus territórios.

"América" tampouco era uma denominação comum para os povos que habitavam o continente em meio à grande diversidade que existia. Esse termo foi utilizado pela primeira vez em 1507, quando foi desenhado, na Europa, o primeiro mapa do território recém-descoberto.

As regiões ocupadas pelos povos originários antes da chegada dos europeus tinham nomes diferentes: Tawantinsuyo, Anauhuac, Pindorama, entre vários outros. Abya Yala era a denominação dada pelo povo kuna, originário do norte da Colômbia, para o seu território. No idioma original, o termo significa "terra madura... terra viva... terra que floresce".

Hoje, Abya Yala é um nome próprio que abarca todo o continente e foi escolhido pelos povos originários como parte do processo de superação do isolamento político a que foram submetidos desde o início da colonização. É uma expressão afirmativa para superar a expressão eurocêntrica de "índios", criada pelos europeus, que generalizaram, em um termo único, a identidade de centenas de povos originários: taínos, astecas, zapotecas, maias, olmecas, mexicas, aimarás, quíchuas, waris, kaxinawas, tikunas, caiapós, terenas, carajás, crenaques, araucanos, mapuches, xavantes, tupis, guaranis, entre tantos outros.

A adoção do nome comum de Abya Yala para designar o território hoje conhecido como América faz parte de um processo de construção política de identidade dos povos originários que vivem neste território há milhares de anos. Esta mudança caracteriza ao mesmo tempo um novo ciclo nos movimentos dos povos originários, mostrando o papel que os mesmos tiveram e ainda têm na constituição deste continente. Trata-se de um gesto de descolonização do pensamento, que naturalmente deve ter reflexos na descolonização do modo de viver em sociedade.

Na Cúpula dos Povos de Abya Yala, que aconteceu na Guatemala em 2007, este movimento continental foi definido como:

> (...) um espaço permanente de enlace e intercâmbio, onde convergem experiências e propostas para que juntos enfrentemos as políticas de globalização neoliberal e possamos lutar pela libertação definitiva de nossos povos irmãos, da Mãe Terra, do território, da água e de todo o patrimônio natural para viver bem.

A PROFECIA DA ÁGUIA E DO CONDOR

Antes de descrever as manifestações dessa articulação continental de Abya Yala, vale a pena recordar que as mesmas são inspiradas por diversas profecias. Uma delas, particularmente significativa, é a profecia do encontro entre a Águia e o Condor.

Uma de suas diferentes versões e interpretações diz que, no princípio, o Deus do Tempo criou o Sol e a Lua e com eles nasceram a Águia e o Condor: a Águia representando a América do Norte e o Condor a América do Sul. Ao unirem-se, ambos formaram a América Central. No início era um só grupo, fortemente intuitivo e capaz de harmonizar-se consigo mesmo, com os demais e com a Natureza. Mas, com o tempo, foram separados e partilhados em quatro direções. Segundo a profecia, este período da história teve seu início na década de 1490 e se desenvolveu de tal maneira que os caminhos da Águia levaram o Condor quase à beira da extinção.

Essa é uma linha do tempo importante, uma vez que foi na década de 1490 que Cristóvão Colombo chegou (em 1492) ao território de Abya Yala. Naquele momento, os povos que aqui habitavam entraram em contato com a chamada "civilização" europeia que deu início a um período de exploração e de extermínio.

Quinhentos anos depois, na década de 1990, uma nova época teve início: aquela em que o Condor e a Águia teriam a oportunidade de reunir-se e voarem juntos no mesmo céu, criando um novo jeito de ser e uma prole mais notável, diferente de qualquer outra vista até então. Essa nova criação seria representada pelo Quetzal da América Central, a ave maia que simboliza a união do coração com a mente, da arte com a ciência, do masculino com o feminino.

Para os povos indígenas, essa profecia já começou a se tornar realidade como um tempo de transição que está levando ao reordenamento do mundo; um tempo de reconstituição da cultura da vida, que emergirá do abraço profundo entre a Águia o Condor. O período seguinte será carregado de um espírito novo, marcado pelo retorno da Humanidade à Natureza.

Muito mais do que uma lenda, o encontro da Águia e do Condor representa um olhar sobre o passado, o presente e o futuro. Para os povos originários, as iniciativas e eventos que estão presenciando e vivendo no continente estão sob esta profecia.

Vale notar que esse movimento de norte a sul e de sul a norte do continente começou a se projetar de maneira significativa principalmente a partir do fim do século XX. Naquele momento, os povos originários iniciaram processos articulados de intervenção mais direta em iniciativas globais.

Estamos em tempos de *Pachakuti,* dizem os aimaras. São tempos de mudanças radicais. O "novo" que emerge como parte da realização da profecia vem se manifestando de várias maneiras em âmbito continental, particularmente nos diversos territórios que nele existem.

Recordamos a seguir, a título de ilustração, algumas dessas manifestações: as Cúpulas Continentais (*Cumbres Continentales*) de Abya Yala; os Encontros Continentais de Líderes Espirituais de Abya Yala; as maratonas intercontinentais conhecidas como Jornadas pela Paz e Dignidade; a participação dos povos de Abya Yala em eventos globais das Nações Unidas; a filosofia do *Buen Vivir* (Viver Bem).

AS CÚPULAS CONTINENTAIS DE ABYA YALA

A partir do ano 2000, tiveram início as *Cumbres Continentales,* um dos instrumentos privilegiados para articulação dos povos de Abya Yala. Cinco grandes eventos já foram realizados, cada um deles com milhares de participantes, vindos dos diversos territórios do continente:

- Iª em 2000, em Tehotiuhuacán, México;
- IIª em 2004, em Quito, Equador;
- IIIª em 2007, em Iximche, Guatemala;
- IVª em 2009, em Puno, Peru;
- Vª em 2013, em Piendamó, Cuenca, Colômbia.

Nas *Cumbres Continentales,* são definidas estratégias para diferentes ações que se materializam em programas e iniciativas nas regiões. No interior das *Cumbres Continentales* também ocorrem reuniões por setores e temas de interesse de Abya Yala, tendo sido priorizados até o momento três Cúpulas específicas: a de Mulheres, a de Jovens e a de Comunicação.

As *Cumbres* são precedidas de mobilizações e eventos promovidos por organizações e redes dos povos originários nos diferentes territórios. Visam alcançar o objetivo geral destas cúpulas, assim expresso na *Cumbre Continental de Santa Maria Piendamó,* realizada na Colômbia, com 6.500 participantes: "Desenvolver e articular estratégias dos povos indígenas e suas organizações frente ao modelo de desenvolvimento capitalista neoliberal e delinear os fundamentos para a construção de um novo paradigma civilizatório sustentado no *Buen Vivir,* nos Direitos da Mãe Terra e na Plurinacionalidade".

ENCONTROS DE LÍDERES ESPIRITUAIS DE ABYA YALA

Desde 1995 também ocorrem encontros de guias espirituais dos povos de Abya Yala. De cada encontro participam centenas de homens e mulheres reconhecidos como xamãs, curandeiros e curandeiras, sábios e sábias, sacerdotes e sacerdotisas e outras especialidades e denominações.

Tais eventos são chamados de "Encontros da Águia e do Condor" e se desenvolvem durante alguns dias, incluindo cânticos, danças, louvores e oferendas à Mãe Terra. Intercalam-se reflexões, testemunhos e propostas relacionadas aos vários temas abordados, como: harmonia interior e exterior, astronomia, arte, alimentação, medicina ancestral.

Além de facilitar às lideranças espirituais dos povos originários o compartilhamento de suas experiências, o objetivo de tais encontros é difundir a sabedoria ancestral. Respeitando-se a diversidade, este momento serve também para unificar o trabalho que as lideranças espirituais desenvolvem ao longo do território de Abya Yala, contribuindo para a condução da vida das comunidades.

O VII Encontro do Condor e da Águia (2009) realizado durante quatro dias em Tawantinsuyo na Bolívia, por exemplo, contemplou três eixos temáticos: 1) O Mundo Interior: rituais para a harmonia pessoal e com o entorno. Alimentação e medicina ancestral. Iconografia, simbologia e emblemas ancestrais. 2) O Entorno imediato: História dos povos. Realidade Social. Economia dos Povos. Educação. Comunicação. 3) O Universo limitável: Astronomia. Manuseio de calendários. Ciência e tecnologia indígenas. Revelação de profecias. Cosmovisão, filosofia e formas de vida. Artes: pintura, escultura, teatro, dança, música, entre outros.

O VIII Encontro do Condor e da Águia (2012), realizado na Guatemala, retomou vários desses temas, mas também insistiu, como contraponto, na necessidade do pronunciamento dos líderes espirituais a respeito de questões socioambientais relevantes da atualidade para o mundo. Entre elas, ênfase foi dada à questão da comercialização e do patenteamento de plantas e animais que servem para a medicina tradicional e estão sendo saqueados principalmente pelas empresas transnacionais e patenteados com outras denominações. Tais conhecimentos, de acordo com a tradição indígena, são um direito de todos os seres humanos e não podem transformar-se em propriedade de umas poucas empresas que os utilizam para lucro.

MARATONAS CONTINENTAIS: AS JORNADAS DE PAZ E DIGNIDADE

Em 1989, durante uma reunião de povos originários da América do Norte, surgiu a proposta de uma prece de unidade das populações com a Terra. Por meio da passagem dos Bastões Sagrados de Mando das tribos, propunha-se honrar o legado ancestral e realizar uma oferenda dos filhos e filhas da Terra para ordenar a vida atual. Foi quando nasceu o projeto de Jornadas pela Paz e a Dignidade de Abya Yala.

Concebidas como maratonas continentais, essas Jornadas tiveram início em 1992. A primeira partiu de Anchorage, no Alasca, Estados Unidos, com o Bastão da Águia; no sul, o bastão do Condor partiu de Temuco, no Chile. E o primeiro encontro norte-sul dos corredores voluntários da Jornada se deu em Teotihuacán, no México. Ali foi celebrada a Cerimônia do Fogo, representando o chamado à unidade dos povos anahuaks (América do Norte), tawantinsuyos (América do Sul) e kuatemoks (América Central).

Neste primeiro encontro decidiu-se que a Jornada pela Paz e Dignidade seria realizada de quatro em quatro anos. E assim vem acontecendo. Até 2020 foram realizadas oito Jornadas pela Paz e Dignidade. Cada maratona tem a duração aproximada de sete meses e perfaz 10 mil quilômetros. São maratonas colaborativas entre quem corre, quem acolhe e a Mãe Terra. Por ela se corre, se reza, se reflete, se partilha em prol da paz e da dignidade.

Cada Jornada se desenvolve a partir de um tema específico: as pessoas anciãs (1992); as crianças (1996); as famílias (2000); as mulheres (2004); os lugares sagrados (2008); a água (2012); as sementes (2016). O próximo tema em pauta é a Jornada do Fogo.

Os "pontos de parada" são organizados por grupos indígenas, associações locais, ONGs, igrejas, prefeitura, entre outros. Nesses locais, os bastões de mando são repassados para o grupo que continuará a corrida até o próximo ponto de parada.

Os grupos que acolhem os maratonistas, além de providenciar hospedagem e alimentação, preparam os dias de partilha e de aprendizagem que se desenvolvem com rituais, bênçãos, palestras, trocas de experiências a partir do tema da jornada. Os maratonistas da jornada de 2016, quando chegaram ao ponto de parada da Diocese de Saltillo, no México, resumiram assim o espírito da maratona:

> Somos como um corpo que estava quebrado em pedaços e este corpo voltará a juntar-se para ser inteiro outra vez. Temos que estar juntos, ser um, ter compreensão completa do mundo (...). Toda nossa gente tem que prover uma nova forma de vida para nossas crianças e as gerações futuras. (...) O Sol terá uma nova luz. Quando isto acontecer, os povos encontrarão seu destino. Os pedaços estarão em seu lugar. Há espaço para todos e ninguém estará separado desta profecia. (entrevista à jornalista Brenda Delabra, 15.08.2016, jornal da Diocese de Saltillo).

A PARTICIPAÇÃO DE ABYA YALA EM INICIATIVAS GLOBAIS

Estima-se que no mundo inteiro existam 370 milhões de indígenas, vivendo em cerca de 90 países, conforme relatório do Grupo de Trabalho Internacional da ONU para Assuntos Indígenas (IWGIA, 2015).

Após séculos de colonialismo sofrido pelos povos originários, no fim do século XX e início do século XXI houve uma irrupção da presença desses povos no contexto global. Eles estão aprendendo a atuar junto a outros povos originários de vários países de outros continentes que também foram colonizados e tiveram que reagir às ofensivas comerciais, à cristianização, à dominação política dos europeus. Conforme Serge Gruzinski (2007), "há pontos comuns a todos estes povos que têm a ver com o processo de ocidentalização e com as múltiplas formas de responder a este processo".

Os povos originários vem ampliando muito sua presença e influência em processos e eventos globais promovidos pelas Nações Unidas, juntamente com outros setores da sociedade civil. Várias declarações universais, que devem ser aplicadas globalmente e nos territórios pelos Estados-nação, em boa parte foram redigidas como consequência de suas mobilizações e contribuições. Aqui destacamos brevemente algumas delas.

- *Convenção nº 169 da Organização Internacional do Trabalho (OIT) sobre Povos Indígenas Tribais.* Proclamada em 1989, até hoje é considerada o instrumento internacional mais atualizado e abrangente em relação às condições de vida e de trabalho dos povos originários. A Convenção afirma que suas terras devem ser concebidas como a integralidade do meio ambiente das áreas por eles ocupadas ou usadas (OIT, 2011). Além dos direitos civis, os direitos econômicos, sociais e culturais, de natureza coletiva devem ser respeitados. A partir desta Convenção, ficou estabelecido o direito dos povos originários de participarem no uso, gestão e conservação de seus territórios. Está previsto também o direito à indenização por danos e à proteção contra despejos e remoções de suas terras tradicionais.

- *Declaração das Nações Unidas sobre os Direitos dos Povos Indígenas.* Aprovada pela Assembleia Geral da ONU em 13 de setembro de 2007, trata-se de uma declaração que reconhece e reafirma direitos humanos universais no contexto das diferentes culturas, realidades e necessidades indígenas (ONU, 2008). Este documento contribui para conscientizar sobre a opressão histórica impetrada contra os povos originários ao insistir em seu direito de gozar plenamente, como coletividade ou como indivíduo, de todos os direitos humanos e liberdades fundamentais reconhecidos na Declaração Universal dos Direitos Humanos das Nações Unidas. Entre outros: o direito à dignidade e à diversidade de suas culturas, histórias e anseios; o direito à autodeterminação, subsistência e a terras, territórios e recursos; o direito de manter e desenvolver seus sistemas e instituições políticas, econômicas e sociais para assegurar seus próprios meios de subsistência e desenvolvimento.

Muitos dos direitos na Declaração requerem novas abordagens sobre problemas globais tais como o conceito de desenvolvimento, descentralização e democracia multicultural. Nessas novas formas de interação com os povos indígenas, se fazem necessárias consultas às populações e organizações dos povos originários antes da adoção e aplicação de medidas legislativas e administrativas que os afetem, tendo que obter seu consentimento prévio, livre e informado.

Foram necessárias duas décadas de trabalho nas Nações Unidas, com diálogo formal, negociações entre representantes de Estado e participação de lideranças e organizações da sociedade civil para a aprovação dessa declaração. Ban Ki-moon, então Secretário-Geral das Nações Unidas, a festejou como "um marco na história da ONU". E o então presidente do Conclave Internacional dos Povos Indígenas, Les Malezer, comentou: "A Declaração não representa apenas o ponto de vista das Nações Unidas, nem apenas o ponto de vista dos povos indígenas (...) Ela é uma ferramenta para a paz e a justiça, fundada no reconhecimento e no respeito mútuos" (UNIC RIO; ISA; UNESCO, 2008).

- *Conferência Mundial dos Povos Indígenas na Organização das Nações Unidas.* Nos dias 22 e 23 de setembro de 2014 realizou-se, pela primeira vez, uma Conferência Mundial dos Povos Indígenas que ocorreu em Nova Iorque, paralela à 66ª Sessão da Assembleia Geral das Nações Unidas (KARI-OCA, 2012).

Com a presença de cerca de mil representantes de povos originários, governos e instituições da sociedade civil de todo o mundo, essa conferência também foi considerada um marco na história das Nações Unidas. Pela primeira vez, os povos originários participaram em posição de relativa igualdade em um espaço tipicamente interestatal. Seus representantes participaram não só da preparação, mas também dos debates realizados e da elaboração e adoção de um documento final bastante amplo sobre os direitos dos povos originários.

O objetivo desse esforço conjunto foi, fundamentalmente, o de fortalecer compromissos e discutir possibilidades de atuação dos Estados e das instituições da ONU na implementação da Declaração sobre os Direitos dos Povos Indígenas aprovada em 2007.

Vale destacar que, além dessas duas Conferências Mundiais da ONU sobre os povos indígenas, houve significativo aumento da participação destes últimos em outras edições do evento e também nas demais Conferências Mundiais das Nações Unidas. Suas contribuições são significativas tanto para as conferências que reúnem chefes de Estado quanto para os eventos paralelos, organizados pela sociedade civil. Nestes eventos, os povos originários têm organizado espaços próprios, com propostas específicas. Estabelecem, ao mesmo tempo, diálogo com as organizações da sociedade civil e interferem em *caucus* — processos que permitem o diálogo com delegados dos Estados-nação.

A participação ativa dos povos originários com intervenções próprias está registrada nas Conferências Internacionais da ONU que marcaram a década de 90: Direitos Humanos em Viena, Áustria (1993); População e Desenvolvimento no Cairo, Egito (1994); Sobre a Mulher em Pequim, China (1995); Discriminação racial, xenofobia e formas correlatas de intolerância em Durban, África do Sul, (2001), além das duas conferências sobre Meio Ambiente e Desenvolvimento: Eco-92 (Rio de Janeiro, Brasil, 1992) e Rio+20 (Rio de Janeiro, Brasil, 2012).

- *Conferências do Clima (COPs)*. Os povos originários marcaram presença desde o começo da Convenção Quadro das Nações Unidas sobre Mudanças Climáticas aprovada na Conferência das Partes (COP) durante a Eco92. No entanto, foi uma longa caminhada até serem reconhecidos como atores-chave no que se refere às mudanças climáticas e ao aquecimento global. O entendimento dessa questão e das medidas mais adequadas a serem tomadas no âmbito global, particularmente a conexão da crise climática com a crise civilizatória, tem trazido para as COPs muita discussão entre atores sociais com diferentes características e tipos de poder político, econômico e social.

A COP15, realizada em Copenhague em 2009, foi muito ilustrativa dessas tensões. A Conferência evidenciou disputas acirradas sobre a transparência do processo e sobre os métodos de decisão. Alguns países opuseram-se frontalmente ao Acordo de Copenhague, resultante daquele encontro, por eles descrito como um processo de negociação não-transparente e não-democrático, comandado pelos países de elite do Norte.

A *I Conferencia de los Pueblos sobre Cambio Climático y Defensa de la Vida* também chamada *Cumbre de los Pueblos de la Tierra* aconteceu como parte desse processo. Logo após a COP15, aproveitando sua condição de Chefe de Estado da Bolívia, Evo Morales convocou uma Conferência dos Povos, que se realizou quatro meses depois, em Tikipaya/Cochabamba naquele país, em abril de 2010. Durante a cúpula, foi redigida a "Declaração Universal dos Direitos da Mãe Terra" (RIO+20, 2012), encaminhada às Nações Unidas nesse mesmo ano e retomada no contexto da Rio+20.

A expressão Mãe Terra já havia sido levada às Nações Unidas durante a Assembleia Geral de abril de 2009, quando o mesmo presidente Evo Morales sugeriu que o termo fosse usado na comemoração mundial do dia da Terra, 22 de abril. Por unanimidade, foi aceita a modificação e o Dia da Terra passou a ser comemorado como Dia Internacional da Mãe Terra (ONU, 2009). Não se tratava só de uma mudança de nome, mas a afirmação de uma ruptura de paradigma necessária e urgente: a de lembrar, com os povos originários, que a Terra não nos pertence; nós pertencemos à Mãe Terra, a Pachamama.

A Declaração Universal dos Direitos da Mãe Terra produzida em Tikipaya em 2010 marcou, claramente, uma nova diretriz no tratamento das questões ligadas às mudanças climáticas com as consequentes mudanças que se fazem necessárias para a vida em sociedade. Esta Carta, ainda não aprovada como documento oficial das Nações Unidas, tem sido um dos textos básicos para diálogos em assembleias gerais da ONU. A Assembleia Geral de 22 de abril de 2018 é um exemplo desses diálogos sobre harmonia com a natureza. Nela, foi abordado o tema da "Jurisprudência da Terra, como uma filosofia do direito e a governança humana na qual os seres humanos são somente uma parte de uma comunidade mais ampla de seres e o bem-estar de cada membro desta comunidade depende do bem-estar da Terra em seu conjunto". Como consequência, emerge a necessidade de implantar "modalidades de produção e consumo sustentáveis em harmonia com a natureza e aplicação da jurisprudência da Terra em matéria de direito, políticas, educação e participação da sociedade" (ONU, 2018).

A *II Conferencia de los Pueblos sobre Cambio Climático y Defensa de la Vida*, também realizada em Tikipaya/Cochabamba, Bolívia, em 2015, deu continuidade a esse processo e se propôs a avaliar o que avançou a partir de 2010 e a preparar propostas a serem levadas à COP21 realizada em Paris no mesmo ano.

O documento final dessa conferência, em seu preâmbulo, explicita seu foco: "a transição ao modelo de civilização do Viver Bem, como contraposição ao sistema capitalista mundial atual" (COMIBOL, 2015, p. 1). Depois disso, 149 ações concretas foram elencadas

> para defender a vida e contra a mudança climática, organizadas em 10 eixos: (1) para enfrentar os interesses capitalistas contra a vida; (2) para enfrentar as ameaças à vida, as guerras e as geopolíticas dos impérios que querem distribuir entre si a Mãe Terra; (3) para fortalecer os caminhos do Viver Bem, alternativos ao capitalismo; (4) para avançar no reconhecimento universal dos Direitos da Mãe Terra; (5) para fortalecer os conhecimentos, práticas e tecnologias sobre a mudança climática, a favor da vida; (6) para defender nosso patrimônio comum; (7) para construir uma ciência climática para a vida; (8) para promover uma Tribuna Internacional de Justiça Climática e da Mãe Terra; (9) para fortalecer a não mercantilização da Natureza; (10) para promover o pagamento das dívidas do capitalismo: social, climática, ecológica (COMIBOL, 2015).

Entre tais propostas, uma que, como era de se esperar, não foi levada em consideração, mas merece destaque é:

> a criação de um Tribunal Internacional de Justiça Climática e de um mecanismo multilateral e multidisciplinar para o controle participativo, a gestão e a avaliação contínua da transferência e do intercâmbio de tecnologias, para que o conhecimento seja universal e, por nenhum motivo, seja objeto de propriedade privada e de utilização privativa (COMIBOL, 2015).

A COP21, realizada em 2015 e conhecida como Conferência de Paris, contou com a participação de 195 países. Ali foi estabelecida a Plataforma para as Comunidades Locais e Povos Indígenas, reconhecendo a necessidade de fortalecer o conhecimento, as tecnologias, as práticas e os esforços das comunidades locais e desses povos.

Além disso, e de forma inédita no contexto das conferências do clima, o Acordo de Paris proporcionou o reconhecimento dos direitos humanos como algo intrínseco às propostas sobre mudanças climáticas. O documento reforça ainda que as questões ambientais são sempre socioambientais:

> Reconhecendo que a mudança do clima é uma preocupação comum da humanidade, as Partes deverão, ao adotar medidas para enfrentar a mudança do clima, respeitar, promover e considerar suas respectivas obrigações em matéria de direitos humanos, direito à saúde, direitos dos povos indígenas, comunidades locais, migrantes, crianças, pessoas com deficiência e pessoas em situação de vulnerabilidade e o direito ao desenvolvimento, bem como a igualdade de gênero, o empoderamento das mulheres e a equidade intergeracional (...) (UNDP, 2015).

Essa proposição é particularmente importante já que as populações originárias são as mais afetadas pelas mudanças climáticas. São também perseguidas pelos atuais predadores do meio ambiente, particularmente pelos agentes do agronegócio, com uso abusivo dos agrotóxicos e implementação de transgênicos, pelas indústrias mineradoras, de petróleo, gás, hidrocarbonetos, energia nuclear, caça predatória, entre outros.

Das Cúpulas às Planícies

As declarações universais com respectivas plataformas de ação dessas cúpulas mundiais acarretam demandas concretas para as Nações Unidas, para os Estados-nação, para a sociedade civil e para os povos originários, tanto em seus territórios quanto em âmbito global.

É notável, porém, a imensa distância entre "o declarado e o praticado", "entre a intenção e o gesto" (THOMAZ, 2001). Por isso, as cúpulas continentais de Abya Yala insistem reiteradamente para que os governos implementem as decisões das cúpulas mundiais sobre:

- o exercício pleno do direito à livre determinação;
- a autonomia e autogoverno;
- ações dos Estados para cumprir os direitos humanos dos povos indígenas internacionalmente reconhecidos;
- a participação plena e efetiva da juventude e das mulheres indígenas na formulação, execução e avaliação de políticas públicas

que facilitem a revitalização e fortalecimento da identidade cultural e linguística;
- o acesso à educação própria e intercultural de qualidade;
- a participação plena e efetiva dos povos na avaliação da Agenda 2030 (Objetivos de Desenvolvimento Sustentável, ONU), baseada na livre determinação, autonomia e territorialidade, consentimento livre, prévio e informado;
- a aceitação e o desenvolvimento da espiritualidade indígena, interculturalidade, reciprocidade, solidariedade.

Finalmente, e com muita ênfase, ações que permitam avançar no caminho do bem comum e da vida plena, com eliminação das práticas que atentem contra a Mãe Terra. (Cumbres de Abya Yala, 2007, 2009, 2013).

Um exemplo ilustrativo é a insistência sobre o "consentimento livre, prévio e informado". Aprovado há mais de 40 anos, na Convenção 169 da OIT, ele volta a ser assunto de reclamação, de debates, de negociações e de novas declarações mundiais. O consentimento livre, prévio e informado permite aos povos indígenas outorgar ou negar seu consentimento a um projeto que possa afetar as comunidades e seus territórios. Ele traz implícito, em primeiro lugar, a obrigação dos governos de fornecer informações relativas a projetos de mineradoras, hidrelétricas, estradas, atividades agropecuárias, entre outros. Não basta consultar. É obrigatório chegar à negociação. No caso de o projeto ser aceito, as populações autóctones têm direito a acompanhamento posterior, o que significa negociar as condições nas quais o projeto será desenhado, implementado, monitorado e avaliado.

Na verdade, a aplicação jurídica do consentimento livre, prévio e informado é a regra a ser seguida frente a todas as atividades que possam afetar a vida dos povos originários, seus territórios e águas, com consequências óbvias para o bem-estar e a segurança das comunidades onde habitam.

Este assunto é tão premente e de tamanha importância que deu origem ao Movimento para os Protocolos de Abya Yala — um movimento popular, jurídico e diplomático dirigido à institucionalização universal do direito ao consentimento livre, prévio e informado nas Américas (Abya Yala) segundo Miriam Iriat (2019). Contudo, ao mesmo tempo, os detentores de poder e seus seguidores no âmbito local, territorial, nacional e transnacional aumentam suas manifestações de intransigência e de desrespeito à vida da natureza e das populações. Isso fica evidente nos assassinatos de muitas mulheres e homens pertencentes aos povos originários junto com outras lideranças ambientalistas.

Esses povos buscam, na medida do possível e apesar das imensas dificuldades que enfrentam, implementar em seu cotidiano o que vêm propondo. E por ter clareza do benefício que isto representa para a humanidade, à medida que avançam, cada vez mais dão importância ao fato de se unirem aos demais segmentos da população que sofrem na pele vários tipos de discriminações: populações camponesas, quilombolas, ribeirinhas, das periferias das cidades, onde também residem muitos descendentes de povos originários. A aliança entre estes e outros grupos milenarmente oprimidos, como as mulheres e os negros, são fundamentais no movimento de tornarem-se agentes de mudança.

E aqui entra uma grande questão: até que ponto os Estados-nação estão em condições de fazer valer, na prática, o que já foi declarado em documentos internacionais? Até que ponto conseguem pensar "fora da caixa" da política atual, que nos territórios de Abya Yala, por exemplo, foi se cristalizando desde o período colonial?

No contexto histórico dos Estados-nação, as atuais propostas e demandas dos povos de Abya Yala, como também as que unem povos originários de outras partes do mundo, não têm possibilidade de serem atendidas e implementadas em sua totalidade. Uma das razões é o fato de as estruturas neoliberais regerem os Estados-nação do ponto de vista social e jurídico. A isto, há que acrescentar a crise de poder que os mesmos enfrentam frente às grandes corporações. Há cada vez mais dependência frente ao "deus Mercado" que permite às forças econômicas apropriarem-se mais e mais dos bens comuns, como meros recursos da natureza, a serem usados e abusados. Dentre tais recursos, incluem-se as próprias populações.

No contexto capitalista neoliberal atual, os Estados-nação não dão conta de atender às questões colocadas em pauta globalmente. Inclusive os governos progressistas que parecem ter clara visão do caminho a seguir, ainda acabam adaptando-se ao modelo vigente, particularmente em questões como as aqui mencionadas.

Os povos originários já mostraram exaustivamente que suas reivindicações e propostas demandam mudança radical na forma de viver e de conviver em sociedade. Elas trazem, em seu horizonte, a necessidade de descolonizar e despatriarcalizar as relações humanas no âmbito pessoal e coletivo, incluindo a "descolonização da política" como sugere Rafael Bautista (2014), o que leva a rever as estruturas da organização da vida em sociedade, transformando-as de tal maneira que "haja lugar para todos e todas".

Estas propostas se aliam perfeitamente aos princípios da Carta da Terra (EARTH CHARTER COMMISSION, 2000) que conclama a humanidade a "respeitar a Terra e a Vida em toda sua diversidade; com integridade ecológica; com justiça social e econômica; com democracia, não-violência e Paz". São princípios que demandam um novo paradigma que não condiz com o atual modelo capitalista neoliberal. Não se trata mais de adaptação. É o momento de inaugurar novas formas de viver e de conviver entre seres humanos e os demais seres da Natureza.

A proposta do Bem Viver *(Buen Vivir — Vivir Bien)*

Abya Yala tornou-se uma articulação que deu visibilidade à identidade diversificada dos povos originários que habitam o território hoje denominado continente das Américas. Sua existência é, por si mesma, um chamado eloquente à consciência dos direitos humanos e ao respeito pela sociobiodiversidade.

A energia milenar presente nas populações originárias vai além de qualquer formato de organização. A resistência e a resiliência que permitiram a esses povos sobreviver a tantas perseguições e mortes de ancestrais e de parentes atuais, têm raízes profundas em sua espiritualidade, na filosofia, em seu "jeito de ser" na relação consigo, com os demais, com a natureza, em conexão com o Grande Espírito. Estamos falando do Bem Viver conforme a concepção do *sumak kawsay* (quíchua), o *suma qamaña* (aimará), o ñande reko (guarani), para citar alguns que se encontram presentes nos povos originários do sul, do centro e do norte do território de Abya Yala (HUANACUNI, 2010).

Esse "jeito de ser" vai na contramão do crescimento econômico insustentável, da acumulação infinita, da exploração predatória dos recursos naturais às expensas do tratamento dado aos seres humanos. É a busca de um modo de vida com uma cosmovisão que, de diferentes maneiras, coloca em xeque as concepções ocidentais que facilitam modos melhores de viver para alguns às expensas de uma vida cada vez pior para muitos.

Nesse sentido, a filosofia do *Buen Vivir* e sua proposta de experiência coletiva trazem em si respostas urgentes que a humanidade está precisando: enfrentar a pobreza e a destruição ambiental. Na perspectiva do *Buen Vivir*, basta "partilhar a abundância" existente no planeta e absurdamente mal distribuída.

Faz parte dessa lógica tratar os seres da natureza (solo, água, ar, vegetais, animais) como bens comuns a serviço de toda a comunidade da vida e não como meros "recursos econômicos". É uma forma específica de colocar a economia em seu devido lugar: a serviço da natureza e da vida em sociedade. É o contrário do que acontece no atual sistema hegemônico em que a economia comanda a vida em sociedade e a relação com a natureza, com as graves consequências de deterioração do meio ambiente e da vida das populações.

Assim, a filosofia do *Buen Vivir* se aproxima muito dos princípios da Carta da Terra, aprovada pelas Nações Unidas no ano 2000. Para Alberto Acosta (2019), o Bem Viver é "uma oportunidade para imaginar outros mundos". De acordo com o autor,

> (...) O Bem Viver aceita e apoia maneiras distintas de viver, valorizando a diversidade cultural, a interculturalidade, a plurinacionalidade e o pluralismo político. Diversidade que não justifica nem tolera a destruição da Natureza, tampouco a exploração dos seres humanos, nem a existência de grupos privilegiados às custas do trabalho e sacrifício de outros (...). O Bem Viver será para todos e todas. Ou não será. (...) Se a proposta for assumida pela sociedade, pode projetar-se "com força nos debates mundiais, indispensáveis para processar a Grande Transformação" (ACOSTA, p. 246 e 248).

O caminho de aprendizagem ao qual nos convida a filosofia do Bem Viver já é um caminho sem volta. E o tempo para entrar neste caminho é agora. Estamos em tempos de *Pachakuti*, dizem os aimarás. E como diz Raquel Gutierrez Aguilar (2014), *Pachakuti* é um termo que está "fora do pensamento liberal-capitalista-patriarcal" (p. 26). *Pachakuti* é o tempo de virada radical, da busca de novos acordos para habitar o mundo em novas condições (p. 27).

FINALIZANDO PARA... RECOMEÇAR

A história de genocídio, resistência e sobrevivência dos povos de Abya Yala, relatada brevemente nesta publicação, é um convite a "chorar, rir e aprender". É o mesmo convite feito por Leonardo Boff (2014) na introdução ao seu livro sobre "O casamento entre o céu e a terra — contos dos povos indígenas do Brasil" (p. 9).

É tempo de chorar de tristeza e revolta pelo longo trajeto de lágrimas e sangue que os povos originários tiveram que percorrer durante mais de meio milênio, devido à maneira desumana em que foram "encobertos" a partir da conquista colonizadora do ocidente. Infelizmente, um processo que ainda não concluiu em vários lugares deste continente hoje chamado América.

Mas é também **tempo de rir** e celebrar o fato de participar de um momento histórico da humanidade em que se faz crescente o apelo de regenerar as relações entre seres humanos e também com os demais seres da natureza, incluindo a reparação histórica que os povos originários merecem como reconhecimento de seus direitos humanos, do valor de sua dignidade, resistência e sobrevivência nos territórios que com eles partilhamos.

Porém, este é, sobretudo, o **tempo de aprender** com os ensinamentos de que são depositários os povos originários, de juntar a sabedoria milenar com o saber produzido nestes últimos séculos. Isto significa praticar o diálogo de saberes entre grupos e civilizações diferentes, com as consequências práticas que este intercâmbio pode trazer para a ciência, a tecnologia e o ensino-aprendizagem. Significa aprender a entender-nos como habitantes da Terra, nossa casa comum, independentemente de etnia, cultura, tradição religiosa ou organização social e a conviver, como irmãos e irmãs da mesma espécie humana, filhas e filhos da Pachamama.

Essa aprendizagem transformadora que se dá na partilha e na revisão de modos de pensar, de sentir, de produzir, de consumir e de conviver na perspectiva de sociedades sustentáveis é, sem sombra de dúvida, um dos caminhos para solucionar grandes questões da atualidade.

Como desenvolver esta aprendizagem dialógica na relação com os povos originários? A pergunta parece ter uma resposta num provérbio atribuído às nações Ute e Sioux, de Abya Yala do Norte:

Não ande atrás de mim; talvez eu não queira liderar.
Não ande na minha frente; talvez eu não queira seguir você.
Ande a meu lado... para podermos caminhar juntos.

O MAPA NÃO É O TERRITÓRIO

Os mapas são representações das áreas percebidas, medidas e registradas. Os mapas são construções humanas, não naturais.

De acordo com Nick Danforth (2014), alguns dos primeiros mapas egípcios mostram o sul para cima, presumivelmente igualando o fluxo do Nilo para o norte com a força da gravidade. Durante um longo período da era medieval, a maioria dos mapas europeus eram desenhados com o leste no topo.

Nos séculos 14 e 15, foram desenhados mapas de navegação cada vez mais precisos do Mar Mediterrâneo e seus muitos portos, chamados de cartas de Portolan. Eles foram projetados para que os marinheiros navegassem nas rotas comerciais com a ajuda de uma tecnologia recentemente adotada: a bússola. Esses mapas não tinham "para cima ou para baixo" reais. As imagens e as palavras foram escritas para todas as direções. Geralmente apontavam para dentro, a partir da borda do mapa. Todos eles incluíam uma rosa dos ventos com o norte claramente distinto das outras direções. Talvez essa escolha de ressaltar o norte seja por conta dos navegadores da época terem como referência a Estrela do Norte, o único ponto no céu que permanece fixo em qualquer parte do Hemisfério Norte.

No entanto, mesmo quando a bússola se tornou essencial para a navegação no século 15, mapas terrestres menos precisos, mostrando todo o Velho Mundo conhecido, continuaram a oferecer uma gama de perspectivas. Alguns tinham o leste no topo, de acordo com a tradição europeia, enquanto outros preferiam o sul, de acordo com a tradição árabe, e outros iam com o norte, de acordo com a ponta da rosa dos ventos.

Dentre os cartógrafos que fizeram os primeiros grandes mapas do mundo inteiro, que incluíam o Velho e Novo Mundo, estava Gerardus Mercator, uma das principais referências para os mapas utilizados até hoje. Mercator era obcecado por Ptolomeu, cartógrafo helênico egípcio cujo trabalho realizado no segundo século utilizou uma abordagem sistemática e detalhada, com linhas de longitude e latitude, a partir de uma projeção que refletia a curvatura da Terra. Por motivos que se perderam na história, Ptolomeu colocou o norte no topo, conforme o que resta de sua obra a partir de cópias feitas por monges bizantinos do século 13. Mercator, seguindo Ptolomeu, a partir de projeções distorcidas, traçou seus mapas e optou em colocar o norte no topo também.

Em 1943, Joaquín Torres Garcia, artista hispano-uruguaio, propôs uma inversão de olhar: desenhou sua obra icônica América Invertida.

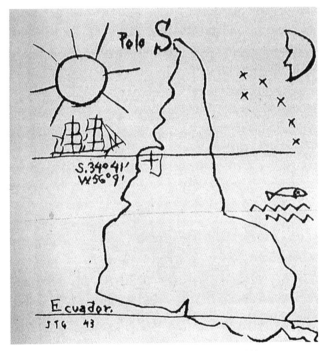

América Invertida, Joaquín Torres Garcia, 1943.

A imagem apresenta a América do Sul diferente de sua representação padrão, orientada com o sul no topo, e ela está ligada aos esforços de

Torres Garcia para formar a teoria do "universalismo construtivo", com a arte contemporânea influenciada pelas tradições dos povos originários das Américas e um movimento artístico latino-americano autônomo. Em seu manifesto "A Escola do Sul", Torres Garcia explica:

> Eu chamei isso de 'A Escola do Sul' porque, na realidade, nosso norte é o sul. Não deve haver norte para nós, exceto em oposição ao nosso sul. Portanto, agora nós viramos o mapa de cabeça para baixo, e então temos uma ideia verdadeira de nossa posição, e não como o resto do mundo deseja. O ponto da América, de agora em diante, para sempre, aponta insistentemente para o sul, nosso norte. (GODINHO, 1997)

É interessante ver como Torres Garcia teve consciência da essência fictícia dos mapas e do poder deles em (re)construir mundos. Ele buscava a valorização e desenvolvimento de nossa própria cultura, indo na contramão da constante busca do *business as usual* em 'homogeneizar' os povos e incutir a cultura colonizadora.

Lançado pelo australiano Stuart McArthur em 26 de janeiro de 1979, seu Mapa Corretivo Universal do Mundo também desafia as convenções cartográficas arbitrárias atuais.

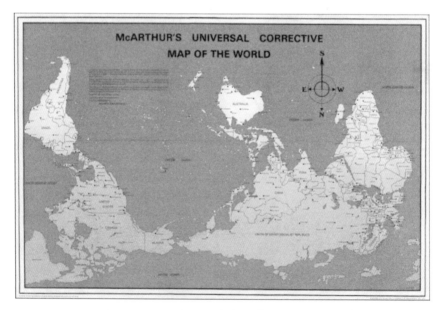

McArthur´s Universal Corrective Map of the World, ODTmaps, 1979.

Danforth (2014) destaca em seu artigo que, como tantas outras características do mundo moderno, a orientação de nossos mapas surgiu da interação do acaso, da tecnologia e da política de maneira que não devemos impor narrativas fáceis. Diante do momento atual, em que as desigualdades econômica e social no mundo são escandalosas, o McArthur´s Universal Corrective Map of the World "simboliza o nobre desejo de derrubar as relações políticas e econômicas injustas em nosso mundo com a mesma facilidade com que podemos virar os mapas em nossas paredes".

Descolonizar, decolonizar é preciso: uma outra América é possível e é isto que o movimento Abya Yala, "terra madura", "terra em florescimento", busca. Até que o Condor e a Águia se (re)encontrem.

REFERÊNCIAS BIBLIOGRÁFICAS

ACOSTA, Alberto. **O Bem Viver — uma oportunidade para imaginar outros mundos.** São Paulo, Autonomia Literária e Editora Elefante, 2019.

AGUILAR, Raquel Gutierrez. **Rhythms of the Pachakuti — indigenous uprising and State Power in Bolivia.** Duke University Press, Durham and London, 2014.

AZEVEDO, Marta Maria. Diagnóstico das Populações Indígenas no Brasil, **Revista Ciência e Cultura**, Vol. 60 n. 4, São Paulo: 2008.

BAUTISTA S., Rafael. **La descolonización de la política — introducción a la política comunitaria.** La Paz, Editora AGRUCO, 2014.

BETHELL, Leslie (Org). **História da América Latina — América Latina Colonial,** Vol. 2. Ed. Brasília, Editora da Universidade de São Paulo, 2012.

BOFF, Leonardo. **O Casamento entre o Céu e a Terra:** Contos dos povos indígenas do Brasil. 3ª Edição, Rio de Janeiro: Mar de Ideias, 2014.

BRASIL. **Constituição** (1988). Constituição da República Federativa do Brasil. Brasília, DF, 1988.

BROWN, Dee. **Enterrem meu coração na curva do rio.** Porto Alegre: L&PM, 2012.

COMIBOL. **II Conferencia de los Pueblos sobre Cambio Climático y Defensa de la Vida.** 2015. Disponível em: http://www.comibol.gob.bo/images/SUPLEMEN-TOS/52bocaminasuple.pdf. Acesso em: 27 fev. 2021.

CUNHA, Manoela Carneiro da (Org.) **História dos Índios no Brasil.** São Paulo: Companhia das Letras, 1992.

CASTILLO, Bernal D. **Historia verdadera de la conquista de la nueva España**. Real Academia de España, edición de Guillermo Serés. Disponível em: https://www.rae.es/sites/default/files/Aparato_de_variantes_Historia_verdadera_de_la_conquista_de_la_Nueva_Espana.pdf. Acesso em: 23 set. 2020.

COLOMBO, Cristóvão. **Diários da Descoberta da América**. Tradução de Milton Person, Porto Alegre: L&PM Editores, 1999.

COMANDANTA ESTHER. In: **Palabras de EZLN durante la apertura de la primeira plenaria de la Otra Campaña**. México: CEDOZ — Centro de Documentación sobre Zapatismo, 2005.

CIMI — CONSELHO INDIGENISTA MISSIONÁRIO. **Relatório Violência contra os povos indígenas — Dados de 2012**. Brasília: CIMI, 2013. Disponível em: https://cimi.org.br/pub/relatorio/Relatorio-violencia-contra-povos-indigenas_2012-Cimi.pdf. Acesso em: 21 fev. 2021.

CUNTI, Arístides Herrera. **Divagaciones históricas en la web**, Livro 2. Versão Eletrônica, 2006.

DANFORTH, NICK. **How the north ended up on top of the map**. AL JAZEERA AMERICA, 2014. Disponível em: http://america.aljazeera.com/opinions/2014/2/maps-cartographycolonialismnortheurocentricglobe.html

DE LAS CASAS, Bartolomé. **Historia de Las Indias**. México: Edición Fondo de Cultura Económica, 1951. Disponível em: http://www.cervantesvirtual.com/obra/la--historia-general-de-las-indias-del-rvdo-p-fray-bartolom-de-las-casas---informes-de--1821-y-1856-0/ Acesso em: 28 fev. 2021.

DE LA PEÑA, Sergio. **La Formación del Capitalismo en México**. México: Siglo XXI Editores, 1975.

DOBYNS, Henry F. **Their number become thinned — Native american population dynamics in Eastern North America**. Knoxville: University of Tennessee Press, 1983.

DUSSEL, Enrique. **O encobrimento do outro — origem do mito da modernidade**. Rio de Janeiro: Edições Paz e Terra, 1993.

EARTH CHARTER COMMISSION — **Carta da Terra**. Disponível em: https://earth-charter.org/wp-content/uploads/2021/02/Carta-da-Terra-em-portugues.pdf. Acesso em: 22 fev. 2021.

FERRARI, Rodrigo. **Há 100 anos, índios lutavam por Bauru**. Bauru: JCNET, 15/03/2009. Disponível em: https://www.jcnet.com.br/noticias/geral/2009/03/592999-ha-100-anos--indios-lutavam-por-bauru.html. Acesso em: 23 set 2020.

FIGUEIREDO CORREIA, Jader de. **Relatório Figueiredo**. Disponível em: http://www.mpf.mp.br/atuacao-tematica/ccr6/dados-da-atuacao/grupos-de-trabalho/violacao-dos-direitos-dos-povos-indigenas-e-registro-militar/relatorio-figueiredo. Acesso em: 7 set 2020.

FISHER, Lilian. **The Last Inca Revolt: 1780-1783.** Norman: University of Oklahoma Press, 1966.

FREIRE, José Ribamar Bessa. **Contextualização do Relatório Figueiredo.** Entrevista on line em 10 set. 2015. Disponível em http://www.ihu.unisinos.br/159-noticias/entrevistas/546596-relatorio-figueiredo-mais-de-sete-mil-paginas-sobre-a-violencia-contra-indigenas-no-brasil-entrevista-especial-com-jose-ribamar-bessa-freire. Acesso em: 27 fev. 2021.

GODINHO, FERNANDO. **"Escola do Sul" mostra Torres-Garcia.** Folha de S. Paulo, caderno Ilustrada. São Paulo, outubro/1997. Disponível em: https://www1.folha.uol.com.br/fsp/1997/10/21/ilustrada/29.html

GRUZINSKI, Serge — **História dos Índios na América: abordagens interdisciplinares e comparativas.** In: Revista Tempo, vol. 12, n. 23, Niterói, 2007.

GALEANO, Eduardo. **As Veias Abertas da América Latina.** Porto Alegre: L&PM, 2010.

GRONDIN, Marcelo. *Tupaj Katari y la rebellión campesina de 1781-1783.* La Paz: Fundación Solón, 2010.

GUAJAJARA, Sonia. In: **Política Indigenista: era para ser outros 500.** Jornal Amazônia — notícias e informação, 15.01.2013. Disponível em: https://amazonia.org.br/2013/01/pol%C3%ADtica-indigenista-era-para-ser-outros-500/ Acesso em: 22 fev. 2021.

HUANACUNI, Fernando Mamani. **Vivir Bien, Buen Vivir — Filosofía, políticas, estrategias y experiencias regionales.** La Paz/Bolivia, Instituto Internacional de Integración, 2010.

INDIGENOUS VOICES: a special edition honoring indigenous survival. Native American Center for the Living Arts, Niagara Fallas, New York, n. 4. Fall-Winter, 1994.

ISA — INSTITUTO SOCIOAMBIENTAL. **Mapa Guarani Continental** 2016. Versão digital: https://www.socioambiental.org/pt-br/mapas/mapa-guarani-continental-2016. Caderno impresso: EMGC, texto de Bartolomé Meliá. Campo Grande: Edição CIMI, 2016.

_____. **Entrevista de Ailton Krenak.** Brasília: Boletim de novembro, 2016. Disponível em: https://www.socioambiental.org/pt-br/noticias-socioambientais/nao-foi-um-acidente-diz-ailton-krenak-sobre-a-tragedia-de-mariana. Acesso em: 27 fev. 2021.

IWGIA — *International Working Groups on Indigenous Affairs.* **Annual repport, 2014-2015.** Disponível em: https://www.iwgia.org/en/resources/publications/305-books/3205-iwgia-annual-report-2014-2015.html. Acesso em: 26 fev. 2021.LEWIN, Boleslao. **La rebelión de Tupaj Amaru y los orígenes de la independencia de hispano América.** 3a. edición, Buenos Aires: Sociedad Editora Latino americana (S.E.L.A), 1967.

MANKILLER, Wilma. *Indigenous People in the 21 Century.* In: **Indigenous People Today living in two worlds.** Editor: ejournal, USA, Vol 14, n. 6., 2009a.

_____ (org.). *To be an indigenous in the 21th century*. Cultural Survival, 2009b.

MESA, José; GISBERT, Teresa; GISBERT, Carlos. **Historia de Bolivia**. La Paz: Editorial Gisbert y Cia S/A 2001.

MOONEN, Frans. **Antropologia Aplicada**. São Paulo: Editora Ática, 1988.

MÖRNER, Magnus. In: **Estados, razas y cambio social en la Hispanoamérica Colonial**. México. Secretaria de Educación Pública, 1974.

OIT — ORGANIZAÇÃO INTERNACIONAL DO TRABALHO. **Convenção n. 169 da OIT sobre Povos Indígenas e Tribais e Resolução referente à ação da OIT**. Brasília: OIT, 2011. Disponível em: http://www.palmares.gov.br/wp-content/uploads/2018/09/convencao-169-OIT.pdf. Acesso em 22 fev. 2021.

O'SULLIVAN, John Louis. **America's Manifest** in: The United States Magazine and Democratic Review, Vol. 17 (Nova York: 1845) https://americanyawp.com.

ONU — Organización de las Naciones Unidas. Asamblea General: **Armonía con la Naturaleza**. Informe del Secretario General, 2018. Disponível em: https://www.iri.edu.ar/wp-content/uploads/2018/08/a2018medambDocumentosInforme-del-Secretario-General-Armon%C3%ADa-con-la-Naturaleza.pdf. Acesso em: 27 fev. 2021.

POLO, Marco. **O Livro das Maravilhas**. Tradução de Eloi Braga Jr. Porto Alegre: Editora L&PM, 2000.

PONS, Frank Moya. **Manual de Historia Dominicana**. 4ª edición, Santiago, República Dominicana: Universidad Católica Madre y Maestra, 1978.

PRESCOTT, Guillermo. **Historia de la Conquista del Perú** — con observaciones preliminares sobre la civilización de los incas. Buenos Aires: Schapire, 1967.

RIBEIRO, Darcy. **Os índios e a Civilização**. A integração das populações indígenas no Brasil moderno. 3ª edição, Rio de Janeiro: Editora Civilização Brasileira, 1970.

RIO+20. **Declaração dos Direitos Universais da Mãe Terra**. Disponível em: http://rio20.net/pt-br/propuestas/declaracao-universal-dos-direitos-da-mae-terra/ Acesso em: 27 fev. 2021.

THORNTON, Russel. **American Indian Holocaust and Survival — a population history since 1492**. University of Oklahoma Press, 1990.

SCHUMAHER, Maria Aparecida (org). **Dicionário Mulheres do Brasil: de 1500 até a atualidade — biográfico e ilustrado**. Rio de Janeiro: Zahar, 2000.

SEMO, Enrique. **Historia del Capitalismo en México: Los Orígenes: 1521-1763**. México: Ediciones Era, 1975.

STANNARD, David. **American Holocaust — The conquest of the new world**. New York: Oxford University Press, 1992.

THOMAZ, Omar Ribeiro e NASCIMENTO, Sebastião do. **Entre a intenção e o gesto. A Conferencia de Durban e a elaboração de uma pauta de demandas de**

políticas compensatórias no Brasil. Núcleo de Pesquisas sobre Estudos Superiores da Universidade de São Paulo (NUPES-USP), 2001.

UNDP — United Nations Development Programme. **Acordo de Paris.** Disponível em: http://www.mpf.mp.br/atuacao-tematica/sci/normas-e-legislacao/tratados/convencoes-meio-ambiente/acordo-de-paris.pdf. Acesso em 27 fev. 2021.

UNIC RIO (Centro de Informação das Nações Unidas no Brasil); ISA (Instituto Socioambiental) e UNESCO (ISA). **Declaração das Nações Unidas sobre os Direitos dos Povos Indígenas: perguntas e respostas.** Brasília, 2008. Disponível em: https://www.un.org/esa/socdev/unpfii/documents/Q&A_Declaracao.pdf Acesso em: 26 fev. 2021.

LEITURAS COMPLEMENTARES

BELLIER, Irene. **La presencia de los pueblos indígenas en las Naciones Unidas: construcción de una voz indígena y producción de normas.** Rosario (AR), Editora Universidad, 2010.

BLANCO, Jorge Polo y PIÑEIRO, Aguiar Elder. **El buen vivir como discurso contrahegemónico. Postdesarrollo, indigenismo y naturaleza desde la visión andina.** In: Revista MANA de Antropologia Social, Universidade Federal do Rio de Janeiro, 2019. Disponível em: https://www.scielo.br/scielo.php?script=sci_arttext&pid=S0104-93132020000100205. Acesso em: 28 fev. 2021.

BOLIVIA, Ministerio de Relaciones Exteriores. Conferencia Mundial de los Pueblos sobre el Cambio Climático y los Derechos de la Madre Tierra. **Acuerdo de los Pueblos.** Cochabamba, Bolivia, 22.04.2010. Disponível em: https://www.cancilleria.gob.bo/webmre/sites/default/files/libros/Cmpcc%20discursos%20y%20documentos%20seleccionados.pdf. Acesso em 21 fev. 2021.

BONIN, Iara. **O Bem Viver Indígena e o futuro da humanidade.** Jornal Porantim. Conselho Indigenista Missionário (CIMI). Brasília, dezembro de 2015.

CASTRO, Iná; MIRANDA, Mariana; EGLER, Claudio. (orgs). **Redescobrindo o Brasil: 500 anos depois.** Rio de Janeiro: FAPERJ, 1999.

COE Michael; SNOW Dean; BENSON Elisabeth. **Grandes civilizações do passado.** A América Antiga — civilizações pré-colombianas. Edição Brasil. Impresso em Folio Ediciones S/A Barcelona, 2006.

COHN, Sergio. **Encontros Ailton Krenak.** São Paulo: Editora Azougue, 2015.

CMPCC — Conferencia Mundial de los Pueblos y Cambio Climático y Defensa de la Vida. **Declaración Final.** Disponível em: http://cmpcc.org. Acesso em: 28 fev. 2021.

_____. **Declaración Universal de los Derechos de la Madre Tierra.** Disponível em: https://www.cmpcc.wordpress.com/derechos-madre-tierra. Acesso em: 28 fev. 2021.

DPLF — Fundación para el Debido Proceso. **Manual para defender los derechos de los pueblos indígenas y tribales.** DPLF, Washington, 2019. Disponível em: http://

www.dplf.org/es/resources/manual-para-defender-los-derechos-de-los-pueblos-indigenas. Acesso em: 28 fev. 2021.

FELDT, Heidi. **Pueblos Indígenas y Cambio Climático — relación entre cambio climático y pueblos indígenas y sus posiciones en el contexto de las negocaciones en la Convención Marco sobre el Cambio Climático**. Ministerio Federal de Cooperación Económica y Desarrollo de Alemania. Eschborn. Enero, 2011. https://www.giz.de

GUTIERREZ, Gustavo. **Dios o el oro en las Índias**. Siglo XVI. Lima: Instituto Bartolomé de las Casas, 1989.

INICIATIVA ACCOUNTABILITY FRAMEWORK. **Guia operativo sobre Consentimiento Libre, Previo e Informado (CLPL) de los Pueblos Indígenas y Comunidades Locales**. Junio, 2019. http://www.accountability-framework.org

IRIART, Monica. **Estudio sobre el Consentimiento Libre, Previo e Informado.** Oficina del Alto Comisariado para los Derechos Humanos de Naciones Unidas (OACNUDH). 8. feb. 2018.

JECUPÉ, Kaká Wera. **A Terra dos Mil Povos**. História Indígena do Brasil contada por um índio. São Paulo: Editora Peirópolis, 1998.

KRÜGER, Nivaldo. **Paraná Central**: La República de las Américas. Curitiba: Editora Trento, 2013.

LINHARES, Maria (org). **História Geral do Brasil**. Rio de Janeiro: Campus, 1990.

O'SULLIVAN, Edmond. **Aprendizagem Transformadora — uma visão educacional para o Século XXI**. São Paulo, Editora Cortez e Instituto Paulo Freire, 2004.

ONU — Organización de las Naciones Unidas. Conferencia sobre la Vivienda y el Desarrollo Urbano Sostenible. **HABITAT III — Nueva Agenda**. Quito, Ecuador, 20 oct. 2016. Disponível em: https://habitat3.org

_____. Foro paralelo a la Cuarta Conferencia Mundial sobre la Mujer — **Declaración de las Mujeres de los Pueblos Originarios del Mundo**. Huairou-Beijing, China, 7 sep. 1995. Disponível em: https://www.un.org/womenwatch/daw/beijing/pdf/Beijing%20full%20report%20S.pdf. Acesso em 28 fev. 2021.

_____. **Manual para las instituciones nacionales de derechos humanos**. Oficina del Alto Comisariado de NNUU. Ginebra, Suiza, 2013. Disponível em: https://www.sdgfund.org

POTIGUARA, Eliane. **Participação dos Povos Indígenas na Conferência em Durban.** In: Revista Estudos Feministas, n. 1, 2002.

PREZIA, Benedito. **História da Resistência Indígena**, 500 anos de luta. São Paulo: Editora Expressão Popular, 2017.

RIBEIRO, Darcy. **Las Américas y La Civilización**. La Habana-Cuba, Casa de las Américas, 1992.

RICHARDSON, Boyce (org.). **Minuit moins cinq sur res réserves**, textes de huit chefs autochtones. Traduction Jacques Gélinas, Montréal-Qué-Canada: Éditions Libre expression, 1992.

SOBRE OS AUTORES

MOEMA VIEZZER é Mestre em Ciências Sociais e Educadora, brasileira, descendente de imigrantes italianos e nascida em Caxias do Sul/RS. Ativista, feminista, educadora, dedicou a maior parte de sua vida à educação popular, primeiramente pela causa das mulheres, depois com educação socioambiental em organizações da sociedade civil, ongs, prefeituras e empresas, tendo produzido, como parte de sua atuação, numerosos materiais pedagógicos. Escreveu cinco livros, dos quais o mais conhecido internacionalmente é a história de vida intitulada "Se me deixam falar...", de Domitila Barrios, traduzido para 14 idiomas. Em reconhecimento por suas ações, foi merecedora de várias menções honrosas e prêmios entre os quais vale destacar o prêmio Bertha Lutz, concedido pelo Senado Brasileiro (2007) e o Prêmio Brasileiras Feministas Históricas dado pela Secretaria da Mulher da Presidência da República me 2016. Moema esteve entre as 52 brasileiras indicadas, em 2004, ao Prêmio Nobel 1.000 Mulheres pela Paz ao Redor do Mundo. O nome dado ao Observatório Educadora Ambiental Moema Viezzer, da UNILA (Universidade Latinoamericana), é um reconhecimento à sua atuação na área ambiental do âmbito local ao planetário, valendo ressaltar que Moema foi facilitadora da construção do Tratado de Educação Ambiental para Sociedades Sustentáveis e Responsabilidade Global na Rio 92. Atualmente continua atuando em diferentes articulações da sociedade civil, no país e fora dele. Moema reside em Toledo com Marcelo, seu esposo. É colaboradora da Embaixada Solidaria de Toledo que atende imigrantes refugiad@s no município. É membro do Rotary Clube Aliança de Toledo-PR e da Academia de Letra de Toledo-PR.

MARCELO GRONDIN NADON, natural do Canadá, é Doutor em Ciências Sociais com pós-doutorado em Administração. Latinoamericanista, esteve conectado ao continente durante quase toda sua vida profissional, atuando como professor universitário e como cooperante internacional em projetos sociais em quase todos os países da América Latina. Durante essa trajetória escreveu 8 livros, muitos artigos e trabalhos resultantes de suas pesquisas, várias delas relacionadas com as populações indígenas da Bolivia. Entre elas, merecem destaque: *Comunidad Andina, explotación calculada* (tese de doutorado). *Runa Simi* – método de quechua e *Quillajaqin Arupa*, método de aymara, além de um livro sobre *Tupaj Katary e a revolução camponesa-indígena na Bolivia* 1781-1783. Atualmente, reside em Toledo/ Paraná, onde produziu o livro *"O Alvorecer de Toledo na Colonização do Oeste do Paraná"*, sobre as origens da colonização da região nos anos de 1946-1949. Marcelo integra a Academia de Letras de Toledo-Paraná. Também presta serviços à comunidade como membro do Rotary Clube Aliança, de Toledo-PR.

A ESSÊNCIA DA BAMBUAL EDITORA

Pulsa em cada pessoa algo que diz que é preciso ser diferente. É preciso fazer diferente.

A rapidez com a qual as inúmeras transformações estão acontecendo em todo o planeta traz dúvidas sobre quais decisões devem ser tomadas, insegurança quanto às informações que circulam e medo, muito medo do futuro. A ameaça de colapso global, a falta de confiança nas instituições e nas pessoas, as decisões unilaterais sem visão sistêmica: tudo isto traz angústia e retraimento.

É necessário refletir mais, conhecer soluções possíveis e reais, experimentar o diferente, descobrir e desenvolver as próprias potências, se transformar progressivamente e reconstruir a capacidade em confiar para se sentir pleno.

Em sua maioria, as pessoas já não dizem somente que irão agir com bondade: elas estão, efetivamente, fazendo algo bom entre si. A transição global emerge das ações e escolhas de cada um.

Inspirada nas principais características do bambu – profundo, forte, flexível – a Bambual Editora oferece possibilidades para que seu público perceba, com mais profundidade e consciência, a si e o mundo ao seu redor.

Queremos ser a ponte para o conhecimento inovador, que provoca e transforma, trazendo a tona tudo o que apoia o melhor de cada pessoa.

Nossa essência é sensibilizar o ser humano para que amplie sua percepção das múltiplas possibilidades que existem, saia dos condicionamentos, aprofunde sua autoconexão e faça escolhas diferentes.

"Saiba quem você é e seja o que você sabe."

www.bambualeditora.com.br